T0258626

Ensayo
Crónica

Svetlana Alexiévich (1948) es una afamada periodista, escritora y ensayista bielorrusa cuya obra ofrece un retrato profundamente crítico de la antigua Unión Soviética y de las secuelas que ha dejado en sus habitantes. Se licenció en periodismo por la Universidad de Minsk y colaboró con la revista local *Neman*, para la que escribía ensayos, cuentos y reportajes. Ha cultivado su propio género literario, al que denomina «novelas de voces», en la que el narrador es el hombre corriente –aquel que no tiene voz, el mismo que se ha llevado su propia historia a la tumba, desde la Revolución hasta Chernóbil y la caída del imperio soviético–. En sus libros, traducidos a más de veinte idiomas, Svetlana Alexiévich trata de acercarse a la dimensión humana de los hechos a través de una yuxtaposición de testimonios individuales, un *collage* que acompaña al lector y a la propia Alexiévich a un terrible «descenso al infierno». Es autora de *La guerra no tiene rostro de mujer* (1985, ed. act. 2008), *Muchachos de zinc* (1989, ed. act. 2007), *Voces de Chernóbil* (1997, ed. act. 2005), *Últimos testigos* (2004) y *El fin del «Homo Sovieticus»* (2013). Ha recibido varios galardones, entre los que cabe destacar el Premio Ryszard Kapuściński de Polonia (1996), el Premio Herder de Austria (1999), el Premio Nacional del Círculo de Críticos de Estados Unidos por *Voces de Chernóbil* (2006), el Premio Médicis de Ensayo en Francia por *Tiempo de segunda mano* (2013), el Premio de la Paz de los libreros alemanes (2013) y el Premio Nobel de Literatura (2015) «por sus escritos polifónicos, un monumento al sufrimiento y al coraje de nuestro tiempo».

Svetlana Alexiévich

Últimos testigos

Los niños de la
Segunda Guerra Mundial

Traducción de
Yulia Dobrovolskaia y Zahara García González

DEBOLS!LLO

Papel certificado por el Forest Stewardship Council®

Título original: *Poslednie svidételi. Solo dliá détskogo gólosa*

Primera edición en Debolsillo: noviembre de 2017
Quinta reimpresión: agosto de 2022

© 2013, Svetlana Alexiévich
© 2016, 2017, Penguin Random House Grupo Editorial, S. A. U.
Travessera de Gràcia, 47-49. 08021 Barcelona
© 2016, Yulia Dobrovolskaia y Zahara García González, por la traducción
Diseño de la cubierta: Elsa Suárez Girard
Fotografía de la cubierta: © Pete Ryan / Getty Images
Fotografía del autor: © Getty Images

Printed in Spain – Impreso en España

ISBN: 978-84-663-4148-6
Depósito legal: B-20.818-2017

Impreso en Prodigitalk, S. L.

P 3 4 1 4 8 B

Índice

En lugar de prefacio..., una cita:

> Entre 1941 y 1945, durante la Gran Guerra Pa-
> tria, murieron millones de niños soviéticos: ru-
> sos, bielorrusos, ucranianos, judíos, tártaros,
> letones, gitanos, kazajos, uzbekos, armenios, ta-
> yikos...
>
> Revista mensual
> *Druzhba naródov*, 1985, n.º 5

... y una pregunta de un clásico de las letras rusas:

> Mucho tiempo atrás, Dostoievski formuló la si-
> guiente pregunta: «¿Puede haber lugar para la
> absolución de nuestro mundo, para nuestra feli-
> cidad o para la armonía eterna, si para conse-
> guirlo, para consolidar esta base, se derrama una
> sola lágrima de un niño inocente?». Y él mismo
> se contestó: «No. Ningún progreso, ninguna re-
> volución justifica esa lágrima. Tampoco una
> guerra. Siempre pesará más una sola lágrima...».

«LE DABA MIEDO MIRAR ATRÁS...»
Zhenia Bélenkaia, seis años
Actualmente es operaria

Junio de 1941...

Lo recuerdo perfectamente. Yo era muy pequeña pero se me quedó grabado en la cabeza...

Lo último que recuerdo de mi vida antes de la guerra es un cuento. Mamá me lo leía cuando me iba a dormir. Era mi favorito, el del pececillo dorado. Yo siempre le pedía algo al pececillo dorado: «Pececillo dorado... Querido pececillo...». Mi hermana pequeña también le pedía un deseo, pero ella lo hacía de otra forma: «Por arte de magia, por mi voluntad, yo te ordeno...». Nuestro deseo era pasar el verano con la yaya, y que papá viniera con nosotros. ¡Mi padre era tan divertido!

Una mañana me desperté de pronto, asustada. Se oían unos ruidos desconocidos para mí...

Mis padres no se dieron cuenta. Creían que mi hermana y yo dormíamos, pero yo solo lo fingía. Me quedé en la cama junto a mi hermana pequeña, muy quieta. Miraba: papá besaba a mamá sin parar, le besaba la cara, las manos...

Me sorprendió: nunca antes la había besado así. Después salieron al patio, cogidos de la mano. Me acerqué hasta la ventana de un brinco: mamá se había colgado de su cuello y no lo dejaba marcharse. Él la apartó y corrió, ella lo alcanzó y volvió a abrazarlo; lo quería detener, le gritaba. Entonces yo también grité: «¡Papá! ¡Papá!».

Mi hermana pequeña se despertó, mi hermanito Vasia también. Ella me vio llorar y gritó: «¡Papá!». Salimos afuera corriendo: «¡Papá!». Nuestro padre, al vernos (lo recuerdo como si fuera ayer), se llevó las manos a la cabeza y empezó a andar, a correr. Le daba miedo mirar atrás.

El sol me daba en la cara. Hacía calor... Ni siquiera ahora me puedo creer que aquella mañana mi padre se fuera a la guerra. Yo era muy pequeña, pero tengo la sensación de que comprendía que aquella era la última vez que lo veía. Nunca nos volveríamos a encontrar. Yo era muy... muy pequeña...

Así es como ha quedado asociado en mi memoria: guerra es cuando papá no está...

También recuerdo, de más adelante: el cielo negro y un avión negro. Al borde de la carretera yace nuestra madre con los brazos abiertos. Le pedimos que se levante, pero ella no responde. No se levanta. Los soldados envolvieron a mamá en una tienda de campaña, la enterraron en la arena, allí mismo. Nosotros gritábamos y suplicábamos: «No metáis a nuestra mamaíta en ese hoyo. Ella se despertará y seguiremos andando». Había unos escarabajos gigantes arrastrándose por la arena... Yo no podía imaginarme cómo iba a vivir mamá debajo de la tierra con esos escarabajos. ¿Cómo íbamos a encontrarnos después, cómo lo haríamos para volver a estar juntos? ¿Quién le escribiría a nuestro papá?

Uno de los soldados me preguntó: «Niña, ¿cómo te llamas?». Pero a mí se me había olvidado. «¿Cuál es tu apellido, niña? ¿Cómo se llamaba tu madre?» No me acordaba de nada... Nos quedamos sentados junto a la montañita de mamá hasta que se hizo de noche, hasta que nos recogieron y nos subieron a un carro. Era un carro lleno de niños. Nos llevaba un señor muy mayor, nos iba recogiendo a todos por la carretera. Llegamos a una aldea, allí gente desconocida nos cobijó en sus casas.

Pasé mucho tiempo sin hablar. Tan solo miraba.

Después recuerdo un día de verano. Un día espléndido de verano. Una mujer extraña me acaricia el pelo. Y yo rompo a llorar. Y empiezo a hablar... A contar cosas sobre mi mamá y mi papá. Cómo papá se había ido corriendo sin ni siquiera mirar atrás... Cómo mamá yacía en el suelo... Cómo los escarabajos se arrastraban por la arena...

La mujer me acariciaba el pelo. En aquel momento lo comprendí: aquella mujer se parecía a mi madre...

«MI PRIMER Y ÚLTIMO CIGARRILLO...»
Guena Iushkévich, doce años
Actualmente es periodista

La mañana del primer día de guerra...

El sol... Y un silencio insólito. Un silencio incomprensible.

Nuestra vecina estaba casada con un militar. Salió al

patio con la cara bañada en lágrimas. Le susurró algo a mi madre y le hizo señas para que lo mantuviera en secreto. A todo el mundo le daba miedo pronunciar en voz alta lo ocurrido, aunque todos estuvieran ya informados. Les daba miedo que los acusaran de agitadores. De alborotadores. Eso podía ser peor que una guerra. Tenían tanto miedo a una denuncia... Ahora lo veo. Así que, claro, nadie acababa de creer en la posibilidad de una guerra. ¡Qué va! ¡Nuestro ejército protege las fronteras, nuestros jefes están en el Kremlin! ¡El país está protegido, es impenetrable para los enemigos! Eso es lo que yo pensaba entonces... Era un joven pionero.

Pusimos la radio a todo volumen. Todos estábamos esperando que Stalin diera un discurso. Necesitábamos su voz. Pero Stalin no dijo nada. Habló Mólotov. Todos escuchábamos. Mólotov dijo: «La guerra». Pero nadie se lo creyó. ¿Dónde estaba Stalin?

De pronto aparecieron unos aviones... Decenas de aviones desconocidos. Con unas cruces dibujadas. Taparon el cielo, taparon el sol. ¡Terrorífico! Las bombas empezaron a caer por todas partes... Se oían explosiones sin parar. El estruendo. Todo ocurría como en un sueño. Como si no fuese real. Yo ya no era pequeño, recuerdo bien lo que sentía. El miedo que se extendía por todo mi cuerpo. Por las palabras. Por los pensamientos. Salimos corriendo de casa, corríamos por las calles... Me parecía que ya no existía la ciudad, solo había ruinas. Y humo. Fuego. Alguien dijo: «Hay que ir al cementerio, ahí nunca bombardearían». ¿Para qué iban a bombardear a los muertos? En nuestro barrio había un gran cementerio judío cubierto de árboles frondosos. Todo el mundo se precipitó hacia allí, miles de personas se amontonaron allí. La gente abrazaba las lápidas, se escondía detrás...

Mi madre y yo nos quedamos allí hasta la noche. Nadie a nuestro alrededor pronunciaba la palabra «guerra», se oía otra palabra: «provocación». Todos la repetían. Se hablaba de que nuestras tropas pasarían al ataque de un momento a otro. Stalin ya había dado la orden. Eso creían todos.

Las chimeneas de las fábricas de los suburbios de Minsk estuvieron aullando toda la noche...

Llegaron los primeros muertos...

El primer cadáver que vi... fue el de un caballo... Luego vi a una mujer muerta... Eso me sorprendió. Yo creía que en la guerra solo mataban a los hombres.

Me despertaba por la mañana... y mi primer impulso era levantarme; luego me acordaba..., ¡la guerra!, y volvía a cerrar los ojos. No quería creerlo.

Dejaron de disparar por la calle. De repente hubo silencio. Durante unos días no se oyó nada. Y entonces empezó el movimiento... Veías por ejemplo a un hombre caminando por la calle completamente blanco, de pies a cabeza, blanco del todo. Estaba cubierto de harina. Iba cargando con un saco de harina. Otro corría... Se le iban cayendo las latas de conservas de los bolsillos, también llevaba las manos llenas. Bombones... Cajetillas de tabaco... Otro iba con el gorro a rebosar de azúcar. O con una cazuela llena de azúcar... ¡Es imposible de describir! Uno arrastraba un trozo de tela, otro andaba envuelto en una tela fina de color azul. O amarilla... Era gracioso, pero nadie se reía. El bombardeo había destruido los almacenes de alimentación.

Era una tienda enorme que había cerca de nuestra casa... La gente se echó a la calle a coger lo que pudiera. En la fábrica de azúcar unos cuantos se ahogaron en las tinas de melaza. ¡Terrorífico! La ciudad entera comía pipas. Habían vaciado un almacén entero de pipas. Por delante de mí, una mujer corría hacia la tienda. No tenía ni saco, ni bolsa..., y se quitó la combinación. Y también los leotardos. Y lo atiborró todo de alforfón. Tuvo que llevárselo a rastras. Por alguna razón aquello pasaba en silencio. Nadie hablaba.

Cuando avisé a mamá, lo único que quedaba era mostaza, tarros amarillos de mostaza. «No cojas nada», me pidió mamá. Tiempo después me confesó que todo aquello le hizo sentir mucha vergüenza, ella se había pasado la vida enseñándome otros valores... Incluso cuando poco después empezamos a pasar hambre y recordábamos aquellos días, nunca nos lamentamos. Así era mi madre.

Los soldados alemanes se paseaban tranquilamente por toda la ciudad..., por nuestras calles... Iban filmándolo todo con cámaras. Se reían. Antes de la guerra, nuestro pasatiempo favorito era dibujar alemanes. Los dibujábamos con unos dientes enormes. Con colmillos. Y de repente estaban allí... Jóvenes, apuestos... Con unas bonitas granadas metidas en las cañas de sus resistentes botas. Tocaban armónicas. Bromeaban con nuestras muchachas más bonitas.

Había un alemán de cierta edad que arrastraba un cajón. El cajón era pesado. Me llamó y me hizo señas: «Ayúdame». Había dos asas, entre los dos lo levantamos. Cuando dejamos el cajón en su destino, el alemán me dio unas palmaditas en el hombro y sacó del bolsillo un paquete de cigarrillos. Que lo cogiera, que era el pago.

Volví a casa. Estaba impaciente. Me senté en la cocina y me encendí un cigarrillo. No oí la puerta, mamá entró:

—¿Estás fumando?

—Eh... eh...

—Y los cigarrillos, ¿de dónde los has sacado?

—De los alemanes.

—O sea, que no solo fumas, sino que encima fumas tabaco del enemigo. Eso es una traición a tu patria.

Fue mi primer y mi último cigarrillo.

Una tarde ella se sentó a mi lado:

—No puedo soportar verlos aquí. ¿Me entiendes?

Ella quería luchar. Desde el primer día. Decidimos ponernos en contacto con miembros de las organizaciones clandestinas, estábamos seguros de que existían. Ni por un instante lo dudamos.

—Te quiero más que a nadie en esta vida —me dijo mamá—. Pero tú me entiendes, ¿verdad? ¿Me perdonarás si nos pasa algo?

Me enamoré de mi madre, desde ese momento la obedecí sin rechistar. Y me duró toda la vida.

«LA ABUELA REZABA... PEDÍA QUE MI ALMA REGRESARA...»
Natasha Gólik, cinco años
Actualmente es correctora

Aprendí a rezar... A menudo recuerdo la guerra, cómo aprendí a rezar durante la guerra...

Oí: «La guerra». Yo, y es comprensible, a mis cinco años no tenía en la cabeza ninguna imagen para esa palabra. No tenía temores. Pero el miedo estaba ahí y, solo por ese miedo en el aire, caí dormida. Pasé dos días durmiendo. Dos días enteros tirada, como una muñeca. Todos creían que me había muerto. Mamá lloraba, la abuela rezaba. Se pasó dos días y dos noches enteros rezando.

Lo primero que recuerdo de cuando abrí los ojos es la luz. Una luz deslumbrante, increíblemente fuerte. Esa luz me hacía daño. Oí una voz, la reconocí: era la voz de mi abuela. Mi abuela estaba rezando frente a una imagen santa. «Abuela... Abuela...», la llamé. No se volvió. No se creía que realmente fuera yo quien la llamaba... Pero yo ya me había despertado... Tenía los ojos abiertos...

—Abuela, ¿cómo rezabas cuando estaba muerta? —le preguntaba yo después.

—Pedía que tu alma regresara.

Un año más tarde la abuela murió. Para entonces yo ya sabía rezar. Rezaba y pedía que su alma volviese.

Pero no volvió.

«Rosados, yacían encima de las brasas apagadas...»
Katia Korotáieva, trece años
Actualmente es ingeniera técnica hidráulica

Hablaré del olor... De cómo huele la guerra...

La guerra empezó justo después de que acabara el sexto curso. Según el sistema escolar de entonces, a partir de cuarto siempre acabábamos el curso con exámenes. Hicimos el último examen. Era junio; los meses de mayo y junio de 1941 fueron fríos. La lila suele florecer en mayo, pero aquel año floreció a mediados de junio. Así que, para mí, el inicio de la guerra está asociado al olor de la lila. Al olor del cornejo. Esos árboles siempre me huelen a guerra...

Vivíamos en Minsk, yo nací en Minsk. Mi padre era el director de una orquesta militar. Yo le acompañaba a todos los desfiles militares. Mis padres tenían dos hijos más, los dos mayores que yo. A mí por supuesto todos me querían y mimaban, era la más pequeña y además era niña.

Tenía todo el verano por delante, todas las vacaciones por delante. Era una sensación muy agradable. Yo hacía deporte, iba a la Casa del Ejército Rojo a hacer natación. Me tenían mucha envidia, hasta los chicos de la clase me envidiaban. Y yo presumía de saber nadar muy bien. El 22 de junio, un domingo, iban a inaugurar el estanque Komsomólskoie ózero. Se había invertido mucho tiempo en su excavación, en su construcción... Hasta los alumnos de mi escuela tenían que ir allí los sábados y ayudar en el trabajo colectivo. Y yo iba a ser una de las primeras en bañarme en él. ¡Claro que sí!

Teníamos la costumbre de ir a comprar bollos frescos por la mañana. Esa era mi tarea. De camino me encontré con una amiga, me dijo que había estallado la guerra. En nuestra calle había muchos jardines, las casitas parecían nadar entre flores. Pensé: «¿Qué guerra? ¡Vaya cosas que se inventa esta!».

En casa papá estaba preparando el samovar... No me dio tiempo de contarle nada; enseguida llegaron corriendo los vecinos, todos con la misma palabra en la boca: «¡Guerra! ¡Guerra!». Al día siguiente, a las siete de la mañana, a mi hermano mayor le trajeron la citación de llamada a filas.

Hizo una visita rápida al trabajo, le entregaron la paga y firmó el finiquito. Regresó a casa con el dinero y le dijo a mamá: «Me voy a la guerra, no necesito nada. Coge el dinero. Cómprale a Katia un abrigo nuevo». Él sabía que yo soñaba con que, al pasar a séptimo curso, a punto de empezar los estudios superiores, me hicieran un abrigo azul, de lana, con el cuello de caracul gris.

Lo guardo siempre en mi recuerdo: al irse a la guerra mi hermano dejó dinero para mi abrigo. Vivíamos modestamente, a duras penas lográbamos tapar los agujeros del presupuesto familiar. Aun así, mamá me habría comprado ese abrigo si así lo deseaba mi hermano. Pero no le dio tiempo.

Comenzaron los bombardeos en Minsk. Mamá y yo nos trasladamos al sótano de los vecinos. Mi gata favorita (era una gata callejera) siempre merodeaba por el patio, pero, cuando empezaba el fuego y yo me escapaba corriendo del patio al sótano de los vecinos, la gata me seguía. Yo intentaba echarla: «¡Vete, fuera!», pero ella no se apartaba de mí. También tenía miedo de quedarse sola. Las bombas alemanas caían zumbando, aullando. Yo era una niña con el oído muy sensible, el ruido me afectaba mucho. Ese ruido... me daba tanto miedo que me sudaban las manos. Con nosotros, en el sótano, se escondía el hijo de los vecinos, de cuatro años. No lloraba. Pero los ojos se le ponían enormes.

Primero ardieron algunos edificios, luego ardió la ciudad entera. Es agradable mirar el fuego, contemplar una hoguera, pero cuando arde una casa da mucho miedo. Entonces el fuego empezó a acercarse por todos lados, el humo cubría el cielo y las calles. Y algunos sitios estaban iluminados... por el fuego... Recuerdo una casa de madera con tres ventanas abiertas, en las repisas de las ventanas se veían unas exuberantes orquídeas cactus. Ya no había gente en esa casa, solo los cactus florecidos... Me parecía que aquello no eran flores sino llamas. Flores ardiendo.

Nos escapamos...

Por el camino de las aldeas la gente nos daba pan y leche, no tenían nada más. Nosotras no teníamos dinero. Yo me fui de casa con un pañuelo en la cabeza y mamá, no sé por qué, se fue con el abrigo puesto y unos zapatos de tacón alto. Nos regalaban la comida, nadie mencionaba siquiera el dinero. La muchedumbre de refugiados era inagotable.

Más tarde alguno de los que iba por delante informó de que los motoristas alemanes habían cortado la carretera. Volvimos corriendo y pasamos de nuevo por las mismas aldeas, por delante de las mismas mujeres con jarrones con leche. Hasta que llegamos a nuestra calle... Hacía pocos días todo estaba verde, había flores...; ahora todo estaba carbonizado. No había quedado ni rastro de los tilos seculares. Todo había ardido hasta convertirse en arena amarilla. La tierra negra sobre la que crecían había desaparecido, solo había arena amarilla. Solo arena. Yo tenía la sensación de estar frente a una tumba recién cavada...

Los hornos de las fábricas seguían en su sitio, estaban blancos, se habían calcinado. No quedaba nada que nos fuera familiar... Toda la calle se había quemado. En el incendio murieron muchos abuelos, muchos niños pequeños, no habían huido junto con los demás porque habían pensado que a ellos nos les harían nada. Pero el fuego no se apiadó de nadie. Caminabas y veías un cadáver negro. Eso significaba que se había quemado un viejo. Cuando veías de lejos algo pequeño y rosado, entonces es que había sido un bebé. Rosaditos, los pequeños yacían encima de las brasas apagadas...

Mamá se quitó el pañuelo y me tapó los ojos... Caminamos así hasta nuestra casa, hasta el lugar donde hacía unos días estaba nuestra casa. Ya no había casa. Nos recibió la gata, se había salvado de milagro. Se apretujó contra mí, y ya está. Nadie pudo hablar... Ni siquiera la gata maullaba. No emitió un solo sonido durante días. Todos enmudecimos.

Ese día vi a los primeros nazis. Bueno, no los vi, los oí: calzaban botas herradas, hacían mucho ruido. Golpeaban nuestra calle al andar. Me parecía que hasta el suelo sufría cuando ellos lo pisaban.

Cómo florecían las lilas aquel año... Cómo florecía el cornejo...

«PERO QUIERO QUE VENGA MAMÁ...»
Zina Kosiak, ocho años
Actualmente es peluquera

El primer curso...

Acabé primero en mayo de 1941 y mis padres me apuntaron a un campamento de jóvenes pioneros en Gorodische, a las afueras de Minsk. Llegué, me bañé una vez y al cabo de dos días..., la guerra. Nos subieron al tren y nos pusimos en marcha. Veíamos los aviones alemanes sobrevolarnos y gritábamos: «¡Hurra!». No comprendíamos que podían ser aviones enemigos. Hasta que empezaron a lanzar bombas... Entonces los colores desaparecieron. Todos los colores desaparecieron. Surgió por primera vez esa palabra incomprensible: «muerte». Todos empezaron a decir esa palabra incomprensible. No estaban ni mamá ni papá.

Al marcharnos del campamento, a cada uno nos metieron cosas de comer en la funda de la almohada: a unos, cereales; a otros, azúcar. Hasta a los más pequeños. A todos nos daban algo. Querían que nos lleváramos toda la comida que pudiéramos para el viaje, velaban mucho por esos alimentos. Pero al llegar al tren nos encontramos con los soldados soviéticos heridos. Gemían, les dolía tanto... que lo único que nos apetecía era dárselo todo a esos soldados. Lo llamábamos «alimentar a los papás». Para nosotros, todos nuestros militares eran papás.

Nos explicaron que Minsk había ardido, que todo se había quemado, que allí estaban los alemanes y que iríamos a la retaguardia. Iríamos allí donde no había guerra.

Viajamos durante más de un mes. Nos llevaron a una ciudad, pero cuando llegamos no nos podían dejar allí porque los alemanes estaban cerca. Así fuimos hasta Mordovia.

El lugar era muy bonito, había iglesias por todas partes. Las casas eran bajas; las iglesias, altas. No teníamos camas, dormíamos encima de la paja. Llegó el invierno, solo teníamos un par de zapatos por cada cuatro niños. Y después comenzó la hambruna. No solo en el orfanato pasábamos hambre, también toda la gente de los alrededores, porque lo entregaban todo al frente. En el orfanato vivíamos unos doscientos cincuenta niños. Un día nos llamaron a comer y no había nada que comer. Las maestras y el director estaban sentados en el comedor, nos miraban con los ojos llenos de lágrimas. Teníamos una yegua, Maika... Era vieja y muy cariñosa, con ella íbamos a buscar agua. Al día siguiente sacrificaron a Maika. Nos daban un poco de agua y un pedacito de Maika... Nos lo ocultaron durante mucho tiempo. No hubiéramos sido capaces de comérnosla... ¡Por nada del mundo! Era el único animal que teníamos en el orfanato. Bueno, también había dos gatos hambrientos. ¡Eran dos esqueletos! «Qué bien —pensamos después—, qué suerte que los gatos sean tan flaquitos, así no tendremos que comérnoslos.» No había nada que comer.

Todos teníamos unas barrigas enormes; yo, por ejemplo, era capaz de comerme un cubo entero de sopa, porque en esa sopa no había nada. Mientras me volvieran a llenar el plato, yo siempre seguía comiendo. Nos salvó la naturaleza, nos convertimos en unos rumiantes. En primavera, en un radio de varios kilómetros alrededor del orfanato, ni un solo árbol conseguía echar brotes... Nos los comíamos todos, arrancábamos incluso la parte más tierna de la corteza. Nos comíamos la hierba, cualquier cosa que encontrábamos. Nos habían suministrado unos capotes, y nos las arreglamos para ponerles unos bolsillos grandes. Los llevábamos siempre llenos de hierba, la masticábamos a todas horas. Los veranos nos salvaban; en invierno, la cosa se ponía difícil. A los más pequeños (éramos unos cuarenta) nos alojaron por separado. Por la noche llorábamos a moco tendido. Llamábamos a papá y a mamá. Los cuidadores y maestros evitaban como podían pronunciar ante nosotros la palabra «madre». Cuando nos contaban cuentos, escogían los libros en que no salía esa palabra. Pero si alguien de pronto decía «madre», enseguida estallaba el llanto. Un llanto desconsolado.

Repetí primero. Había acabado el curso con diploma de honor, pero esto fue lo que pasó: cuando llegamos al orfanato nos preguntaron quién había sacado un suspenso, y yo creí que «suspenso» significaba lo mismo que «diploma de honor», así que dije que yo. En tercero me fugué del orfanato. Me fui para buscar a mamá. El abuelo Bolshakov me encontró en el bosque, hambrienta y agotada. Se enteró de que había estado en un orfanato y me llevó a vivir con su familia. Vivían los dos solos, él y la abuela. Me recuperé y empecé a ayudarlos con la casa: recogía hierba, escardaba la patata, hacía de todo. Comíamos pan, pero era un pan que de pan no tenía nada. Era muy amargo. Mezclábamos harina con cualquier cosa que se pudiera moler: bledo, flores de nuez, patata. Todavía hoy sigo sin poder mirar con tranquilidad la hierba espesa, y como mucho pan. Aún no he logrado saciarme... Han pasado décadas...

¡Cuántas cosas recuerdo! Me acuerdo de muchas cosas...

Recuerdo a una niñita locuela que se metía en los jardines, encontraba una madriguera de ratones y se quedaba allí esperando al ratón. La niñita tenía hambre. Recuerdo su cara, hasta me acuerdo del vestidito que llevaba. Una vez me acerqué a ella y me contó lo del ratón... Nos quedamos las dos allí, aguardando al ratón...

Me pasé toda la guerra esperando a que terminara para poder ir a buscar a mamá. El abuelo y yo aparejaríamos el caballo e iríamos a buscarla. Por delante de casa iban pasando los evacuados, a todos les preguntaba si habían visto a mi madre. Los evacuados eran tantos, tantos... En todas las casas había un puchero con caldo de ortiga tibio. Por si entraba la gente, así podían ofrecerles algo de comida caliente. No había nada más. Pero en ninguna casa faltaba ese puchero de ortigas hervidas... Lo recuerdo muy bien. Yo misma recogía las ortigas.

Acabó la guerra... Esperé un día, otro día, pero nadie venía a buscarme. Mi madre no venía, y de papá creía que estaría en el ejército. Esperé así dos semanas, no pude esperar más. Me metí en un tren, me escondí debajo de un asiento y viajé... ¿Adónde? No lo sabía. En mi inocente visión infantil del mundo, creía que todos los trenes iban a Minsk. ¡Y que en Minsk me esperaba mamá! Que mi padre regresaría luego a casa... ¡Como un héroe! Condecorado con órdenes y medallas.

Los dos habían desaparecido en un bombardeo. Los vecinos me lo contaron. Al estallar la guerra los dos salieron a buscarme. Fueron corriendo a la estación de tren.

Yo ya he cumplido cincuenta y un años, tengo mis propios hijos. Y, sin embargo, todavía sigo queriendo que venga mamá.

«Esos juguetes alemanes tan bonitos...»
Taisa Nasvétnikova, siete años
Actualmente es maestra

Antes de la guerra...

¿Que cómo me recuerdo?... Recuerdo que todo estaba bien: la guardería, las fiestas, nuestro patio. Las niñas y los niños. Yo leía mucho, me daban miedo los gusanos y me encantaban los perros. Vivíamos en Vítebsk, y mi padre trabajaba en una empresa de construcción. De mi infancia lo que más recuerdo es cuando mi papá me enseñaba a nadar en el río Daugava.

Después llegó la escuela. La impresión que me quedó de la escuela: una escalera muy ancha, una pared transparente de vidrio y mucho sol, mucha alegría. Recuerdo la sensación de que la vida era una fiesta.

Mi padre se fue al frente nada más estallar la guerra. Me acuerdo de la despedida en la estación de tren... Papá no dejaba de asegurarle a mamá que echarían a los alemanes, pero que igualmente quería que nos fuéramos de la ciudad. Mamá no lo comprendía: ¿para qué? Si nos quedábamos en casa, a él le costaría menos encontrarnos. Nos podría encontrar enseguida. Yo repetía: «¡Papá, te quiero! Regresa muy pronto. Papá, te quiero...».

Mi padre se marchó, y pasados unos días nosotros también nos marchamos. Durante el trayecto nos bombardeaban sin tregua, era fácil porque los trenes iban uno detrás de otro. Nos habíamos ido tal cual: mi madre iba con un vestido ligero de lunares blancos, y yo con un vestidito rojo de tirantes con estampado de flores. Los mayores me decían que el rojo se veía demasiado desde arriba, y cada vez que empezaba un ataque aéreo, todos salían corriendo hacia los arbustos y me tapaban con cualquier cosa para esconder ese vestidito rojo, porque con él yo era como una linterna encendida.

Bebíamos agua de los pantanos y zanjas. Llegaron las enfermedades intestinales. Yo también caí enferma. Pasé tres días inconsciente... Después mamá me contó cómo me habían salvado. Fue cuando paramos en Briansk. En la vía de ferrocarril paralela estaba estacionado un tren militar. Mi madre tenía veintiséis años, era muy guapa. Nuestro tren hacía una parada muy larga. Ella bajó del vagón y un oficial del otro tren le echó un piropo. Mamá le pidió: «Por favor, déjeme, no tolero ver su sonrisa. Mi hija se está muriendo». Resulta que el oficial era un técnico en medicina. Subió a nuestro vagón, me examinó y llamó a un compañero: «Tráeme rápidamente un poco de té, pan seco y belladona». Ese pan seco de los soldados, un litro de té cargado y unas cuantas pastillas de belladona me salvaron la vida.

Durante el trayecto hasta Aktobé todos los pasajeros de nuestro tren pasaron por aquella enfermedad. A nosotros, los niños, no nos dejaban entrar donde estaban los muertos, nos protegían. Solo podíamos escuchar las conversaciones: allí han enterrado a tantos, allá a otros tantos... Mamá volvía muy, muy pálida, con las manos temblorosas. Yo le preguntaba: «¿Dónde se ha ido toda esa gente?».

No recuerdo los paisajes. Es extraño, porque a mí la naturaleza me gustaba mucho. En la memoria solo he retenido los arbustos en los que nos escondíamos. Los barrancos. Por alguna razón, tenía la sensación de que no había bosques, de que solo atravesábamos campos, recorríamos un desierto. Hubo una vez en que experimenté tanto miedo que después ya no me asustaba ningún bombardeo. No nos avisaron de que la parada iba a ser corta, de unos diez o quince minutos. El tren arrancó y yo me quedé sola en el andén. Sola... No recuerdo quién me recogió... Literalmente, me lanzaron dentro del vagón. Pero no era nuestro vagón, sino uno de los vagones de cola. Entonces por primera vez me aterrorizó la idea de quedarme sola, de que mamá se fuera. Mientras tenía a mi madre a mi lado nada me daba miedo. Pero en aquel momento el pánico me dejó muda. Me quedé muda hasta que mi madre llegó corriendo y me cogió en brazos; en todo ese rato nadie logró que dijese una sola palabra. Mi madre era mi mundo. Mi planeta. Incluso si me dolía algo, la cogía de la mano y el dolor se alejaba. De noche siempre dormía a su lado; cuanto más me apretaba contra ella, menos miedo tenía. Si mi madre estaba allí, parecía que todo fuera como antes, como en casa. Cerraba los ojos y era como si no hubiera guerra. Solo que a mamá no le gustaba hablar de la muerte. Y yo no dejaba de hacer preguntas...

De Aktobé viajamos a Magnitogorsk, donde vivía el hermano de papá. Antes de la guerra mi padre tenía una gran familia, con muchos hombres, pero cuando llegamos a la casa solo había mujeres. Los hombres se habían ido al frente. A finales de 1941 recibimos dos avisos: los hijos de mi tío habían muerto...

De aquel invierno también recuerdo la varicela que pasamos todos los niños del colegio. Y aquel pantalón rojo... A mi madre le habían suministrado un corte de franela de color burdeos, y con eso me confeccionó un pantalón. Los niños se burlaban de mí cantando: «Mira el conejo, que viste de bermejo...». Yo me enfadaba mucho. Poco tiempo después nos suministraron unos zapatos de goma dura, de esos que te pones encima de las botas de fieltro los días de lluvia... Solo que yo no tenía botas, y me los ponía directamente sobre el pie desnudo, me los ataba como podía y así corría a todas partes. El roce de la goma me desgarraba la piel de los tobillos, tenía que ponerme alguna cosa en el talón para elevar el pie y que la goma no me tocase las heridas. El invierno era muy frío, siempre tenía frío en las manos y los pies. En la escuela a menudo se estropeaba la calefacción y el suelo de las aulas quedaba cubierto por una fina capa de agua congelada. Patinábamos entre las mesas. Dentro nunca nos quitábamos los abrigos ni las manoplas, les cortábamos las puntas para poder sujetar bien la pluma con los dedos. Recuerdo que teníamos prohibido burlarnos y ofender a los que habían perdido a sus padres. Si lo hacíamos recibíamos un severo castigo. Y también leíamos mucho. Como nunca... Acabamos con la biblioteca infantil y juvenil. Y nos empezaron a dar libros para adultos. A las otras niñas les daban miedo... Hasta los niños los evitaban a veces, pasaban las páginas donde se hablaba de muerte. Pero yo las leía.

Nevó mucho. Los niños salían afuera para hacer muñecos de nieve. Yo no lo podía entender: cómo se puede hacer un muñeco de nieve y estar contento si estábamos en medio de una guerra.

Los adultos se pasaban todo el día escuchando la radio, no podían vivir sin la radio. Nosotros tampoco. Vivíamos intensamente cada vez que en Moscú se disparaba una salva por una victoria, sufríamos con cada informativo: ¿cómo va en el frente?, ¿y en la lucha clandestina, en las guerrillas? Estrenaron unos documentales sobre la batalla de Stalingrado y la defensa de Moscú, los vimos como quince o veinte veces. Si los emitían tres veces seguidas, los veíamos tres veces seguidas. Nos pasaban las películas en la escuela, no teníamos sala de proyección, las ponían en el pasillo, todos sentados en el suelo. Durante dos o tres horas. A mí se me quedaba grabado todo lo que tenía que ver con la muerte... Mamá me reñía por ello. Les preguntaba a los médicos por qué yo era así, por qué me interesaba tanto por cosas tan poco infantiles como la muerte. Quería saber cómo enseñarme a pensar en cosas de niños...

De mayor he vuelto a leer fábulas..., cuentos de niños... ¿Y en qué me he vuelto a fijar? En la cantidad de veces que aparece la muerte. Hay mucha sangre. Me he dado cuenta.

A finales de 1944 vi a los primeros prisioneros alemanes... Iban avanzando por la calle alineados en fila. Me asombró que la gente se acercara a ellos y les diera pan. Me sorprendió tanto que corrí hasta donde trabajaba mi madre para preguntarle: «¿Por qué los nuestros dan pan a los alemanes?». Mi madre no me dijo nada, lloró. También por aquellos días vi a un alemán muerto, con su uniforme. Estaba caminando y de repente se cayó. La fila se detuvo un instante y después volvió a avanzar. Uno de nuestros soldados se colocó junto al muerto. Yo me acerqué corriendo... Sentía ganas de ver la muerte de cerca, de estar a su lado. Cuando por la radio hablaban de las bajas enemigas, siempre nos alegrábamos... Pero en aquel momento... lo que vi... Aquel hombre parecía dormido... Ni siquiera estaba tumbado, se había quedado sentado, encorvado, con la cabeza sobre el hombro. Yo no sabía si tenía que odiarlo o compadecerlo. Era el enemigo. ¡Nuestro enemigo! No recuerdo si era viejo o joven. Se le veía muy cansado. Por eso me costaba sentir odio. Se lo expliqué a mi madre. Ella lloró de nuevo.

El 9 de mayo nos despertamos por la mañana muy

temprano porque alguien empezó a gritar muy fuerte. Estaba amaneciendo. Mamá se fue a ver qué pasaba. Volvió corriendo, desconcertada: «¡La Victoria! ¿De verdad es la Victoria?». Era algo insólito: la guerra había acabado, una guerra tan larga... Unos lloraban, otros reían, otros chillaban... Lloraban los que habían perdido a los suyos, pero ¡se alegraban porque había llegado la Victoria! La gente reunió toda la comida que nos quedaba en uno de los apartamentos: unos llevaron un puñado de cereales; otros, unas cuantas patatas; a otro le quedaba un poco de remolacha. Nunca olvidaré aquel día. Aquella mañana..., incluso la tarde de aquel día fue diferente...

Durante la guerra, por alguna razón, todos hablaban en voz baja, me parecía que susurraban. Pero de pronto a nuestro alrededor todo el mundo se puso a hablar en voz alta. Los niños no nos apartábamos de los mayores, nos daban cosas de comer, nos acariciaban, nos animaban a salir a la calle: «Venga, salid, que hoy estamos de fiesta». Y luego nos volvían a llamar a casa. Nunca nos habían abrazado y besado tanto como aquel día.

Yo tuve mucha suerte: mi padre volvió de la guerra. Me trajo unos juguetes muy bonitos. Eran juguetes alemanes. Yo no lograba entender cómo era posible que los juguetes alemanes fueran tan bonitos...

Con mi padre también intenté hablar de la muerte. De los bombardeos que sufrimos cuando mamá y yo estábamos siendo evacuadas de la ciudad... De cómo a lo largo de todo el camino, a ambos lados de la carretera, yacían nuestros soldados muertos. Tenían la cara cubierta con ramas de árboles. Las moscas zumbaban sobre los cuerpos... Miles de moscas... Del alemán muerto... Le hablé del padre de una amiga mía que había logrado regresar de la guerra y murió a los pocos días. Murió de un ataque al corazón. Yo no conseguía entenderlo: ¿cómo se puede morir después de una guerra, cuando todo el mundo está feliz?

Papá no decía nada.

«UN PUÑADO DE SAL... TODO LO QUE QUEDA
DE NUESTRA CASA...»
Misha Maiórov, cinco años
Actualmente es doctor en Ciencias Agrícolas

Durante la guerra me refugiaba en los sueños. Me gustaba soñar con la vida en tiempos de paz, con la vida de antes de que llegara la guerra...

El primer sueño...

La abuela acaba de terminar sus quehaceres cotidianos... Yo siempre aguardo ese momento. Entonces mueve la mesa hacia la ventana, despliega una tela y la coloca encima. Empieza a distribuir trozos de algodón sobre ella y después lo cubre todo con otra tela. Está acolchando una manta. Yo también ayudo: la abuela pone clavos a lo largo del borde de la manta, y por esos clavos, uno detrás del otro, va pasando un cordel previamente embadurnado de tiza; mi trabajo consiste en estirar ese cordel hacia el otro extremo de la manta. «Estíralo más, Misha», me pide la abuela. Yo tiro y entonces ella lo suelta: en un instante aparece una raya blanca sobre la tela roja o azul. Las líneas se cruzan formando rombos; más tarde, por ahí pasarán los pespuntes de hilo negro. La siguiente operación: la abuela distribuye unos patrones de papel (ahora los llaman «plantillas»), y sobre la manta hilvanada surge un dibujo. Es muy entretenido, muy bonito. Mi abuela es una artista de la costura, hace muy bien las camisas; sobre todo le quedan muy bien los cuellos. Tiene una máquina de coser manual, de la marca Singer, con la que continúa trabajando después de que yo ya me haya acostado. Y el abuelo también.

El segundo sueño...

Mi abuelo trabaja de zapatero. Aquí también tengo una tarea asignada: afilar las tachuelas de madera. Hoy en día las suelas se sujetan con unos clavitos de metal, pero suelen oxidarse y la suela se cae. Cuando yo era niño a lo mejor también se usaban esos clavitos de metal, pero los que yo recuerdo eran de madera. Cogían un tronco de abedul añejo; tenía que ser liso, sin nudos, y lo cortaban en forma de pastillas redondas que dejábamos en el porche para que se secasen. Después había que partir esas pastillas, y de ahí se sacaban unas barras de tres centímetros de grueso y diez de largo que se ponían a secar de nuevo. De esas barras se podían cortar con facilidad unas láminas transversales de dos o tres milímetros de grosor. La chaira corta muchísimo, con ella era muy fácil afilar los extremos de esas láminas: apoyas la estaca contra el banco de carpintero, un movimiento de la chaira y la lámina ya está afilada. Luego hay que cortar esa lámina para obtener las tachuelas. El abuelo abre los orificios en la suela de la bota con la lezna, introduce la tachuela, un martillazo y el clavo de madera queda asegurado en la suela. Las tachuelas se ponían en dos filas, es bonito y más duradero: los clavos de madera seca de abedul se hinchaban con la humedad y aún sujetaban mejor la suela, no se desprendía hasta que se desgastaba.

Mi abuelo también hace suelas para las botas de fieltro. O mejor dicho, les pone una segunda suela: así las botas duran más y te las puedes poner tal cual, sin protegerlas con una funda de goma. Otra cosa que hace es forrar con piel el talón de las botas de fieltro, para que al ponerte la funda de goma no se desgaste tanto. Mi trabajo es entorchar el hilo de lino, embrearlo, encerotarlo y enhebrar la aguja. La aguja del zapatero es un tesoro muy valioso, por eso el abuelo suele utilizar una cerda, una simple cerda del pescuezo de un jabalí salvaje. También sirve la de los cerdos, pero es más blanda. El abuelo tiene un manojo entero de esas cerdas. Sirven a la perfección para coser suelas y también para hacer pequeños remiendos en los sitios difíciles de alcanzar: la cerda es muy flexible, pasa por donde haga falta.

Tercer sueño...

En el enorme cobertizo de los vecinos, los chicos más mayores han organizado un teatro. La representación va de guardias fronterizos y espías. La entrada vale diez kopeks; yo no tengo ni uno, así que no me dejan entrar y lloro a moco tendido: yo también quiero «ver la guerra». Finalmente me quedo mirando a hurtadillas: los «guardias fronterizos» visten auténticas camisas de uniforme militar. El espectáculo es fabuloso...

Este es el último, no tenía más sueños...

Poco después de estallar la guerra empecé a ver esas mismas camisas militares en nuestra casa... La abuela daba de comer a los soldados, cansados y cubiertos de polvo, y ellos le decían: «Los alemanes aprietan». Empecé a interrogar a la abuela: «¿Cómo son esos alemanes?».

Cargamos la carreta con todos nuestros bártulos, a mí me sientan encima de todo. Nos vamos a alguna parte..., pero al poco tiempo regresamos. ¡Los alemanes se han metido en nuestra casa! Se parecían a nuestros soldados, solo que el uniforme era diferente y estaban alegres. A mi abuela, a mi madre y a mí nos toca dormir en el hueco que hay detrás de la estufa rusa,* el abuelo duerme en el cobertizo. La abuela ha dejado de acolchar mantas, el abuelo ya no hace de zapatero. Una vez aparté un poco la cortinilla que separaba nuestro espacio: en un rincón, junto a la ventana, hay un alemán sentado; tiene unos auriculares puestos y está girando las manivelas de la radio, se oye música, luego unas palabras en ruso... Mientras tanto, otro alemán está untando un pedazo de pan con mantequilla, me ve y se acerca agitando el cuchillo hasta ponerlo muy cerca de mi nariz. Me escondo detrás de la cortina y no vuelvo a asomarme.

En la calle, por delante de casa, veo como llevan a un hombre con la camisa del uniforme quemada; está descalzo, tiene las manos atadas con un alambre. Va todo negro... Más tarde lo vi ahorcado junto al edificio administrativo. Decían que era un piloto soviético. Por la noche soñé con él. En mi sueño estaba ahorcado en nuestro patio...

---

* Se trata de un tipo de estufa típica de las regiones rusas. Sirve tanto para cocinar como de sistema de calefacción. Situada en el centro de las casas y envuelta en una construcción de ladrillos, el humo se desvía por conductos a través de paredes y techos para transmitir el calor a toda la casa. La gente solía dormir en el piso de arriba, justo encima de la estufa. En adelante, todas las estufas que se mencionan en el libro son de este tipo. *(N. de las T.)*

En mis recuerdos todo está teñido de negro: los tanques son negros, las motocicletas son negras, los soldados alemanes llevan uniformes negros. No estoy seguro de que en realidad todo fuera de color negro, pero se me quedó así grabado en la memoria. Como una película en blanco y negro...

... Me arropan con algo y nos escondemos en el pantano. Un día y una noche enteros. La noche es fría. Me asustan los terroríficos gritos de unos pájaros que no conozco. Tengo la sensación de que la luz de la luna es muy, muy intensa. ¡Y el miedo! ¿Y si nos ven? ¿Y si los perros alemanes nos huelen? A veces el viento nos acerca sus ladridos roncos. ¡Por la mañana vamos a casa! ¡Quiero irme a casa! ¡Todos queremos volver a casa, al calor! Pero nuestra casa ya no está, solo quedan unas brasas humeantes. Un pedazo de suelo quemado... Como después de una gran hoguera... Entre las cenizas encontramos el terrón de sal que siempre estaba sobre la repisa de la estufa. Recogemos con cuidado la sal, arcilla mezclada con sal, y la ponemos en un jarrón. Es todo lo que quedó de nuestra casa.

La abuela se queda callada mucho rato, y de noche de repente se pone a chillar: «¡Ay, mi casa! ¡Ay, mi casa! Aquí andaba yo de muchacha... Aquí vinieron los casamenteros... Aquí di luz a mis hijos...». Y se pone a recorrer nuestro patio a oscuras, como si fuera un fantasma.

Por la mañana abrí los ojos: estábamos durmiendo en el suelo. En nuestro huerto.

«Y BESÉ TODOS LOS RETRATOS DEL LIBRO DE TEXTO...»
Zina Shimánskaia, once años
Actualmente es cajera

Miro atrás con una sonrisa... Con una sensación como de asombro. ¿Será posible que eso me haya ocurrido a mí?

El día en que empezó la guerra habíamos ido al circo. Toda la clase. Era una función matinal. No sospechábamos nada. Nada... Los mayores ya lo sabían, pero nosotros no. Aplaudíamos. Nos reíamos. Había un elefante grande. ¡Un elefantón! Los monos bailaban. Y luego... Salimos a la calle muy contentos. La gente tenía la cara llorosa: «¡La guerra!». Y todos los niños: «¡Hurra! Qué bien». La guerra nos la imaginábamos así: hombres con gorros militares montando a caballo. De pronto se nos presentaba la oportunidad de sacar lo mejor de nosotros, de ayudar a nuestros soldados. «Nos convertiremos en héroes.» A mí me encantaban los libros bélicos. Los combates, las hazañas. Los sueños... Me veía inclinándome sobre un soldado herido, lo sacaba del campo de batalla. Del fuego. En mi habitación tenía toda la pared de delante de mi escritorio cubierta de recortes de periódicos con fotografías bélicas. Voroshílov, Budionni...

Jugaba con mi mejor amiga a que nos fugábamos a la Guerra de Invierno, la finlandesa, y los niños que conocíamos se escapaban a España, a la Guerra Civil. Nos imaginábamos las guerras como el acontecimiento más interesante de la vida. ¡La mayor de las aventuras! Soñábamos con la guerra, éramos hijos de nuestro tiempo. ¡Unos buenos hijos! Mi amiga siempre iba con un viejo gorro militar de la Guardia Roja; ya no me acuerdo de dónde lo sacó, pero era su gorro favorito. ¡Ay, nuestras escapadas a la guerra! Ni siquiera recuerdo qué guerra debía de ser, seguramente la española. Se lo contaré... Un día mi mejor amiga se quedó a dormir en mi casa. Lo habíamos planeado bien y, al amanecer, salimos a hurtadillas. De puntillas... Chisss... Chisss... Llevábamos algo de comida. Mi hermano mayor por lo visto ya tenía la mosca detrás de la oreja, se había fijado en que llevábamos unos días hablando en susurros, guardando cosas en nuestros saquitos. Nos alcanzó en el patio y nos envió de vuelta a casa. Nos riñó y nos amenazó con tirar todos los libros bélicos de mi biblioteca. Me pasé el día llorando. ¡Así es como éramos!

Y, de repente, una guerra de verdad...

Una semana más tarde, las tropas alemanas entraron en Minsk. Más que los alemanes, las que se quedaron grabadas en mi memoria fueron sus máquinas. Vehículos grandes, motocicletas grandes... Las nuestras no eran así, nunca habíamos visto máquinas como aquellas. La gente se quedó muda y sorda. Iban todos con los ojos asustados... En las vallas y en los postes iban apareciendo pancartas y anuncios ajenos. Mandatos ajenos. Se estableció la «nueva orden». Pasado un tiempo las escuelas volvieron a abrir. Mamá consideró que la guerra no era razón para interrumpir los estudios; yo debía estudiar. El primer día, la maestra de geografía, la misma que nos había dado clase antes de la guerra, habló en contra del régimen soviético. En contra de Lenin. Me dije: «No voy a seguir estudiando en una escuela como esa ni un día más. Que no... ¡No quiero!». Volví a casa y besé todos los retratos del libro de texto... Los queridos retratos de nuestros caudillos.

Los alemanes irrumpían en las casas, siempre estaban buscando a alguien. A los judíos, a los guerrilleros... Mi madre me avisó: «Esconde tu pañuelo de joven pionera».* De día escondía el pañuelo; de noche, al acostarme, me lo ataba al cuello. Mi madre tenía miedo: «¿Y si los alemanes llaman a la puerta de noche?». Intentaba convencerme. Lloraba. Yo esperaba hasta que se dormía, hasta que todo estaba en calma, dentro y fuera. Entonces sacaba del armario el pañuelo rojo y los libros soviéticos. Mi mejor amiga dormía con el gorro de la Guardia Roja puesto.

Incluso hoy me sigue gustando que fuéramos así...

«LOS RECOGÍA CON LAS MANOS... ERAN MUY, MUY BLANCOS...»
Zhenia Selenia, cinco años
Actualmente es periodista

Aquel domingo... 22 de junio...

Fui con mi hermano a buscar setas. Acababa de empezar la temporada de boletos. El nuestro era un bosquecillo más bien pequeño; conocíamos cada arbusto, cada claro, sabíamos dónde y qué setas o frutas buscar, hasta qué flores había en cada zona. Dónde encontrar hierba de San Antonio y dónde encontrar hierba amarilla de San Juan. O bre-

* La Organización de Pioneros de la Unión Soviética fue un grupo de escultismo que agrupaba a niños y niñas de entre diez y quince años, a los que ofrecía diversas actividades, desde tareas de alfabetización hasta campamentos en las montañas, siempre basadas en los principios ideológicos del comunismo. *(N. de las T.)*

zo... Estábamos ya de vuelta en casa cuando oímos un ruido atronador. El ruido provenía del cielo. Miramos hacia arriba: había unos doce o quince aviones... Volaban alto, muy alto; recuerdo pensar que nuestros aviones nunca habían volado a tanta altura. Se oía el ruido: «¡Uuuh, uuuh, uuuh!».

En ese instante vimos a nuestra madre, corriendo hacia nosotros: lloraba, la voz se le entrecortaba. Ese es el recuerdo que me quedó del primer día de guerra. Nuestra madre no nos llamaba cariñosamente como de costumbre, sino que nos gritaba: «¡Hijos! ¡Hijos míos!». Tenía los ojos grandes, en su cara solo había ojos...

Un par de días después llegó a nuestro caserío un grupo de soldados del Ejército Rojo. Polvorientos, sudados, con las bocas resecas..., bebían con avidez el agua del pozo. Había que ver cómo se reanimaron de repente... Cómo se iluminaron sus caras cuando en el cielo aparecieron cuatro aviones soviéticos. Avistamos claramente las estrellas rojas. «¡Son los nuestros! ¡Son los nuestros!», gritábamos junto a los soldados. Pero de pronto surgieron unos pequeños aviones negros dando vueltas alrededor de nuestros aviones. Algo crujía, tronaba. El sonido que llegaba a la tierra era raro... Como si alguien rasgara un hule o un lienzo... Un gran estruendo. Yo entonces todavía no sabía que así es como se oyen de lejos las ráfagas de las ametralladoras. Nuestros aviones caían, y detrás de ellos se veían largas colas rojas, de fuego y humo. ¡Catapum! Los soldados lloraban, no se avergonzaban de sus lágrimas. Yo era la primera vez... la primera vez... que veía a soldados llorando... En las películas bélicas que iba a ver al pueblo nunca lloraban.

Unos días más tarde... Llegó la hermana de mi madre, la tía Katia. Venía corriendo desde la aldea de Kabakí. Estaba toda negra, daba miedo mirarla. Nos explicó que los alemanes habían entrado en su aldea, que habían reunido a todos los militantes del partido y los habían llevado fuera del pueblo. Allí los ametrallaron. Entre los fusilados estaba su hermano, el hermano de mamá y la tía Katia, diputado del sóviet rural. Era un comunista acérrimo.

Recuerdo perfectamente las palabras de la tía Katia:

—Le partieron el cráneo, los sesos salieron disparados, yo los recogí con las manos... Eran muy, muy blancos.

Estuvo con nosotros dos días. Y siempre relataba lo mismo... Lo repetía sin parar... En esos dos días todo el pelo se le volvió blanco. Mi madre se sentaba con la tía Katia y la abrazaba, y ella también lloraba. Yo acariciaba el pelo de mamá. Tenía miedo. Temía que mamá también se volvería toda blanca...

«¡Quiero vivir! ¡Quiero vivir!»
Vasia Jarevski, cuatro años
Actualmente es arquitecto

Esas imágenes, esos fuegos. Son mi tesoro. Haber sobrevivido a eso es un lujo...

Nadie me cree, ni siquiera mi madre me creía. Cuando después de la guerra empezamos a rememorar, ella se asombraba: «Es imposible que tú te acuerdes de eso, eras muy pequeño. Te lo habrá contado alguien...».

Pues no, lo recuerdo...

Estallaban las bombas y yo me agarraba a mi hermano mayor: «¡Quiero vivir! ¡Quiero vivir!». Me daba mucho miedo morir, aunque ¿qué podía saber yo sobre la muerte? ¿Qué podía saber?

Lo recuerdo...

Mamá nos dio, a mi hermano y a mí, las dos últimas patatas que quedaban; ella solo nos miraba. Nosotros sabíamos que esas patatas eran las últimas. Quise dejarle... un trocito pequeño... y no pude. Mi hermano tampoco... Los dos nos sentíamos avergonzados. Sentíamos muchísima vergüenza.

Pues no, lo recuerdo...

Vi al primer soldado, era de los nuestros... Creo que era un tanquista, pero de eso no estoy seguro... Corrí hacia él: «¡Papá!». Él me cogió en brazos y me aupó: «¡Hijo!».

Lo recuerdo todo...

Me acuerdo de cómo los mayores decían: «Es pequeño. No se entera». Yo me extrañaba: «Qué raros son estos adultos, ¿de dónde habrán sacado que no entiendo nada? Si lo entiendo todo». Hasta me parecía que comprendía más que los mayores porque yo no lloraba y ellos sí.

La guerra es mi propio manual de Historia. Mi soledad... Me he saltado la época de la infancia, ha desaparecido de mi vida. Soy un hombre sin infancia. En vez de infancia tengo la guerra.

Solo hay una cosa en la vida que me haya conmovido igual: el amor. Cuando me enamoré... Cuando conocí el amor...

Inna Levkévich, diez años
Actualmente es ingeniera de construcción

En los primeros días... De madrugada...

Las bombas estallaban por encima de nuestras cabezas... En el suelo, los postes y los cables caídos vibraban. La gente estaba asustada, todos abandonaban sus casas. Todos corrían afuera, se avisaban unos a otros: «¡Cuidado: un cable! ¡Cuidado: un cable!», para que nadie tropezara, para que no se cayeran. Como si eso fuera lo más horrible.

La mañana del 26 de junio, mi madre aún estaba entregando las pagas; era contable en una fábrica, y esa misma tarde ya éramos unos refugiados. Cuando abandonamos Minsk vimos arder nuestra escuela. El fuego se enrabietaba en todas las ventanas. Tan vivo..., tan... tan fuerte; las llamas llegaban hasta el cielo... Llorábamos porque nuestra escuela estaba en llamas. Éramos cuatro niños, tres íbamos a pie y la pequeña «viajaba» en brazos de mamá. Mi madre estaba nerviosa, había cogido las llaves pero se había olvidado de cerrar la puerta de nuestro apartamento. Intentaba parar a los coches, les gritaba, les pedía: «Llévense a nuestros hijos, nosotros iremos a defender la ciudad». No quería creer que los alemanes ya habían entrado en la ciudad. Que les habíamos entregado la ciudad.

Todo lo que ocurría ante nuestros ojos era espantoso e incomprensible. Lo que nos ocurría a nosotros. Sobre todo, la muerte... Había teteras y cazuelas tiradas al lado de los muertos. Todo ardía... Parecía que corríamos encima de las ascuas... Yo siempre había sido amiga de los chicos. Era una niña traviesa. Sentía curiosidad: cómo caían las bombas, cómo silbaban, qué pasaba cuando tocaban tierra. Cuando mamá gritaba: «¡Al suelo!», yo miraba por el ojal de la chaqueta... ¿Qué era eso del cielo?... ¡Y cómo corría la gente! Algo se había quedado colgando de un árbol... Cuando entendí que aquella cosa del árbol era un trozo de ser humano, me quedé helada. Cerré los ojos...

Mi hermana Irma había cumplido siete años; ella llevaba el infiernillo y los zapatos de mamá. Por encima de todo, Irma temía perder esos zapatos. Eran nuevos, de un color rosa pálido, con tacón. Mi madre se los había llevado sin querer o, tal vez, porque eran su prenda más bonita.

Con las llaves y con esos zapatos, pronto regresamos a la ciudad; todo se había quemado. Al poco tiempo empezamos a pasar hambre. Recogíamos bledo y nos lo comíamos. ¡Comíamos flores marchitas! El invierno estaba a la vuelta de la esquina. Los alemanes habían quemado un gran jardín en las afueras de la ciudad por miedo a los partisanos, todo el mundo iba allí a talar los tocones y de esa manera conseguir algo de leña. Para calentar la estufa de casa. Con la levadura preparábamos «hígado»: al freírla en la sartén, la levadura cogía un sabor como de hígado de ternera. Mamá me dio dinero para comprar el pan en el mercado. En el mercado había una anciana que vendía cabritos; yo me imaginé que comprando uno salvaría a toda nuestra familia. El cabrito crecería y tendríamos mucha leche. Compré el cabrito a cambio de todo el dinero que me había dado mi madre. No recuerdo que mamá me riñera, solo recuerdo que nos pasamos varios días sin comer: se nos había acabado el dinero. Hervíamos una especie de pasta no me acuerdo con qué, y con eso alimentábamos al cabrito. Yo me lo metía en la cama para que no pasara frío, pero igualmente tenía frío. Pronto murió. Era una tragedia. Lloramos mucho y no permitíamos que lo sacaran de casa. Yo lloraba más que mis hermanos, me sentía culpable. Una noche, mi madre lo sacó a escondidas y nos dijo que los ratones se lo habían comido.

A pesar de todo, en la ciudad ocupada celebrábamos todas las fiestas del Primero de Mayo y de Octubre.* ¡Nuestras fiestas! ¡Las nuestras! Cantábamos siempre, sin excepción; en nuestra familia todos cantan. Podía ser unas patatas cocidas con piel, o en ocasiones un terrón de azúcar compartido entre todos…, pero esos días siempre procurábamos cocinar algo un poquito más elaborado. Nos daba igual quedarnos con hambre el día siguiente, pero esos días los celebrábamos. Cantábamos en susurros la canción favorita de mamá: «La madrugada tiñe de rosa los antiguos muros del Kremlin…». Sin excepción.

Una vez la vecina horneó unos bollos para venderlos y nos propuso: «Si me los compráis al por mayor, podéis venderlos después al detalle. Vosotras sois jóvenes, de piernas ligeras». Dije que sí sabiendo lo difícil que era para mamá mantenernos. La vecina nos trajo los bollos; mi hermana Irma y yo nos sentamos delante y los observamos.

—Irma, ¿no te parece que este bollo es más grande que este?

—Sí, eso parece…

No se imagina cuánto nos apetecía probarlos.

* Los aniversarios de la Revolución de octubre. *(N. de las T.)*

—Vamos a cortarle un trocito y luego salimos a venderlos.

Dos horas después no quedaba nada para llevar al mercado. Otro día la vecina se puso a cocer almohadillas, unos caramelos grandes y cuadrados; ahora hace mucho que no los veo en las tiendas. Y nos dio esos caramelos para que los vendiéramos. De nuevo Irma y yo nos sentamos delante.

—Esta almohadilla ha quedado más grande que las otras, ¿no te parece? Venga, Irma, vamos a chuparla un poco.

—Vale...

Compartíamos un abrigo entre tres y un par de botas de fieltro. A menudo nos quedábamos en casa. Nos contábamos cuentos... Nos explicábamos libros... Pero era aburrido. Era mucho más interesante soñar con el fin de la guerra e imaginarnos cómo viviríamos después. Que solo comeríamos bollos y caramelos.

Cuando la guerra terminó, mi madre volvió a ponerse su blusa de crespón. No entiendo cómo logró salvar esa blusa. Todas las prendas de calidad las habíamos cambiado por alimentos. La blusa tenía los puños de color negro, pero mi madre los cortó para que no hubiese nada oscuro, solo colores claros.

Enseguida volvimos a la escuela y desde los primeros días empezamos a aprendernos las canciones para el desfile de la Victoria.

«Solo oí el grito de mi madre...»

Lida Pogorzhélskaia, ocho años
Actualmente es doctora en Ciencias Biológicas

Llevo toda la vida recordando aquel día... El primer día sin mi padre...

Yo tenía sueño. Mamá nos despertó de madrugada y nos dijo: «¡Es la guerra!». ¿Quién podría seguir durmiendo después de eso? Empezamos a prepararnos para el viaje. Todavía no había miedo. Todos mirábamos a papá y él se comportaba con naturalidad. Como siempre. Era un funcionario del partido. «Todos tenéis que coger algo», dijo. A mí no se me ocurrió nada que pudiera coger; mi hermana pequeña se llevó una muñeca. Mamá cogió en brazos a nuestro hermanito. Papá nos alcanzaría por el camino.

He olvidado mencionar que vivíamos en la ciudad de Kobrin, cerca de Brest. Por eso el primer día ya teníamos la guerra encima. No hubo tiempo para recapacitar. Los mayores apenas hablaban: caminaban en silencio, montaban a caballo en silencio. Eso daba miedo. La gente caminaba, mucha gente, y nadie hablaba.

Cuando nuestro padre se reunió con nosotros, nos tranquilizamos un poco. En nuestra familia mi padre estaba al frente de todo porque mamá era muy joven, se casó a los dieciséis años. Ni siquiera sabía cocinar. En cambio, nuestro padre era huérfano, sabía de todo. Recuerdo cómo disfrutábamos cuando papá tenía un rato libre y cocinaba para nosotros alguna cosa rica. Era una auténtica fiesta. Todavía hoy pienso que no hay nada más rico que la papilla que nos hacía papá. Había sido muy difícil estar sin él en aquella carretera, cómo lo esperábamos... Quedarnos en mitad de la guerra sin papá: ni nos lo podíamos imaginar. Así era nuestra familia.

Se organizó una hilera de carretas muy larga. Nos movíamos lentamente. A ratos todos paraban y miraban al cielo. Buscábamos nuestros aviones con la mirada... Pero nada...

Después del mediodía vimos una columna de militares. Iban a caballo y vestían uniformes nuevos del Ejército Rojo. Los caballos estaban bien alimentados. Eran grandes. Nadie sospechó que se trataba de infiltrados. Pensamos: «¡Son los nuestros!». Y nos alegramos. Papá salió corriendo a su encuentro y oí el grito de mi madre. No oí el disparo... Solo oí a mamá gritar: «Aaah...». Recuerdo que los soldados ni siquiera bajaron de sus caballos... Cuando oí el grito de mi madre, eché a correr. Todo el mundo corrió. Corríamos en silencio. Dejé de oír el grito de mamá. Corrí hasta que me tropecé y caí sobre la hierba alta...

Nuestros caballos permanecieron inmóviles en el mismo lugar hasta bien entrada la noche. Nos esperaban. Nosotros regresamos cuando oscureció. Allí solo se había quedado mi madre, estaba esperando. Alguien dijo: «Mirad, el pelo se le ha vuelto blanco». Recuerdo que los adultos cavaron un hoyo... Luego alguien empezó a darnos pequeños empujones, a mí y a mi hermana pequeña: «Acercaos. Decidle adiós a vuestro padre». Yo avancé dos pasos y no pude andar más. Me senté en el suelo. Y mi hermana, lo mismo: se sentó a mi lado. Nuestro hermanito dormía, era muy pequeño, no entendía nada. Mamá estaba inconsciente en la carreta, no nos dejaban que nos acercásemos a ella.

Así que ninguno de nosotros vio a papá muerto. Y nadie lo recuerda muerto. Yo siempre que lo recuerdo, por alguna razón, lo veo vestido con una guerrera blanca. Joven y alegre. Incluso ahora, y eso que ya soy mayor que nuestro padre.

En la región de Stalingrado, adonde nos evacuaron, nuestra madre se puso a trabajar en el *koljós*.* Mamá, la misma que no tenía ni idea de escardar un huerto, que no sabía diferenciar la avena del trigo, se convirtió en la mejor trabajadora de todas. No teníamos padre, no éramos los únicos. Otros habían perdido a sus madres. O a su hermano. O a su hermana. O a sus abuelos. Pero no nos sentíamos huérfanos. Nos compadecían y nos criaban entre todos. Recuerdo a la tía Tania Morózova. Había perdido a dos hijos y vivía sola. Nos daba hasta el último pedazo de pan que le quedaba, igual que nuestra madre. No era de la familia, era una persona desconocida, pero durante la guerra se convirtió en un familiar más. Mi hermano, cuando se hizo mayor, decía que no teníamos padre pero que teníamos dos mamás: la nuestra y la tía Tania. Así crecíamos todos. Con dos o tres mamás.

También recuerdo que durante la evacuación nos bombardeaban y nosotros corríamos a escondernos. Pero no corríamos hacia mamá, sino hacia los soldados. Cuando se acababa el ataque, mamá nos reñía por habernos escapa-

---

* *Koljós*: economía colectiva o granja colectiva en la Unión Soviética. Después de la Revolución de 1917 fue la principal forma de la economía agrícola. Una vez expropiados, los terrenos pasaron a ser propiedad del Estado; los campesinos eran trabajadores asalariados reunidos forzosamente en las granjas colectivas. *(N. de las T.)*

do. Pero, igualmente, cuando volvían a dispararnos, nosotros corríamos hacia los soldados.

Cuando liberaron la ciudad de Minsk, decidimos regresar. A casa. A Bielorrusia. Nuestra madre era de Minsk, pero cuando bajamos del tren en la estación, ella no sabía hacia dónde dirigirse. Era una ciudad distinta. Toda en ruinas..., las piedras hechas arena...

Más tarde, yo empecé a estudiar en la academia de agricultura de Gorétskaia... Vivía en una residencia estudiantil; en la habitación éramos ocho. Todas huérfanas. No es que nos hubieran juntado así a propósito, es que había muchos huérfanos. Había varias habitaciones donde todos eran huérfanos. Recuerdo que de noche gritábamos... Yo a menudo saltaba de la cama y me ponía a aporrear la puerta... Sentía el impulso de marcharme... Las demás chicas me paraban. Entonces rompía a llorar. Y ellas detrás de mí. Toda la habitación sollozando. Por la mañana nos tocaba levantarnos y asistir a las clases.

Una vez me crucé por la calle con un hombre que se parecía a mi padre. Caminé detrás de él un buen rato. Es que nunca llegué a ver a papá muerto...

«NOSOTROS TOCÁBAMOS Y LOS SOLDADOS LLORABAN...»
Volodia Chistoklétov, diez años
Actualmente es músico

Era una mañana hermosa...

El mar matinal. Azul y tranquilo. Los primeros días de mi estancia en el sanatorio infantil Sovet-Kvadzhe, en la costa del mar Negro. Se oía el bramido de los aviones... Yo me sumergía en el agua e incluso allí abajo se oía ese ruido. No teníamos miedo, jugábamos a la guerra sin la menor sospecha de que en algún lugar la guerra de verdad ya había empezado. No un juego, ni unas maniobras..., sino la guerra.

Al cabo de pocos días nos enviaron a nuestras casas. Yo me fui a mi ciudad, Rostov. Empezaban a caer los primeros proyectiles. Todos se preparaban para los combates en las calles: cavaban trincheras, construían barricadas. Aprendí a disparar. Nosotros, los niños, éramos los encargados de custodiar los cajones con las botellas de líquido inflamable; teníamos arena y agua por si había un incendio.

Todas las escuelas se convirtieron en hospitales. Nuestra escuela, la número setenta, alojó el hospital de campaña para los heridos leves. Allí fue donde destinaron a mi madre. Le dieron permiso para que yo pudiese acompañarla y así no tener que dejarme solo en casa. Cuando las tropas empezaron la retirada, nosotros acompañamos al hospital, lo seguíamos allá donde estuviera.

Recuerdo que después de un bombardeo quedaron tirados por el suelo un montón de libros mezclados con las piedras. Cogí uno, se llamaba *La vida de los animales*. Era grande, con unas ilustraciones muy bonitas. Me pasé la noche leyéndolo, leía y no podía parar... Recuerdo que ya no volví a coger ni un libro bélico, ya no me apetecía leer nada sobre la guerra. Pero un libro sobre los animales, sobre los pájaros...

Era noviembre de 1942... El jefe del hospital ordenó que me entregaran un uniforme, aunque tuvieron que ajustármelo por todos lados. Estuvieron un mes entero buscando unas botas de mi número. Así fue como me convertí en el pupilo del hospital. El soldado. ¿Qué tareas tenía? Solo con las vendas te podías volver loco. Siempre faltaban. Había que lavarlas, secarlas, enrollarlas. ¡Intente enrollar mil vendas al día! A mí se me daba bien, era más rápido que los adultos. La misma maña tuve para liar mi primer cigarrillo... El día en que cumplí doce años, el comandante, con una sonrisa, me entregó un paquete de tabaco como si fuera un soldado más. Fumaba de vez en cuando. A escondidas, para que mamá no me viese. Fumar hacía que me sintiera importante, claro que sí. Y..., bueno..., sentía miedo. Me costó acostumbrarme a la sangre. Me asustaban los heridos con quemaduras. Con esas caras negras...

Cuando el bombardeo destruyó los vagones que transportaban sal y parafina, se aprovecharon las dos cosas. La sal fue directa a la cocina, la parafina me la dieron a mí. Me tocó aprender un nuevo oficio que no estaba previsto en los registros militares: fabricar velas. ¡Aquello era peor que las vendas! Yo debía esforzarme por que las velas fuesen duraderas, se utilizaban cuando había cortes de electricidad. Los médicos nunca interrumpían las intervenciones, ni durante los ataques aéreos ni bajo el fuego. De noche lo único que hacían era tapar las ventanas. Colgaban sábanas. Mantas.

Mamá lloraba, pero yo seguía soñando con escaparme al frente. No me creía que me pudieran matar. Una vez acompañé a otros soldados a buscar pan... Al poco rato de salir empezaron los cañonazos. Disparaban con un lanzaminas. El sargento cayó muerto, el cochero también, yo sufrí una contusión. Perdí el habla. Después de un tiempo me recuperé, volví a hablar, aunque tartamudeando. Eso ya se me quedó de por vida. Todo el mundo se sorprendía de que hubiera salido con vida, pero yo tenía una sensación distinta: «¿Es que me pueden matar? ¡Bah, imposible!». Junto al hospital recorrimos toda Bielorrusia, Polonia... Aprendí algunas palabras en polaco...

En Varsovia... Entre los heridos había un checo, el trombonista de la ópera de Praga. El jefe del hospital se alegró muchísimo, y cuando el músico estuvo suficientemente recuperado, le pidió que preguntara por las demás habitaciones y buscara a otros músicos. Se formó una orquesta de primera. Me enseñaron a tocar el chelo, con la guitarra me las apañé yo solo. Nosotros tocábamos y los soldados lloraban. Tocábamos canciones alegres...

Así llegamos a Alemania...

En un pueblo alemán destruido encontré una bicicleta de niño tirada. Me puse muy contento. Me monté en ella y pedaleé. ¡Lo bien que iba! Durante toda la guerra no había visto ni un solo objeto infantil. Me había olvidado de que existían los juguetes...

«EN EL CEMENTERIO LOS MUERTOS ESTABAN FUERA DE LAS TUMBAS..., COMO SI LOS HUBIESEN VUELTO A MATAR...»
Vania Titov, cinco años
Actualmente es especialista en mejoramiento del terreno

El cielo negro...

Los aviones, negros y gordos... Zumban a poca distancia de la tierra. Justo por encima de nosotros. Es la guerra. Tal como la recuerdo... Recuerdo fragmentos aislados...

Nos bombardeaban; nos escondimos en el jardín entre los manzanos añejos. Los cinco. Yo tenía cuatro hermanos, el mayor había cumplido diez años. Nos explicó cómo teníamos que escondernos de los aviones: detrás de los manzanos grandes y frondosos. Mamá nos reunía a los cinco y nos llevaba al sótano. Pero el sótano daba miedo. Allí vivían las ratas, con sus ojitos penetrantes que brillaban en la oscuridad. Ese brillo era antinatural. De noche las ratas chillaban muy bajito. Jugaban.

Cuando los soldados alemanes entraron en nuestra casa, nos escondimos encima de la estufa. Tapados con unos trapos viejos. Nos tumbamos allí con los ojos cerrados de miedo.

Quemaron nuestra aldea. Las bombas destruyeron el cementerio. Fuimos corriendo: los muertos estaban fuera de las tumbas..., como si los hubiesen vuelto a matar... Vimos a nuestro abuelo, había muerto hacía poco. Hubo que volver a enterrarlos...

Durante la guerra, nosotros jugábamos a «la guerra». Cuando nos aburríamos de jugar a «rojos y blancos», o a «jinetes de Chapáiev», jugábamos a «rusos y alemanes». Combatíamos. Hacíamos prisioneros. Fusilábamos. Nos poníamos cascos de soldados en la cabeza, de los nuestros o de los alemanes; los cascos estaban tirados por todos lados, en el bosque, en el campo. Nadie quería hacer de alemán, hasta nos peleábamos por ello. Jugábamos en las trincheras y en los blindajes de verdad. Luchábamos a palos, cuerpo a cuerpo. Y nuestras madres nos reñían...

A nosotros nos sorprendía, porque antes... antes de la guerra... nunca nos reñían por jugar a este juego...

«COMPRENDÍ QUE ERA MI PADRE... LAS RODILLAS NO DEJABAN DE TEMBLARME...»
Lionia Josenévich, cinco años
Actualmente es proyectista

En mi memoria se quedó grabado el color...

Tenía cinco años, pero lo recuerdo perfectamente... La casa de mi abuelo es amarilla, de madera; hay una valla de estacas clavadas en la hierba y, detrás, troncos de árboles. La arena blanca en la que jugábamos... era como si la hubiesen lavado. Blanca, muy blanca. También recuerdo que mamá nos llevó a hacernos unas fotografías a un estudio de la ciudad. Ella, mi hermana pequeña, lloraba, y yo trataba de calmarla. Todavía conservo esa foto, nuestra única fotografía de antes de la guerra... No sé por qué, pero en mi memoria la veo siempre en tonos verdosos.

Después de aquello, todos los recuerdos están teñidos de tonos oscuros... Sí, aquellos, los primeros, son de colores claros: la hierba muy verde, como una acuarela luminosa, la arena muy blanca, la valla muy amarilla... Los de después son de colores oscuros: me ahoga el humo, me sacan afuera, en la calle están nuestras cosas, los bártulos, una silla solitaria... La gente llorando. Mamá y yo caminamos mucho tiempo por la calle, yo me aferro a su falda. A todos con los que nos encontramos, mi madre les repite la misma frase: «Nuestra casa ha ardido».

Pasamos la noche en las escaleras de un edificio. Tengo frío. Me caliento las manos en los bolsillos de la chaqueta de mamá. Toco algo frío con los dedos. Es la llave de nuestra casa.

De repente, mi madre ya no está. Mamá ha desaparecido, quedan los abuelos. Tengo un amigo, me lleva dos años, se llama Zhenia Savóchkin. Él tiene siete años y yo cinco. Me enseñan el alfabeto con un libro de cuentos de los hermanos Grimm. La abuela me enseña según su propio método, con el que puedes ganarte fácilmente un humillante capón: «¡Vaya!». También me enseña Zhenia. Mientras me lee el libro, me va indicando las letras. Pero yo prefiero escuchar los cuentos, sobre todo los que cuenta la abuela. Su voz se parece a la de mamá. Una noche viene una mujer hermosa y nos trae algo muy sabroso. De sus palabras saco la conclusión de que mamá está viva y que, igual que papá, está luchando. Grito feliz: «¡Pronto volverá mamá!». Quiero salir corriendo al patio y compartir la noticia con mi amigo. La abuela me propina un azote con el cinturón. El abuelo sale en mi defensa. Cuando todos se acuestan, recojo todos los cinturones de la casa y los escondo dentro del armario.

Siempre tengo hambre. Zhenia y yo vamos al lugar donde crece el centeno, detrás de las casas. Desmenuzamos las espigas y masticamos los granos. El campo es de los alemanes... y las espigas son de los alemanes. Ha aparecido un coche, nos vamos corriendo. Un oficial con un uniforme verde de hombreras brillantes me arranca literalmente de la portezuela de nuestro patio y me golpea con un vidrio, o tal vez me azota. El miedo me deja mudo, no siento dolor. De repente veo a mi abuela: «Señor, señor, por favor, devuélvame a mi nieto. ¡Se lo pido por Dios!». La abuela está de rodillas frente al oficial. El oficial se aleja, yo estoy tirado en la arena. La abuela me lleva en brazos a casa. Yo apenas logro mover los labios. Después de eso guardé cama mucho tiempo.

También recuerdo los carros en la calle, hay muchos. El abuelo y la abuela les abren la puerta a los refugiados. Los instalan en nuestra casa. Al poco tiempo enferman de tifus. Se los llevan, a mí me explican que se los llevan al hospital. Más tarde el abuelo cae enfermo. Yo duermo con él. La abuela está muy delgada y apenas se mueve de la habitación. Yo salgo por la mañana a jugar con otros niños. Vuelvo por la tarde: los abuelos no están. Los vecinos me dicen que se los han llevado al hospital. Tengo miedo: estoy solo. Empiezo a comprender que nadie regresa de aquel hospital adonde se han llevado a los refugiados y a mis abuelos. Me da miedo vivir solo en casa, de noche la casa es grande y extraña. Incluso de día me da miedo. El hermano de mi abuela me lleva a su casa. Tengo un abuelo nuevo.

Bombardean Minsk y nos escondemos en el sótano. Cuando salgo a la calle iluminada, el sol me ciega y el fragor de los motores me ensordece. Por la calle pasan tanques. Me escondo detrás de un poste. De repente veo la estrella roja dibujada en una torre. ¡Son de los nuestros! Voy corriendo hasta casa: ¡si los nuestros han vuelto, mamá también! Estoy a punto de llegar a casa; junto al porche hay unas mujeres que cargan con fusiles, me cogen en brazos y me empiezan a hacer preguntas. La cara de una de ellas me resulta familiar. Me recuerda a alguien. Se acerca a mí, me abraza. Las demás mujeres lloran. Yo lanzo un grito desesperado: «¡Mamá!». Luego es como si me hubiera caído en un pozo...

Al poco tiempo mi madre trajo del orfanato a mi hermana pequeña; ella no me reconocía, me había olvidado. Durante la guerra. Yo estaba tan contento de volver a tener a mi hermanita...

Volví de la escuela y me encontré a mi padre en el sofá, había regresado de la guerra. Estaba dormido. Mientras dormía, saqué los papeles de su portaplanos. Entonces comprendí que era mi padre. Me quedé sentado mirándolo hasta que se despertó.

Las rodillas no dejaban de temblarme...

«CIERRA LOS OJOS, HIJO... NO MIRES...»
Volodia Parabkóvich, doce años
Actualmente es jubilado

Yo crecí sin mi madre...

No tengo recuerdos de pequeño... Mi madre murió cuando yo tenía siete años. Vivía con mi tía. Sacaba a pastar las vacas, preparaba la leña, pasturaba los caballos por la noche... En el huerto también había mucho trabajo por hacer. En invierno era otra cosa: paseábamos en trineo de madera y patinábamos con patines de confección casera (también de madera y con suela de hierro, nos los poníamos encima de las botas de fieltro), salíamos de paseo con unos esquís que nos fabricábamos con las tablas de los barriles viejos. Todo me lo hacía yo mismo.

Todavía me acuerdo de cuando me puse los primeros zapatos que me compró mi padre. Y lo desgraciado que me sentí cuando, caminando por el bosque, les hice un rasguño. Me daba tanta pena que prefería mil veces haberme herido el pie antes que el zapato: el pie se me habría curado antes o después. Llevaba puestos esos mismos zapatos cuando abandoné Orsha junto a mi padre, durante un bombardeo nazi.

En las afueras nos disparaban a quemarropa. La gente caía al suelo... Sobre la arena, sobre la hierba... «Cierra los ojos, hijo... No mires...», me pedía mi padre. Mirar al cielo también era aterrador: de tantos aviones, se veía negro. Los cadáveres cubrían el suelo. Pasó un avión cerca de nosotros... Mi padre cayó y no se levantó. Me senté a su lado: «Papá, abre los ojos... Papá, abre los ojos...». La gente gritaba: «¡Los alemanes!», y tiraban de mí. Yo no lograba comprender que mi padre ya no se levantaría, y que tenía que dejarlo allí, tal cual, en la carretera, en mitad del polvo. No se veían heridas, ni sangre; simplemente estaba tumbado y no decía nada. Me arrancaron de él a la fuerza, pero durante los días siguientes, muchos días, yo caminaba mirando atrás, esperaba que mi padre me alcanzara de un momento a otro. Me despertaba de noche, me despertaba su voz... No podía creer que ya no tuviera padre. Me quedé solo, con un traje de paño.

Pasé mucho tiempo vagabundeando... Recorridos en tren, caminatas... Finalmente me llevaron a un orfanato de la ciudad de Melekes, en la región de Kúibishev. Intenté fugarme al frente en varias ocasiones, pero siempre fracasaba. Me encontraban y me llevaban de vuelta. Como quien dice, no hay desgracia que no traiga alguna gracia. Así que un día, en el bosque, mientras nos abastecíamos de leña, no supe controlar el hacha, rebotó del árbol y me dio en un dedo de la mano derecha. Una de las educadoras me lo vendó con su pañuelo y me envió al centro médico de la ciudad.

Cuando volvía al orfanato, cerca del edificio del comité municipal del Komsomol, Sasha Liapiny y yo (Sasha me había acompañado) vimos a un marinero con el típico gorro de la marina que estaba pegando un anuncio en un tablón. Nos acercamos y lo leímos: eran las reglas de admisión a la Escuela de Grumetes de la Marina, en las islas Solovetski. La Escuela de Grumetes solo admitía a voluntarios. Tenían preferencia los hijos de marineros y los huérfanos. Todavía oigo la voz de aquel chico como si fuera ayer:

—¿Qué, queréis ser marineros?

Le contestamos:

—Vivimos en un orfanato.

—En ese caso, pasáis por el comité y rellenáis la solicitud.

No sabría transmitir el éxtasis que se apoderó de nosotros en aquel momento. Era el camino directo al frente. ¡Y yo que ya había perdido la esperanza de poder vengar a mi padre! Pero por ese camino sí que llegaría a tiempo.

Entramos en el comité municipal y rellenamos las solicitudes. Unos días más tarde nos hacían la revisión médica. Uno de los médicos me miró.

—Eres muy pequeño y delgado.

Otro, vestido con uniforme militar, suspiró.

—No pasa nada, ya crecerá.

Nos dieron ropa nueva; encontrar una talla que nos sirviera costó lo suyo. Me sentí dichoso al verme reflejado en el espejo vestido con el uniforme de la marina, con el gorro de marinero. Al día siguiente navegábamos en barco hacia las islas Solovetski.

Todo era nuevo. Insólito. Era noche cerrada... Estábamos en cubierta... Los marineros nos enviaban a la cama:

—Entrad en el camarote, chicos. Allí no hace frío.

Por la mañana temprano vimos el monasterio, resplandecía bajo el sol; el reflejo dorado iluminaba el bosque. Eran las islas Solovetski, donde habían abierto la primera Escuela de Grumetes de la Armada. Pero antes de que empezase la formación teníamos que construir la escuela o, mejor dicho, construir las covachas.* El terreno de las islas es pura roca. No teníamos sierras, ni hachas, ni palas. Aprendimos a hacerlo todo a mano: cavar la tierra pesada, cortar los árboles seculares, extraer los tocones, hacer de carpinteros. Después del trabajo descansábamos en unas tiendas de campaña frías; en vez de camas teníamos colchones y fundas de almohadas rellenos de hierba seca; colocábamos los colchones encima de ramas de pinos. Nos tapábamos con nuestros capotes. Lavábamos la ropa y en el agua había trozos de hielo... Las manos me dolían tanto del frío que las lágrimas se me saltaban solas.

En 1942 hicimos el juramento militar. Nos entregaron

* Utilizamos el término *covacha* para referirnos a un tipo de construcción subterránea que el ejército ruso utilizó durante la Segunda Guerra Mundial para alojar en la zona de los combates a los efectivos, los hospitales, los servicios administrativos, etcétera. Primero se excavaba un foso o una cueva directamente en la tierra, después esta cavidad se reforzaba con madera y ramas. A pesar de que las condiciones eran precarias, las covachas ofrecían ciertas ventajas en comparación con las tiendas de campaña: eran más económicas y se adecuaban mejor al clima ruso. *(N. de las T.)*

unos gorros con la inscripción «Escuela de Grumetes de la Armada», pero, para nuestro pesar, en vez de cintas largas tenían una especie de lazo en el lado derecho. Nos suministraron fusiles. A principios de 1943 me destinaron al destructor de guardia *Soobrazítelni*. Todo a mi alrededor era nuevo: las crestas de las olas en las que el buque hundía el morro, los surcos que dejaban las hélices en el agua... Se me cortaba la respiración...

—¿Estás asustado, hijo? —preguntó el comandante.

—¡No! —contesté sin pensarlo ni un solo segundo—. ¡Es hermoso!

—Sería hermoso si no estuviéramos en guerra —dijo el comandante mirando hacia otro lado.

Yo acababa de cumplir catorce años...

«Y SE PONÍA A LLORAR PORQUE ÉL NO ESTABA CUANDO VIVÍA PAPÁ...»
Larisa Lisóvskaia, seis años
Actualmente es bibliotecaria

Tengo a mi padre en la memoria... Y a mi hermanito...

Mi padre estaba en la guerrilla. Los nazis lo apresaron y lo fusilaron. Unas mujeres le dijeron a mi madre dónde los habían ejecutado, a mi padre y a los demás hombres. Mi madre fue corriendo hasta donde estaban los cuerpos... Durante toda la vida, mi madre siguió recordando el frío que hacía, decía que en los charcos había una costra de hielo. Ellos solo llevaban puestos los calcetines...

Mamá estaba embarazada. Llevaba dentro a nuestro hermanito.

Teníamos que escondernos. Los alemanes arrestaban a los familiares de los partisanos. Detenían a familias enteras, a los niños también. Se llevaban a la gente en camiones con cubierta de lona...

Estuvimos mucho tiempo escondidas en el sótano de los vecinos. Empezaba la primavera... Nos tumbábamos encima de las patatas, los tubérculos brotaban... Te quedabas dormida, por la noche salía un brote y te hacía cosquillas en la nariz. Como si fuera un bichito. Los bichos vivían en mis bolsillos. En mis calcetines. No me daban miedo, ni de día ni de noche.

Un día salimos del sótano y mamá dio a luz al hermanito. Creció, empezó a hablar. Nosotras recordábamos a papá:

—Papá era alto...

—Era fuerte... ¡Cómo me lanzaba al aire!

Eso decíamos mi hermana y yo, y un día nuestro hermanito preguntó:

—Y yo, ¿dónde estaba?

—Tú aún no estabas...

Y se ponía a llorar porque él no estaba cuando vivía papá...

Nina Iaroshévich, nueve años
Actualmente es profesora de Educación Física

En casa estábamos todos emocionados, acababa de suceder un acontecimiento importante... La noche antes había venido a casa el novio de mi hermana mayor para pedirla en matrimonio. Todos se quedaron hasta muy tarde discutiendo la fecha de la boda, dónde se casarían, a cuántas personas invitarían. Y al día siguiente, de madrugada, a mi padre lo reclaman de la comisaría militar. Corrían rumores por el pueblo: ¡la guerra! Mi madre estaba desconcertada: ¿qué iba a hacer? Yo lo único que podía pensar era en cómo sobrevivir ese día. Nadie me había explicado aún que la guerra no duraba un día, ni dos, que podría ser mucho tiempo.

Era verano, un día caluroso. Lo que apetecía era ir al río, a bañarnos, pero en vez de eso mi madre lo preparaba todo para abandonar la casa. Yo tenía un hermano, acababa de volver del hospital, le habían operado de una pierna, iba con muletas. Mi madre dijo: «Nos tenemos que ir todos». ¿Adónde? Nadie sabía nada. Caminamos unos cinco kilómetros. Mi hermano cojeaba y lloraba. ¿Adónde íbamos a llegar con él? Dimos la vuelta. En casa nos esperaba mi padre. Los hombres que por la mañana habían ido a la comisaría militar ya habían vuelto, los alemanes habían ocupado la capital del distrito. La ciudad de Slutsk.

Caían las primeras bombas, yo las seguía con la mirada hasta que tocaban el suelo. Alguien me aconsejó que abriese la boca para no quedarme sorda. Abría la boca y me tapaba los oídos, y aun así lo oía. Oía como aullaban. Daba tanto miedo que la piel se te estiraba en la cara, en todo el cuerpo. Teníamos un cubo colgado en el patio. Cuando el ataque aéreo terminó, lo descolgamos: contamos cincuenta y ocho agujeros. El cubo era blanco; desde arriba seguramente creyeron ver a alguien con un pañuelo blanco en la cabeza y le disparaban... Se divertían...

Los primeros alemanes entraron en el pueblo; iban en unos vehículos grandes, decorados con ramas de abedul. El abedul era nuestro ornamento favorito para las bodas. Los mirábamos a través del cercado; en aquella época no había muros ni tapias, las propiedades se delimitaban con humildes cercados de mimbre trenzado. Los observábamos por los agujeros... De entrada parecían gente normal... Yo quería ver cómo eran sus cabezas. No sé de dónde lo había sacado, pero pensaba que sus cabezas no eran humanas... Ya se hablaba de que mataban a las personas. Que las quemaban. Pero esos estaban ahí, se reían. Parecían contentos, estaban bronceados.

Por la mañana hacían ejercicios físicos en el patio de nuestra escuela. Se remojaban con agua helada. Luego se arremangaban las camisas, montaban en sus motocicletas y se marchaban.

Estuvieron unos cuantos días cavando un hoyo grande a las afueras del pueblo, cerca de la lechera. Todos los días, a las cinco o a las seis de la madrugada, llegaban disparos de allí. Cuando empezaban a disparar, incluso los gallos dejaban de cantar y se escondían. Un día iba con mi padre en el coche de caballos y él se paró a poca distancia de aquel hoyo. «Voy a echar un vistazo», dijo. Allí habían fusilado a su prima. Él caminaba y yo lo seguía.

De repente, mi padre se dio la vuelta y me tapó con su cuerpo: «¡Aléjate de aquí, vuelve al carro ahora mismo!». Al cruzar el arroyo cercano vi que el agua era roja. ¡Y cómo levantaron el vuelo los cuervos al pasar! Eran tantos que me puse a gritar... Después de aquello, mi padre pasó varios días sin probar bocado. Veía un cuervo y corría a casa, temblando... Como con fiebre...

En Slutsk, en el jardín municipal, ahorcaron a dos familias enteras de partisanos. Había fuertes heladas; los ahorcados se congelaron de tal manera que, cuando el viento movía los cuerpos, tintineaban. Tintineaban igual que los árboles congelados en el bosque... Ese tintineo...

Cuando liberaron nuestro pueblo, mi padre se fue al frente. Se unió a las tropas. Él ya se había ido cuando me confeccionaron un vestido nuevo, el primero desde que había empezado la guerra. Mi madre lo cosió con la tela de unos peales blancos, que tiñó con tinta de escribir. Faltó tinta para una de las mangas. Pero a mí me apetecía muchísimo enseñarle a mis amigas el vestido nuevo. Me puse en la entrada de casa, de lado; o sea, que la manga buena quedaba a la vista y la otra la escondía dentro de casa. ¡Me veía tan arreglada, tan guapa!

En la escuela, delante de mí, se sentaba una niña. Se llamaba Ania. Sus padres perdieron la vida, ella vivía con su abuela. Eran refugiados, habían llegado de Smolensk. La escuela le proporcionó un abrigo y unas botas de fieltro con unas fundas de goma dura muy brillantes. La maestra lo trajo todo y lo dejó encima de su mesa. Nosotros, los niños, observábamos callados: ninguno de nosotros tenía unas botas de fieltro como esas, ni un abrigo como ese. Nos moríamos de envidia. Uno de los niños empujó a Ania y le dijo: «¡Qué suerte tienes!». Ella se dejó caer encima de su mesa y lloró. Lloró sin consuelo durante las siguientes cuatro horas de clase.

Mi padre regresó de la guerra, todos vinieron para ver a mi padre. Y a nosotros, porque nuestro padre había regresado.

La primera en venir fue esa niña...

«YO SOY TU MAMÁ...»
Tamara Parjimóvich, siete años
Actualmente es mecanógrafa

Durante toda la guerra no dejé de pensar en mi madre ni un instante. La perdí en los primeros días de la guerra...

Estábamos durmiendo cuando empezaron a bombardear nuestro campamento de jóvenes pioneros. Salimos afuera, corríamos y gritábamos: «¡Mamá! ¡Mamá!». La educadora me cogió por los hombros, me zarandeó un poco para que me calmase, y yo gritando: «¡Mamá! ¿Dónde está mamá?». Hasta que finalmente ella me abrazó: «Yo soy tu mamá».

En el respaldo de mi cama tenía colgados la faldita, la blusa blanca y el pañuelo rojo de joven pionera. Me vestí y nos dirigimos a pie a Minsk. Por el camino a muchos niños los recogían sus padres, pero mi madre no aparecía. De pronto, alguien dijo: «Los alemanes han entrado en la ciudad». Dimos la vuelta. Alguien me dijo que había visto a mi madre: estaba muerta.

Y en ese momento me quedo en blanco...

No recuerdo ni cómo llagamos a Penza ni cómo me llevaron al orfanato. Páginas y páginas en blanco... Solo recuerdo que éramos muchos, que dormíamos dos niñas en la misma cama. Si una empezaba a llorar, la otra la seguía: «¡Mamá! ¿Dónde está mi mamá?». Yo era pequeña; una auxiliar del orfanato quiso adoptarme. Pero yo no dejaba de pensar en mi madre...

Un día volvía del comedor y los niños empezaron a gritarme: «¡Ha venido tu mamá!». Esos gritos me retumbaban en los oídos: «Tu maaa-má... Tu maaa-má...». Soñaba con mi madre todas las noches. Con mi auténtica madre. Y de repente ocurría en la realidad, pero yo creía que era un sueño. La vi: «¡Mamá!». No me lo creía. Durante unos cuantos días necesité que me tranquilizaran, que me convencieran... Me daba miedo acercarme a ella. ¿Y si era un sueño? ¡Un sueño! Mamá lloraba, yo gritaba: «¡No te acerques a mí! A mi madre la mataron». Tenía miedo... Tenía miedo de creer en mi suerte...

Incluso ahora... Siempre me pongo a llorar en los momentos felices. Me deshago en lágrimas. Toda mi vida... Mi marido... Vivimos felices desde hace años. Cuando me lo propuso: «Te quiero. Casémonos», estallé en llanto. Él se asustó: «¿Te he hecho daño?». «¡No! ¡No! ¡Estoy muy feliz!» Pero en realidad nunca puedo estar del todo feliz. Completamente feliz. No se me da bien la felicidad. Me da pánico. Siempre me parece que se acabará de un momento a otro. Y ese «de un momento a otro» me acompaña siempre. Aquel miedo infantil...

«Pedíamos:"¿La podemos lamer?"...»
Vera Tashkina, diez años
Actualmente es operaria

Antes de llegar la guerra yo ya había llorado mucho...

Mi padre había muerto. Mi madre se quedó sola con siete hijos. Éramos muy pobres. La vida era difícil. Pero después, durante la guerra, aquello nos parecía una bonanza, aquella vida de antes, en tiempos de paz.

Los adultos lloraban: «Es la guerra». Pero a nosotros no nos daba miedo. Solíamos jugar a «la guerra», la palabra nos era familiar. Me sorprendía que mamá se pasara las noches llorando a lágrima viva. Siempre iba con los ojos rojos. Pasó un tiempo hasta que lo comprendimos...

Comíamos... agua... Llegaba la hora de comer y mamá ponía encima de la mesa una cazuela llena de agua hervida. Nos llenábamos los platos. Por la noche. La cena. Otra cazuela de agua hervida aparecía encima de la mesa. Agua transparente, en invierno no había nada con que adornarla. Ni siquiera hierba.

Mi hermano se comió una esquina de la estufa. Iba mordiendo poco a poco; cuando nos dimos cuenta, ya había un pequeño hoyo. Mamá llevaba las últimas prendas de ropa al mercado y las cambiaba por patatas, por maíz. Esos días mi madre hacía polenta, la repartía entre todos. Nosotros nos quedábamos mirando la cazuela, pedíamos: «¿La podemos lamer?». Lamíamos por turnos. Después de nosotros, lamía la gata, también estaba hambrienta. No sé lo que le quedaba en la cazuela después de nosotros. No dejábamos ni una sola gota. Ni siquiera quedaba olor a comida. Hasta el olor lo habíamos lamido.

Pasábamos los días esperando a los nuestros...

Cuando nuestros aviones empezaron a bombardear, no me escondí, sino que corrí a toda mecha para ver nuestras bombas. Encontré un trozo de metralla...

—¿Dónde has estado? —Mamá, asustada, me recibió en la puerta—. ¿Qué es lo que escondes ahí?

—No escondo nada. He traído un trozo de metralla...

—¿Estás loca? ¿Qué querías, que te matara?

—¡Qué dices, mamá! Es metralla de nuestras bombas. ¿Cómo iba a matarme?

La guardé mucho tiempo...

«MEDIA CUCHARADITA MÁS DE AZÚCAR...»
Emma Lévina, trece años
Actualmente es empleada de imprenta

Aquel día me faltaba un mes justo para cumplir los catorce...

—¡Ni hablar! No nos iremos a ninguna parte. Pero ¡qué tontería, la guerra! No nos habrá dado tiempo ni de alejarnos de la ciudad y ya se habrá acabado. ¡No nos marcharemos! ¡Que no!

Eso decía mi padre, miembro del Partido Comunista desde 1905. Varias veces fue prisionero en las cárceles zaristas, participó en la Revolución de Octubre.

A pesar de todo tuvimos que marcharnos. Regamos bien las plantas (teníamos muchas), cerramos las puertas y ventanas, y solo dejamos abierto un pequeño postigo para que la gata pudiera entrar y salir. Nos llevamos muy pocas cosas, las necesarias. Papá nos convenció a todos: en unos días estaremos de vuelta. Minsk ardía.

Mi hermana, la mediana, fue la única que no nos acompañó; me sacaba tres años. Estuvimos mucho tiempo sin saber nada de ella. Sufríamos. Cuando ya nos habían evacuado..., estando en Ucrania..., recibimos una carta suya desde el frente. Después otra, y otra. Algún tiempo después llegó una carta de agradecimiento del alto mando de la unidad donde mi hermana servía como auxiliar sanitaria. ¡Mamá se la enseñaba a todo el mundo! Estaba orgullosa. En honor a aquel acontecimiento, el presidente del *koljós* nos entregó un kilo de harina forrajera. Mamá invitaba a todos a probar las sabrosas tortitas.

Hacíamos toda clase de trabajos campestres, aunque éramos gente de ciudad hasta la médula. Pero trabajábamos bien. Mi hermana mayor, que antes de la guerra era jueza, aprendió a conducir el tractor. Pronto comenzaron a bombardear Járkov y otra vez nos pusimos en marcha.

Ya en ruta, nos enteramos de que nos llevaban a Kazajistán. En nuestro vagón viajaban unas diez familias más. Una de las chicas estaba embarazada. Empezaron a bombardear nuestro tren, los aviones nos sobrevolaban, nadie tuvo tiempo de saltar afuera. De pronto oímos un aullido: a la embarazada le habían arrancado una pierna. Todavía tengo grabado ese horror en mi memoria. La chica se puso de parto... Y su padre la ayudaba. Todo aquello delante de los demás. Ruido. Sangre, suciedad. El bebé saliendo...

Nos marchamos de las afueras de Járkov en verano y

llegamos a nuestro destino a principios de invierno. Estábamos rodeados por las estepas kazajas. Tardé mucho tiempo en acostumbrarme a que no nos dispararan. Teníamos otro enemigo: ¡los piojos! ¡Enormes, medianos y pequeños! ¡Negros! ¡Grises! Diferentes. Pero todos igualmente despiadados, no nos daban tregua ni de día ni de noche. ¡No, mentira! Cuando el tren estaba en movimiento, nos molestaban menos. Se comportaban. Pero nada más entrar en casa... Dios mío, cómo se ponían... ¡Dios! Tenía la espalda y los brazos cubiertos de mordeduras y abscesos. Me sentía aliviada cuando me quitaba la blusa, pero no tenía otra cosa que ponerme. De todos modos, aquella blusa atiborrada de piojos al final tuvimos que quemarla. De noche me tapaba con un periódico, de día iba vestida con periódico. Tenía una blusa hecha de papel de periódico. La dueña de la casa nos lavaba con agua tan caliente que, si ahora me lavase con ella, la piel se me caería a trozos. Pero entonces... Teníamos agua tibia, caliente, ¡qué suerte!

Nuestra madre era una excelente ama de casa, una cocinera de primera. Solo ella sabía preparar la ardilla de tierra amarilla de manera que se pudiera comer..., aunque en general su carne no se considera comestible. Aquella ardilla encima de la mesa... Despedía un olor apestoso que se olía a kilómetros, un olor apestoso como ninguno. Pero no teníamos otra carne, no teníamos nada. Así que nos comíamos aquellas ardillas de tierra amarilla...

Cerca de nosotros vivía una mujer muy buena, muy bondadosa. Veía como sufríamos y un día le dijo a mi madre: «Quiero que su hija me ayude con las tareas de casa». Yo estaba muy debilucha. Ella se fue al campo y me dejó con su nieto, me enseñó dónde estaba la comida para que diese de comer al niño y para que comiera yo también. Yo me acercaba a la mesa, observaba la comida, pero no me atrevía a tocar nada. Tenía la sensación de que si cogía algo todo desaparecería, de que era un sueño. La idea de comer no se me pasaba por la cabeza, me daba miedo hasta tocarla por si dejaba de existir. Prefería observarla, observarla detenidamente. Me acercaba por un lado, por el otro. Temía cerrar los ojos. Me pasé todo el día sin probar bocado. Y la mujer tenía vacas, ovejas, gallinas. Allí había dejado huevos, mantequilla...

La mujer regresó por la noche y me preguntó:

—¿Has comido?

Le respondí:

—Sí...

—Vale, ahora vete a casa. Y llévale esto a tu madre. —Me dio pan—. Vuelve mañana.

Llegué a casa; poco después se presentó aquella mujer. Me asusté: ¿habría desaparecido alguna cosa? Pero ella me besaba y decía:

—Pero ¿por qué, tontita, no has comido nada? ¿Por qué está todo tal como lo he dejado? —Me acariciaba el pelo.

Los inviernos en Kazajistán son muy crudos. No teníamos leña. Sobrevivíamos gracias al estiércol de vaca. De madrugada te levantabas y esperabas a que las vacas saliesen afuera, entonces les acercabas el cubo. Corrías de una vaca a otra. No lo hacía yo sola, todos los evacuados hacían lo mismo. Llenabas el cubo, lo vaciabas al lado de la casa y volvías otra vez deprisa. Después todo eso se mezclaba con paja, se dejaba y se moldeaban unas tabletas de color negro. Con eso nos calentábamos.

Papá murió. Tal vez le reventó el corazón de tanta pena que sentía por nosotras. Hacía tiempo que sufría del corazón.

Me admitieron en una escuela de artes y oficios. Me dieron un uniforme: abrigo, calzado, además de un bono de alimentación. Antes siempre iba con el pelo corto, pero me creció y empecé a hacerme trenzas. Ingresé en el Komsomol. Me hicieron una fotografía para el periódico. Iba con el carnet en la mano en vez de guardármelo en el bolsillo. Era un tesoro... Tenía miedo de metérmelo en el bolsillo, podía perderlo. El corazón me latía. «Ojalá papá me viera, se sentiría tan feliz...»

Hoy pienso: «Eran unos tiempos terribles, pero qué gente tan maravillosa había». ¡Me sigo sorprendiendo de cómo éramos! ¡Cómo creíamos! No quiero olvidarlo... Hace tiempo que dejé de creer en Stalin, en las ideas comunistas. Esa parte de mi vida me gustaría olvidarla, pero, escucha, todavía guardo en mi memoria aquellas sensaciones. El espíritu. No quiero olvidar mis sentimientos. Son valiosos...

Aquel día, por la tarde, mi madre hizo té de verdad. ¡Aquello era una fiesta! Y a mí, como si fuera mi cumpleaños, me dio una ración extra: media cucharadita más de azúcar...

«¡CASITA, NO ARDAS! ¡CASITA, NO ARDAS!»
Nina Rachítskaia, siete años
Actualmente es operaria

En ocasiones todo regresa... Terriblemente nítido.

Los alemanes llegaron en sus motocicletas... Cada uno tenía un cubo y hacían mucho ruido con esos cubos. Nos escondimos... Yo tenía dos hermanitos pequeños, uno de cuatro añitos y otro de dos. Nos escondimos los tres debajo de la cama y no salimos de allí en todo el día.

Una de las cosas que más me asombraba era que el joven oficial alemán que se instaló en nuestra casa llevara gafas. Yo estaba convencida que solo los maestros llevaban gafas. Él y su ordenanza ocupaban una parte de la casa, nosotros la otra. Mi hermano pequeño, el más pequeñito, cogió un resfriado y tosía mucho. Tenía mucha fiebre, estaba ardiendo, pasó la noche llorando. Por la mañana, el oficial se acercó a nuestra parte de la casa y le dijo a mi madre que si el *Kind* seguía llorando, si no le dejaba dormir por la noche, él lo «pam, pam», y se señaló la pistola. De noche, en cuanto mi hermano empezaba a toser o a llorar, mamá lo agarraba, lo arropaba bien con la manta y corría afuera, y allí lo mecía hasta que se dormía o se calmaba. «Pam, pam»...

Nos lo quitaron todo, pasábamos hambre. No nos dejaban entrar en la cocina, allí cocinaban para ellos. Mi hermano el pequeñín sintió el olor y gateó tras él. Los alemanes hacían sopa de garbanzos todos los días; esa sopa huele mucho. Al cabo de un minuto oímos el grito de mi hermano, un chillido tremendo. Le tiraron por encima agua hirviendo porque les había pedido comida. Era tan pequeño que le pedía a mamá: «Cocinamos a mi patito». Aquel patito era su juguete favorito, antes no dejaba que nadie lo tocara. Dormía con él.

Nuestras conversaciones de niños...

Nos sentábamos y discutíamos: «Si cazamos un ratón (durante la guerra se propagaron, tanto en casa como en el campo), ¿nos lo podemos comer? ¿Los pájaros carboneros se pueden comer? ¿Y las urracas? ¿Por qué mamá no hace una sopa de escarabajos bien grandes?».

No dejábamos que las patatas creciesen, hundíamos las manos en la tierra y comprobábamos: ¿era grande o pequeña? Todo crecía muy despacio: el maíz, los girasoles...

El último día... Antes de la retirada, los alemanes incendiaron nuestra casa. Mamá estaba en la calle, miraba el fuego y no se le escapó ni una lágrima. Nosotros tres corríamos alrededor y gritábamos: «¡Casita, no ardas! ¡Casita, no ardas!». No nos dio tiempo de salvar nada, solo pude coger mi libro del abecedario.* Me pasé toda la guerra cuidándolo, protegiéndolo. Dormía con él, lo dejaba debajo de la almohada. Tenía muchas ganas de estudiar. Más tarde, cuando empecé el primer curso en 1944, el único abecedario que había era el mío. Un libro para trece niños. Para toda la clase.

Recuerdo el primer concierto de posguerra en la escuela. Cómo cantaban, cómo bailaban... Por poco me quedo sin manos. Aplaudía sin parar. Estaba contentísima hasta

---

* Se trata del primer libro de texto que usaban los alumnos al empezar la escuela con seis o siete años: un libro con todas las letras del abecedario aplicadas en palabras y textos breves que servía de guía para aprender a leer. *(N. de las T.)*

que un niño salió al escenario y recitó un poema. Lo recitó en voz alta; el poema era largo, pero yo solo oí una palabra: «guerra». Miré a mi alrededor: todos escuchaban tranquilamente. Yo me asusté: «¿Acaba de terminar la guerra y ya ha empezado otra vez?». No fui capaz de volver a oír esa palabra. Me levanté de un brinco y corrí hasta casa. Encontré a mi madre en la cocina: ah, vale, o sea, que no había guerra. Volví corriendo a la escuela. Al concierto. A aplaudir.

Nuestro padre no volvió de la guerra; a mamá le enviaron un papelito que decía que nuestro padre había desaparecido en combate. Mamá se fue a trabajar, nos sentamos los tres y nos pusimos a llorar porque no teníamos a papá. Pusimos la casa patas arriba, buscábamos el papelito ese que hablaba de papá. Pensábamos: «En el papelito no dice que papá ha muerto, dice que ha desaparecido». Así que romperíamos el papelito y papá aparecería otra vez. No encontramos el papelito. Nuestra madre volvió del trabajo y no lograba entender por qué de pronto había tanto desorden en casa. Me preguntó: «¿Qué habéis hecho?». Mi hermano pequeño respondió por mí: «Estábamos buscando a papá...».

Antes de la guerra me encantaban los cuentos que contaba papá, sabía muchos cuentos y sabía cantarlos. Después de la guerra ya no me apetecía leer cuentos...

«Tenía una bata blanca igual que mamá...»
Sasha Suetin, cuatro años
Actualmente es ajustador

Solo recuerdo a mi madre...

Primera imagen...

Mi madre siempre llevaba una bata blanca... Mi padre era oficial, mi madre trabajaba en el hospital. Eso me lo contó tiempo después mi hermano mayor. Yo solo recuerdo la bata blanca de mamá. Ni siquiera recuerdo su cara, solo la bata blanca... Y también su gorro blanco; lo dejaba siempre encima de una mesa pequeña, en posición vertical, nunca de lado; estaba almidonado.

Segunda imagen...

Mamá no ha venido a casa... Me había acostumbrado a que mi padre estuviera fuera a menudo, pero mamá siempre volvía a casa. Mi hermano y yo nos quedamos solos en casa varios días, no salíamos: «¿Y si mamá vuelve?». Llamaron a la puerta. Son unos desconocidos, nos visten y nos llevan a alguna parte. Yo lloro.

—¡Mamá! ¿Dónde está mi mamá?

—No llores, mamá nos encontrará. —Mi hermano me tranquiliza; es tres años mayor que yo.

Estábamos en una casa, o en una barraca larga, sentados en tarimas para dormir. El hambre es constante, me chupo los botones de la camisa, se parecen a los caramelos que papá me trae de sus viajes. Yo espero a mamá.

Tercera imagen...

Un hombre nos pone, a mí y a mi hermano, en un rincón de la tarima. Nos tapa con una manta, nos echa unos trapos por encima. Yo lloro y él me acaricia el pelo. Me calmo.

Todos los días se repite lo mismo. Una de las veces me aburro de esperar tanto tiempo debajo de la manta y empiezo a llorar por lo bajo, luego lloro a gritos. Alguien aparta los trapos y tira de la manta. Abro los ojos: delante de mí hay una mujer envuelta en una bata blanca.

—¡Mamá! —Me arrastro hacia ella.

Ella me acaricia. Primero el pelo..., a continuación la mano... Luego saca algo de una pequeña caja de metal. No me fijo en nada, solo veo la bata blanca y el gorro blanco.

¡De repente, un dolor agudo en la mano! Tengo una aguja clavada en la piel. Grito y me desmayo. Me recupero, a mi lado está sentado el hombre que nos ha estado escondiendo. Al otro lado está tumbado mi hermano.

—No tengas miedo —me dice el hombre—. No está muerto, está dormido.

—¿No era mamá?

—No...

—Tenía una bata blanca, igual que mamá... —repito una y otra vez, y otra.

—He hecho un juguete. —El hombre me pasa una pelota de trapo.

Cojo el juguete y dejo de llorar.

No recuerdo nada de lo que pasó después: ¿quién y cómo nos salvó del campo de concentración alemán? Allí a los niños les extraían la sangre para los soldados alemanes heridos. Los niños se morían. ¿Cómo llegamos mi hermano y yo al orfanato? ¿Cómo al acabar la guerra recibimos el aviso de la muerte de nuestros padres? Algo me pasó en la memoria. No recuerdo rostros, no recuerdo palabras...

La guerra terminó. Empecé el primer curso. Otros niños leían un poema dos o tres veces y se les quedaba grabado. Yo con diez veces no era capaz de aprenderlo de memoria. Pero por alguna razón los maestros no me ponían nunca malas notas. A los demás sí, a mí no.

Esta es toda mi historia.

«SEÑORA, ¿PUEDO SENTARME EN SUS RODILLAS?...»
Marina Kariánova, cuatro años
Actualmente trabaja en la industria del cine

No me gusta recordar... No me gusta. Así de simple: no me gusta...

Si le preguntáramos a todo el mundo qué es la infancia, cada uno respondería a su manera. Para mí la infancia es mamá, papá y bombones. Toda mi infancia soñando con mi madre, con mi padre, con bombones. Durante la guerra no solo no probé ni un bombón, sino que ni siquiera los había visto nunca. El primer bombón lo comí unos años después del fin de la guerra... Tres años después... Ya era una niña mayor. Tenía diez años.

Nunca he entendido cómo es posible que alguien pueda no querer un bombón de chocolate. ¿En serio? Es imposible.

Pero nunca encontré a mis padres. Ni siquiera sé cuál es mi apellido. Me recogieron en Moscú, en la estación Sévernaia.

—¿Cómo te llamas? —me preguntaron en el orfanato.

—Marina.

—¿Y tu apellido?

—No lo sé...

Me inscribieron como Marina Sévernaia. En realidad, lo que más ansiaba era que alguien me abrazara, me acariciara. El cariño escaseaba; vivíamos envueltos por la guerra, cada uno vivía sus propias desgracias. Camino por la calle... Delante de mí, una madre pasea con sus hijos. Coge a uno en brazos y lo lleva unos metros, lo deja en el suelo y coge a otro. Se paran a descansar en un banco. Ella ha sentado al más pequeño encima de sus rodillas. Me quedo allí de pie, mirando y mirando. Al final me acerco a ellos: «Señora, ¿puedo sentarme en sus rodillas?». Ella me mira, sorprendida.

Se lo vuelvo a pedir: «Señora, por favor, ¿puedo...?».

«Y SE PUSO A MECERLA IGUAL QUE A UNA MUÑECA...»
Dima Sufrankov, cinco años
Actualmente es ingeniero mecánico

Antes solo me asustaban los ratones. ¡Y de repente, tantos temores! Miles de temores...

A mi mente infantil no le impactó demasiado la palabra «guerra», me asustó mucho más la palabra «aviones». «¡Los aviones!», y mamá nos abraza y empieza a bajarnos rápidamente del piso de encima de la estufa. Nos daba miedo bajar, nos daba miedo salir de casa. Cuando mi madre conseguía bajar a uno, otro ya había vuelto a subir. Éramos cinco. Y además, nuestra gata.

Los aviones nos disparaban a quemarropa...

A mis hermanos más pequeñitos... mamá los llevaba atados al cuerpo con unas toallas de lino. Nosotros, los que ya éramos un poco mayores, corríamos solos. Cuando eres pequeño... Vives en un mundo diferente, no miras desde arriba, vives pegado al suelo. Desde esa altura los aviones son todavía más terribles; las bombas, más terroríficas. Recuerdo que envidiaba a los bichitos: eran tan pequeños que siempre podían esconderse en algún lugar, bajo la tierra... Me imaginaba que yo, cuando muriera, me convertiría en un animal y me escaparía al bosque.

Los aviones nos disparaban a quemarropa...

Mi prima, que tenía diez años, llevaba en brazos a nuestro hermano de tres. Corría, corría, le fallaron las fuerzas y se cayó. Pasaron toda la noche tumbados en la nieve; él murió congelado, ella sobrevivió. Cavaron un hoyo para enterrarlo, y ella no lo permitía: «¡Míshenka, no te mueras! ¿Por qué te estás muriendo?».

Nos habíamos escapado de los alemanes, vivíamos en un pantano..., en una especie de islitas... Nos construimos unas cabañas. Eran pequeñas: unos troncos formando una pirámide y un agujero arriba de todo. Para la salida del humo. Y debajo, la tierra. El agua. Esas cabañas nos servían de casa en invierno y en verano. Dormíamos sobre un lecho de ramas de pino. Una vez regresamos a casa con nuestra madre, queríamos coger algunas cosas. Allí estaban los alemanes. Nos detuvieron a todos y nos metieron en el edificio de la escuela. Nos obligaron a ponernos de rodillas y nos apuntaron con las ametralladoras. Nosotros, los niños, éramos igual de altos que las ametralladoras.

Desde el bosque se oyeron unos disparos. Y los alemanes: «¡Los partisanos! ¡Los partisanos!». Todos corrieron a sus coches. Se largaron a toda prisa. Y nosotros también, hacia el bosque.

Después de la guerra, cualquier cosa de metal me daba miedo. Veía un trozo de metralla en el suelo y me aterrorizaba que pudiera estallar. La hijita de los vecinos, con tres años y dos meses... Se me quedó grabado... Su madre, encima de su ataúd, no dejaba de repetir: «Tres años y dos meses... Tres años y dos meses...». Resulta que la niña encontró una granada. Y se puso a mecerla igual que a una muñeca. La envolvió con un trapito y la mecía... Una granada es pequeña, como un juguete, pero pesa. La madre corrió, pero no llegó a tiempo...

En nuestra aldea, Starie Golovchitsi, en el distrito Petrikovski, una vez acabada la guerra siguieron enterrando a niños durante más de dos años. Había desechos metálicos de la guerra por todas partes. Tanques y vehículos blindados carbonizados, todos los vehículos que habían sido abatidos. Fragmentos de minas, de proyectiles... Y nosotros no teníamos juguetes... Más tarde empezaron a recoger todo aquello y lo enviaban a algún lugar, a fábricas. Mi madre me explicó que con ese metal harían tractores. Máquinas industriales y máquinas de coser. Cuando alguna vez veía un tractor nuevo, no me acercaba a él: temía que explotara. Y que se volviera negro como los tanques...

Sabía de qué metal estaba hecho...

«YA ME HABÍAN COMPRADO EL LIBRO DEL ABECEDARIO...»
Lilia Mélnikova, siete años
Actualmente es maestra

Me tocaba empezar el primer curso en la escuela...

Ya me habían comprado el libro del abecedario y la cartera. Yo era la mayor. Mi hermana Raia había cumplido cinco años; nuestra hermanita Tómochka, tres. Vivíamos en Rossoni. Nuestro padre era director de una empresa de explotación forestal, murió un año antes de la guerra. Vivíamos con mamá.

El día que empezó la guerra estábamos las tres en la guardería, también nuestra hermanita pequeña. Vinieron todos los padres a recoger a los niños; solo quedamos nosotras, nadie venía a buscarnos. Estábamos muy asustadas. Nuestra madre fue la última en llegar. Trabajaba en la empresa forestal y habían tenido que quemar los documentos, o enterrarlos. Por eso se retrasó.

Mamá nos dijo que nos iban a evacuar, nos dieron un coche de caballos. Teníamos que llevarnos solo lo imprescindible. Recuerdo que en el pasillo de casa había un cesto, lo pusimos en el carro. Mi hermanita pequeña cogió a su muñeca. Mamá quería dejar la muñeca en casa... Era grande. Mi hermanita lloraba: «¡No voy a dejarla!». Cuando ya estábamos fuera de Rossoni, nuestro carro volcó y el cesto cayó y se abrió: salieron un montón de zapatos. Nos habíamos ido de casa sin nada: sin comida, sin ropa. Mamá, muy nerviosa, se había confundido de cesto y había cogido el que tenía preparado para llevar al zapatero.

Estábamos recogiendo los zapatos cuando aparecieron

los aviones y abrieron fuego, nos disparaban con ametralladoras. La muñeca quedó toda agujereada, pero nuestra hermanita salió ilesa, sin un rasguño. Lloraba: «No la dejaré...».

Volvimos a casa y empezamos a convivir con los alemanes. Mamá vendía la ropa de nuestro padre; recuerdo que la primera vez cambió su traje por guisantes. Estuvimos un mes entero comiendo sopa de guisantes. Hasta que un día la sopa se acabó. Teníamos una manta grande, vieja, era de guata. Nuestra madre confeccionaba una especie de botas con la tela de esa manta y buscaba a quién vendérselas, le pagaban con lo que podían. A veces comíamos gachas, a veces un huevo entre tres... Y a menudo no había nada. Solo un abrazo, una caricia de mamá...

Nunca nos dijo que ayudaba a los partisanos, pero yo me lo figuraba. Salía con cierta frecuencia y no nos decía adónde iba. Cuando salía para hacer algún trueque, nos avisaba; en cambio, otras veces simplemente se iba sin decir nada. Yo me sentía orgullosa de mamá y les explicaba a mis hermanitas: «Pronto vendrán los nuestros. Vendrá el tío Vania». Era el hermano de papá. Luchaba en la guerrilla.

Aquel día mamá llenó la botella de leche, nos dio un beso y se fue; cerró la puerta con llave. Las tres nos metimos debajo de la mesa a jugar; tenía un mantel grande que colgaba hasta el suelo y allí dentro hacía calor, jugábamos a «papás y mamás». De repente oímos un traqueteo de motocicletas, luego unos golpes terribles en la puerta, y una voz de hombre pronunció, mal pero de forma comprensible, el apellido de mamá. Lo pronunció mal. Sentí que algo no iba bien. Fuera, por el lado del huerto, apoyada contra nuestra ventana, había una escalera. Bajamos por ella sin hacer ruido. Deprisa. Cogí a una de mis hermanitas de la mano y a la otra me la subí a los hombros. Salimos a la calle.

Fuera se había reunido mucha gente. Y muchos niños. Los hombres que habían venido a por nuestra madre no nos habían visto nunca, así que no podían reconocernos. Rompieron la puerta... Vi como en la carretera apareció mamá, tan menuda, tan delgada... Los alemanes también la vieron. Echó a correr calle arriba, hacia la colina, pero la atraparon, le retorcieron los brazos y la golpearon. Nosotras corríamos y gritábamos, las tres, gritábamos con todas nuestras fuerzas: «¡Mamá! ¡Mamá!». La metieron en el sidecar, solo tuvo tiempo de chillarle a la vecina: «¡Fania, por favor, cuida de mis niñas!». Los vecinos nos apartaron del medio de la carretera, pero tenían miedo de alojarnos en sus casas: ¿y si los alemanes venían a por nosotras? Así que nos quedamos llorando en la cuneta. Volver a casa era imposible; un día nos contaron que en un pueblo cercano los alemanes habían detenido a un matrimonio y quemado a sus hijos; los encerraron dentro y prendieron fuego a la casa. Nos daba pavor entrar en casa... Pasamos así unos tres días. Nos escondíamos en el gallinero, nos acercábamos a nuestro huerto. Teníamos mucha hambre, pero no podíamos tocar nada del huerto porque mamá nos reñía cuando arrancábamos demasiado pronto las zanahorias, cuando aún eran pequeñas, y cuando cogíamos las vainas de guisantes. Por eso no tocábamos nada. Entre nosotras nos decíamos que mamá seguramente estaría preocupada por si vaciábamos el huerto mientras ella estaba fuera. Eso estaría pensando, seguro. Que a ver si nos portábamos bien. A ver si no tocábamos nada. Los mayores enviaban a los otros niños a darnos algo de comida: a veces un nabo hervido, o una patata, una remolacha...

Después la tía Arina nos acogió en su casa. Se había quedado solo con un hijo, a los otros dos los había perdido mientras la familia trataba de abandonar el pueblo con los refugiados. Pensábamos en mamá todo el rato y la tía Arina nos llevó a ver al alcaide de la cárcel para pedirle una visita. El alcaide dijo que no estaba permitido hablar con nuestra madre, solo accedió a dejarnos pasar por delante de su celda.

Pasamos por el pasillo y vi a mamá asomada al ventanuco... Nos llevaban tan deprisa que solo yo vi a nuestra madre, mis hermanitas no pudieron. Mamá tenía toda la cara roja, comprendí que le habían pegado mucho. Ella también nos vio y gritó: «¡Niñas! ¡Hijas mías!». Y ya no volvió a asomarse. Más tarde nos dijeron que al vernos se había desmayado...

Unos días después nos enteramos de que a mamá la habían fusilado. Mi hermana Raia y yo comprendíamos que mamá ya no estaba, pero nuestra hermanita pequeña, Tómochka, repetía sin cesar que cuando mamá volviera se lo explicaría todo: que nos portábamos mal con ella, que no la llevábamos en brazos. Cuando nos daban comida, yo siempre le reservaba el mejor trocito. Recordaba que así era como lo hacía mamá...

Cuando ejecutaron a nuestra madre... Al día siguiente, un coche aparcó delante de nuestra casa... Empezaron a sacar todas las cosas... Los vecinos nos llamaron: «Id a pedir vuestras botas de fieltro, vuestros abrigos. Se acerca el invierno y vosotras todavía vais vestidas de verano». Estábamos allí las tres: yo llevaba a la pequeña Tómochka sobre mis hombros y le dije: «Señor, déjele sus botas...». Justo en ese momento el policía llevaba las botas en la mano. No tuve ni tiempo de acabar la frase, me dio un puntapié y mi hermanita se cayó al suelo... Se golpeó la cabeza contra una piedra. A la mañana siguiente, a Tomóchka le había salido un absceso enorme en la cabeza, iba en aumento. La tía Arina le cubría la cabeza con un pañuelo grueso, pero el absceso igualmente se notaba. Por la noche yo la abrazaba con fuerza, su cabeza parecía muy grande. Me daba miedo que se muriese.

Los partisanos supieron de nosotras y nos llevaron con ellos. En el destacamento de guerrilleros nos cuidaban como podían, nos tenían mucho cariño. A ratos hasta nos olvidábamos de que no teníamos padres. Si se rompía una camisa, con ella nos hacían muñecas: la enrollaban un poco, le dibujaban una carita y ya teníamos la muñeca. Nos enseñaban a leer, a mí incluso me compusieron unos versos sobre lo poco que me gustaba lavarme la cara con agua fría. ¿Qué comodidades iba a haber en el bosque? En invierno teníamos que lavarnos la cara con nieve:

> *Lilia se sienta en la bañera,*
> *llora como una madalena:*
> *«Ay, qué daño, ay, qué daño,*
> *el agua me está quemando».*

Cuando la situación se volvió peligrosa, nos enviaron otra vez con la tía Arina. El comandante —dirigía el grupo un hombre legendario: Piotr Mirónovich Mashérov— nos preguntó: «¿Necesitáis algo? ¿Qué os gustaría tener?». Nos hacían falta muchas cosas, pero lo que más deseábamos tener era una camisa de uniforme. Así que, con la misma tela que se usaba para las camisas militares, nos cosieron unos vestidos. Eran verdes, con unos bolsillos pespuntados. También confeccionaron unas botas de fieltro para cada una; nos hicieron unas zamarras, unas manoplas de lana. Recuerdo que nos llevaron a casa de la tía Arina en un carro que también transportaba unos cuantos saquitos; en los saquitos había harina, cereales. Y hasta unos pedacitos de piel para que la tía Arina nos hiciese unos zapatos.

Cuando los alemanes vinieron a inspeccionar su casa, ella nos hizo pasar por sus hijas. La interrogaron un buen rato, le preguntaron cómo era posible que nosotras fuéramos rubias y su niño tuviera el pelo oscuro. Sospecharon algo... Al final nos subieron a un coche y nos llevaron al campo de concentración de Ígritskoe. A los cinco, a nosotras tres y a la tía Arina con su niño. Era invierno, dormíamos todos en el suelo cubierto de paja. Nos acostábamos así: primero yo; a mi lado, la pequeña Tómochka; la seguía Raia, y después la tía Arina y su niño. Yo estaba a un extremo, a mi otro lado la gente cambiaba a menudo. De noche a veces tocaba la mano fría de mi vecino y comprendía que había muerto. Por la mañana lo comprobaba: seguía igual que cuando estaba vivo, pero frío. Una vez me llevé un susto enorme. Las ratas le habían comido las mejillas y los labios al cadáver. Las ratas eran gordas y campaban a sus anchas. Yo las temía por encima de todas las cosas... El absceso desapareció de la cabeza de nuestra hermanita pequeña mientras vivimos con los partisanos, pero en el campo de concentración surgió de nuevo. La tía Arina intentaba disimularlo, porque sabía que si se daban cuenta de que la niña estaba enferma la ejecutarían. Le cubría la cabeza con pañuelos gruesos. Por la noche yo la oía rezar: «Señor, ya te has llevado a su madre, protege a las niñas». Yo también rezaba... Le pedía que por favor al menos sobreviviese la pequeña Tómochka; era tan pequeña que no podía morir.

Del campo de concentración nos enviaron a alguna otra parte... Nos transportaban en vagones para ganado. En el suelo había pegotes resecos de estiércol de vaca. Solo recuerdo que llegamos a Letonia; allí la gente nos iba alojando en sus casas como podían. Primero nos despedimos de Tómochka. La tía Arina la llevó en brazos y le pidió de rodillas a un anciano letonio: «Por favor, sálvela. Por favor». Él respondió: «Si logro llegar con ella hasta casa, vivirá. Son dos kilómetros de camino. Tengo que cruzar el río, luego el cementerio...». Todos acabamos con gente diferente. También nos separaron de la tía Arina...

Entonces nos enteramos... Nos dijeron: «La Victoria». Fui a la casa de la familia que había acogido a mi hermana Raia.

—Ya no tenemos a mamá... Vamos a buscar a nuestra Tómochka. También tenemos que encontrar a la tía Arina.

Encontramos a la tía Arina de puro milagro. Fue gracias a que sabía coser muy bien. Llamamos a una casa para pedir un poco de agua. Nos preguntaron: «¿Adónde vais?». Contestamos que estábamos buscando a la tía Arina. La hija de los dueños se ofreció enseguida: «Acompañadme, os enseñaré dónde vive». La tía Arina lanzó un grito al vernos. Estábamos delgadas como unas tablillas. Era finales de junio, la época más difícil: la cosecha anterior se había acabado y la nueva todavía no estaba madura. Comíamos espigas verdes: arrancábamos un puñado de granos y nos los tragábamos; ni siquiera los masticábamos del hambre que teníamos.

No muy lejos de donde vivíamos estaba la ciudad de Kráslava. La tía Arina nos dijo que debíamos ir a esa ciudad, al orfanato. Ella ya estaba muy enferma y pidió que nos llevasen allí. Nos dejaron en el orfanato de madrugada, las puertas aún estaban cerradas; nos dejaron en la puerta y se fueron. Amaneció... De la casa empezaron a salir niños corriendo, todos con sus zapatitos rojos, en calzoncillos, sin camisetas, con toallas. Corrían hacia el río, se reían. Nosotras mirábamos... No nos podíamos creer que existiera una vida como esa. Los niños se fijaron en nosotras; estábamos allí sentadas, con la ropa andrajosa, sucias, y gritaron: «¡Han venido unas nuevas!». Llamaron a las educadoras. Nadie nos preguntó por nuestros papeles. Enseguida nos trajeron pan y carne enlatada. No nos atrevíamos a comer, teníamos miedo de que esa felicidad desapareciera. Era una felicidad imposible... Nos tranquilizaron: «Niñas, esperad aquí, vamos a prepararos un baño. Os lavaremos y os enseñaremos dónde vais a vivir».

Por la tarde llegó la directora, nos miró y dijo que el orfanato estaba repleto, que había que llevarnos al centro de admisión de niños, en Minsk, y que allí nos encontrarían otro orfanato. En cuanto oímos que tendríamos que marcharnos otra vez a otro sitio, rompimos a llorar y suplicamos que nos dejasen quedarnos. La directora nos pidió: «Niñas, no lloréis. No soy capaz de aguantar más lágrimas». Después hizo una llamada y nos dejaron quedarnos en ese orfanato.

Era un orfanato maravilloso, fantástico, las educadoras eran de esas que ya no quedan. ¡Tenían tanto corazón! ¿Cómo habían logrado conservarlo después de la guerra?

Nos querían muchísimo. Nos enseñaban cómo tratarnos los unos a los otros. Nos explicaban muchas cosas. Una vez nos explicaron que cuando invitas a alguien a un caramelo, no tienes que sacar un caramelo del paquete sino acercarle al otro niño todo el paquete. El que coge el caramelo debe coger solo uno y no toquetearlos todos. Durante esa charla un niño se ausentó. Al acabar, la hermana de una de las niñas trajo una caja de bombones. La niña, una pupila del orfanato, le ofreció la caja a aquel niño que no había estado atento, y él cogió toda la caja. Los demás nos reímos. Él se puso colorado y preguntó: «¿Qué era lo que tenía que hacer?». Le contestaron que había que coger solo un bombón. Entonces lo comprendió: «Ahora lo entiendo: hay que compartir. Porque si no, yo estoy bien pero vosotros no». Sí, nos enseñaban a actuar de tal manera que todos nos sintiéramos bien. Era fácil explicárnoslo porque todos habíamos sufrido mucho.

Las niñas mayores cosían carteras para los demás, las cosían con lo que podían, hasta con faldas viejas. Los días festivos, sin excepción, la directora hacía masa fresca y la extendía con el rodillo hasta que quedaba una forma grande como una sábana. Cada uno cortaba un trocito y se hacía las empanadillas a su gusto: grandes, pequeñas, redondas, triangulares...

Cuando éramos muchos, cuando estábamos juntos, rara vez recordábamos a nuestros padres. Pero en la enfermería, cuando nos poníamos malitos, pasábamos días en cama, no hacíamos nada y solo hablábamos de papá y mamá, y de cómo habíamos llegado al orfanato. Un niño me contó una vez que habían quemado a toda su familia; él había logrado huir a la aldea vecina a lomos de un caballo. Decía que sentía mucha pena por mamá, mucha pena por papá, pero que la que más pena le daba era la pequeña Nádienka. La pequeña Nádienka estaba envuelta en pañales blancos y también a ella la habían quemado. Nos apiñábamos en un círculo en medio de un claro del bosque y hablábamos de nuestras casas. De cómo vivíamos antes de la guerra.

Trajeron al orfanato a una niña pequeña. Le preguntaron:

—¿Cómo te llamas?

—María Ivánovna.

—¿Cómo te apellidas?

—María Ivánovna.

—¿Cómo se llamaba tu madre?

—María Ivánovna.

Solo respondía con el nombre de María Ivánovna. En el orfanato también había una maestra llamada María Ivánovna, y esa niña solo decía María Ivánovna.

Durante la fiesta de Año Nuevo recitó un poema del poeta Marshak sobre una gallina bella. Los niños acabaron apodándola la Gallina. Los niños son niños, se habían cansado de llamarla María Ivánovna. Un día uno de los niños del orfanato fue a ver a un chico de la escuela de artes y oficios que nos había apadrinado. Discutieron, y el niño del orfanato llamó «gallina» al estudiante. Él se enfadó: «¿Por qué me has llamado "gallina"? ¿Es que tengo pinta de gallina?»". Nuestro compañero le explicó que en el orfanato había una niña que se le parecía. Que tenía su misma nariz, sus mismos ojos y que la llamábamos Gallina, y le contó por qué.

Resultó que la Gallina era la hermana de aquel chico. Cuando se reencontraron, entre los dos empezaron a recordar momentos: que viajaban en un carro a caballo... Que su abuela les calentaba algo de comida en una lata, que durante un bombardeo mataron a su abuela... Que la vecina, una vieja amiga de su abuela, la llamaba: «María Ivánovna, levántese, tiene dos nietos que cuidar... ¿Cómo se le ocurre morirse, María Ivánovna? ¿Cómo se le ocurre morirse ahora, María Ivánovna?». La niña lo recordaba, pero no estaba segura de que fuera un recuerdo, de que todo aquello hubiera pasado de verdad. En su mente solo se le quedaron grabadas dos palabras: María Ivánovna.

Nos alegramos de que encontrara a su hermano, porque los demás teníamos a alguien y ella en cambio estaba sola. Yo, por ejemplo, tenía a mis dos hermanas, otros tenían a un hermano o a unos primos. Los que se habían quedado sin nadie se emparentaban entre sí: tú serás mi hermana, o tú serás mi hermano. Y entonces ya se protegían, se cuidaban. En nuestro orfanato llegaron a coincidir hasta once niñas que se llamaban Tamara... Sus apellidos eran Tamara Forastera, Tamara Sinnombre, Tamara Grande, Tamara Pequeña...

¿Qué más recuerdo? Recuerdo que en el orfanato nos reñían poco, más bien no nos reñían. En invierno jugábamos con los niños que vivían cerca; yo veía como sus madres les reñían a veces y hasta les daban un cachete cuando se ponían las botas de fieltro sin envolverse antes los pies con el paño. Cuando nosotros salíamos con las botas encima del pie desnudo, nadie nos reñía. Tenía tantas ganas de que alguien me riñese...

Yo era una buena estudiante, me dijeron que le echara una mano con las mates a un niño del pueblo. Estudiábamos juntos: los del orfanato y los del pueblo, los lugareños. Tenía que ir a su casa. Me daba miedo. Pensaba: «¿Cómo serán las cosas allí, donde están? ¿Cómo tengo que comportarme?». Una casa era algo inalcanzable, algo muy deseado.

Llamé a su puerta y sentí que el corazón se me paraba...

«TAN JÓVENES... TODAVÍA NO ERAN NOVIOS, NI SOLDADOS...»
Vera Nóvikova, trece años
Actualmente es controladora en un parque de tranvías

Han pasado tantos años... Y, sin embargo, da miedo...

Recuerdo un día muy soleado, el viento hacía temblar las telarañas. Ardía nuestra aldea, ardía nuestra casa. Fuimos hacia el bosque. Los niños pequeños gritaban: «¡Una hoguera! ¡Una hoguera! ¡Qué bonito!». Y los demás lloraban, mamá lloraba. Se santiguaba.

Nuestra casa se quemó entera... Revolvimos las cenizas, pero no encontramos nada. Solo los tenedores carbonizados. La estufa no se quemó, seguía en pie; dentro había comida: unas tortillas de patata. Mi madre sacó la sartén: «Comed, niños». No había forma de comerse aquello, estaban impregnadas de olor a humo, pero nos las comimos porque no nos quedaba nada más aparte de la hierba. Solo nos quedó tierra y hierba.

Han pasado tantos años... Y, sin embargo, da miedo...

Ahorcaron a mi prima... Su marido era comandante de un grupo de partisanos, ella estaba embarazada. Alguien informó a los alemanes y ellos vinieron. Obligaron a todos a ir a la plaza. Dieron orden de que nadie llorase. Al lado del edificio del sóviet rural había un árbol alto, y junto a él, un trineo tirado por un caballo. Mi prima estaba de pie en el trineo... Tenía una trenza muy larga... Le echaron la soga al cuello, ella se sacó la trenza fuera de la soga. Tiraron del caballo y ella empezó a girar, colgada... Las mujeres gritaban... Gritaban sin lágrimas, solo voceaban. No podían llorar. Grita lo que quieras, pero no llores, no compadezcas. Los alemanes se acercaban y mataban a los que lloraban. Adolescentes de dieciséis o diecisiete años..., los acribillaron a balas. Ellos sí lloraban.

Tan jóvenes... Todavía no eran novios, ni soldados...

¿Para qué le cuento esto? Ahora siento aún más miedo que entonces. Por eso trato de no recordar...

«OJALÁ AL MENOS SOBREVIVA UNO DE NUESTROS HIJOS...»
Sasha Kavrus, diez años
Actualmente es doctor en Filología

Yo iba a la escuela...

Salimos al patio, jugamos como de costumbre. En ese instante aparecieron los aviones nazis y empezaron a lanzar bombas sobre nuestro pueblo. Ya nos habían hablado de los combates en España, del destino de los niños españoles. Ahora las bombas llovían sobre nosotros. Las ancianas se tiraban al suelo y rezaban... Bueno... La voz de Levitán,* anunciando el inicio de la guerra, se me quedó grabada para el resto de mi vida. No recuerdo el discurso de Stalin. La gente pasaba días enteros de pie al lado del altavoz comunitario, esperando algo. Yo también, con mi padre...

En nuestro pueblo, Brusi, en el distrito de Miadelski, los primeros en aparecer fueron los soldados de un destacamento punitivo. Abrieron fuego y mataron a todos los perros y gatos, luego anduvieron indagando para averiguar dónde vivían los militantes del partido. Antes de la guerra, en nuestra casa se alojaba el comité rural del partido, pero nadie delató a mi padre. Bueno... Nadie lo señaló... Aquella noche tuve un sueño. Me fusilaban, me quedaba tumbado y no entendía por qué no me moría...

Se me quedó grabado un episodio de unos alemanes persiguiendo gallinas. El soldado agarraba una gallina del pescuezo, levantaba el brazo bien arriba y hacía girar la gallina hasta que se quedaba solo con la cabeza en la mano. Se reían a carcajadas. A mí me parecía que nuestras gallinas gritaban... como si fuesen humanas... Con voces humanas... Igual que los gatos y los perros cuando les disparaban... Yo nunca antes había visto la muerte. Ni humana ni ninguna otra. Una vez, en el bosque, encontré unas crías de pájaro muertas. No había visto otra muerte...

---

* Yuri Levitán (1914-1983): Desde 1931 fue locutor de la Radio Nacional de la Unión Soviética. Tradicionalmente, la voz de Levitán se asocia a los principales acontecimientos de la Segunda Guerra Mundial. (N. de las T.)

Nuestra aldea la quemaron en 1943... Aquel día estábamos cavando las patatas. Vasili, nuestro vecino, que había participado en la Primera Guerra Mundial y chapurreaba un poco de alemán, dijo: «Iré a suplicar a los alemanes que no quemen nuestra aldea. Que hay niños». Fue, y a él también lo quemaron. Incendiaron la escuela. Todos los libros. Redujeron a cenizas nuestros huertos. Nuestros jardines.

¿Adónde podíamos ir? Mi padre nos llevó al lugar donde estaban los partisanos, en los bosques de Kósinskie. Por el camino nos encontramos con la gente de otra aldea que también habían incendiado; nos avisaron de que los alemanes andaban muy cerca... Nos metimos en una zanja: mi hermano Volodia, mi madre con mi hermana pequeña, mi padre y yo. Mi padre llevaba una granada de mano; acordamos que si los alemanes nos veían, le quitaría el seguro. Nos dimos el último adiós. Mi hermano y yo nos quitamos los cinturones y los preparamos como dogales para ahorcarnos, nos los colocamos al cuello. Mamá nos dio un beso a cada uno. La oí decir a nuestro padre: «Ojalá al menos sobreviva uno de nuestros hijos...». Entonces mi padre le contestó: «Que se vayan corriendo. Son jóvenes, a lo mejor se salvan». A mí me dio tanta pena mi madre que decidí quedarme. Bueno... Me quedé...

Oímos a los perros ladrando, oímos voces de mando ajenas, oímos disparos. Nuestro bosque estaba lleno de árboles derribados, de abetos caídos; a diez metros no se veía nada. Los sonidos venían de muy cerca, pero de repente los oímos alejarse más y más. Cuando por fin todo quedó en calma, mi madre no podía levantarse: tenía las piernas paralizadas. Mi padre la llevaba en brazos.

Unos días después encontramos a los partisanos; ellos conocían a mi padre. Casi no podíamos ni caminar, estábamos hambrientos. Teníamos los pies destrozados. Un guerrillero me preguntó: «¿Qué te gustaría encontrar debajo de ese árbol: golosinas, galletas...?». Le contesté: «Un puñado de cartuchos». Los partisanos recordaron aquella anécdota mucho tiempo. Así era mi odio hacia los alemanes, por todo... Por mi madre...

Pasamos frente a una aldea quemada... La cosecha estaba sin recoger, las patatas crecían en los huertos. Había manzanas tiradas por el suelo. Peras... Pero no había gente. Se veían gatos y perros. Solitarios. Bueno... No había gente. Ni una sola alma. Los gatos estaban hambrientos...

Recuerdo que después de la guerra en nuestro pueblo solo teníamos un libro del abecedario, y el primer librito de texto que encontré y que leí fue una colección de problemas de aritmética.

Lo leí como si fueran poemas... Bueno...

«Y CON LA MANGA SE SECABA LAS LÁGRIMAS...»
Oleg Bóldirev, ocho años
Actualmente es encargado en una fábrica

Es una buena pregunta... ¿Qué es mejor: recordar u olvidar? ¿Tal vez lo mejor sea callar? Olvidar me llevó muchos años...

Tardamos un mes en llegar a Taskent. ¡Un mes! Estábamos al final de la retaguardia. Yo estaba empeñado en ir al frente, pero con lo pequeño que era ni siquiera me admitían en la fábrica. «Te falta medio año para cumplir los diez

—me decía mi madre agitando la mano—. Quítate de la cabeza esas fantasías de niño.» Mi padre fruncía el ceño: «Una fábrica no es una guardería, hay que trabajar a diario doce horas. ¡Es un trabajo duro!».

La fábrica producía minas, proyectiles, bombas aéreas. A los adolescentes los admitían en la fase de pulido... Las piezas en bruto se tenían que pulir de una en una... El procedimiento era sencillo: con una manguera de alta presión se disparaba un chorro de arena a ciento cincuenta grados centígrados; la arena rebotaba en el metal, te quemaba los pulmones, te azotaba el rostro, los ojos. Pocos aguantaban más de una semana. Había que tener mucho temple.

No obstante, en 1943... Cumplí diez años y mi padre me llevó con él. Me llevó a su planta, la número tres. Era el taller donde soldaban los detonadores para las bombas.

Trabajamos los tres: Oleg, Vaniushka y yo. Ellos solo eran dos años mayores que yo. Nosotros ensamblábamos los detonadores y Iákov Mirónovich Sapózhnikov (su nombre se me quedó grabado), todo un maestro en su trabajo, los soldaba. Luego había que subirse encima de un cajón para alcanzar el torno mecánico, ajustar la boquilla del detonador y, con el macho de enroscar, calibrar el roscado interior de la boquilla. Pronto le cogimos el truco... Éramos rápidos... Lo último ya era pan comido: ponerle el tapón y meter el detonador en la caja. Cuando la caja estaba llena, había que llevarla a otro sitio. Donde la carga. Las cajas pesaban bastante, casi cincuenta kilos, pero entre dos nos las apañábamos. No distraíamos a Iákov Mirónovich, su tarea era más delicada. La más importante: ¡la soldadura!

Lo más desagradable era el fuego de la soldadura eléctrica. Por mucho que evitáramos mirar las llamas azules, en doce horas, quisieras o no, pillabas alguna que otra chispa. Era como si te entrara arena en los ojos. Te los frotas, pero no sirve de nada. A lo mejor por eso, o tal vez por el zumbido monótono del electrógeno, o simplemente por el cansancio, a veces te entraba un sueño terrible. Sobre todo en los turnos de noche. ¡Dormir! ¡Dormir!

Cuando Iákov Mirónovich veía la menor posibilidad de darnos un respiro, él mismo nos ordenaba:

—¡Andando a los electrodos!

No hacía falta que nos lo dijera dos veces: en toda la fábrica no había otro lugar más cálido y acogedor que el rincón donde secaban los electrodos con vapor seco. Nos tumbábamos en uno de los estantes de madera y en un segundo ya estábamos dormidos. Al cuarto de hora aparecía Iákov Mirónovich y nos despertaba.

Una vez me desperté antes de que él nos avisara. Vi que el tío Iákov nos estaba observando de lejos. Alargaba los minutos. Y con la manga se secaba las lágrimas.

«Colgaba de la cuerda como un niño...»
Liuba Aleksandróvich, once años
Actualmente es operaria

No quiero... No quiero ni pronunciar esa palabra: «guerra»...

La guerra nos alcanzó muy pronto. Al cabo de unas pocas semanas, el 9 de julio, lo recuerdo, se desató un combate por Senno, la capital de nuestro distrito. A nuestra aldea llegaron muchos refugiados, tantos que la gente no tenía donde alojarse, faltaban casas. En la nuestra, por ejemplo, acogimos a unas seis familias con niños. Y lo mismo en cada casa.

Primero llegó la gente, después empezó la evacuación del ganado. Lo recuerdo muy bien porque fue espantoso. Unas imágenes terribles. La estación de ferrocarril que teníamos más cerca era la de Bogdan; aún sigue ahí, está entre Orsha y Lépel. Hacia allí evacuaban el ganado, no solo de nuestro distrito, sino de toda la región de Vítebsk. El verano era caluroso; arreaban unos rebaños enormes: vacas, ovejas, cerdos, terneros. Los caballos iban por separado. Los encargados de conducir los rebaños estaban tan cansados que todo les daba igual... Las vacas iban a medio ordeñar, entraban en los patios de las casas y se quedaban en la puerta hasta que alguien las ordeñaba. Las ordeñaban tirando directamente la leche al suelo... Los que más sufrían eran los cerdos, no aguantan el calor ni los desplazamientos largos. Iban andando y se caían. Los cadáveres se hinchaban por el calor, aquello daba tanto miedo que por las tardes no me atrevía a salir de casa. Había caballos muertos por todas partes..., ovejas..., vacas... No había tiempo de enterrarlos, y los cadáveres crecían día tras día, y se hinchaban más y más...

Los campesinos saben bien lo que es criar una vaca, el trabajo que cuesta. El tiempo que se tarda. Los pobres lloraban viendo como se morían los animales. No eran como los árboles, que caen en silencio; esas cosas gritaban, relinchaban, balaban. Gemían.

Me acuerdo de algo que decía mi abuelo: «Y esos, los inocentes, ¿por qué mueren? Si no son capaces de decir nada». El abuelo era hombre de libros, leía todas las noches.

Antes de la guerra, mi hermana mayor trabajaba en el comité regional del partido, tenía la misión de participar en la lucha clandestina. Trajo a casa un montón de libros de la biblioteca del comité; también retratos, banderas rojas. Lo enterrábamos todo en el jardín, debajo de los manzanos. Y su carnet del partido. Lo enterrábamos por las noches. Pero yo tenía la sensación de que el rojo..., el color rojo..., se veía incluso a través de la tierra.

No sé por qué motivo, pero no recuerdo cómo fue la llegada de los alemanes... Los recuerdo ya allí, desde hacía mucho tiempo, y recuerdo el día en que nos reunieron a todos, a toda la aldea. Instalaron unas ametralladoras frente a nosotros: «¿Dónde están los partisanos?, ¿en qué casa se han ocultado?». Todo el mundo guardó silencio. Entonces empezaron a contar entre los de la aldea, y cada tres personas, ejecutaban a una. En total fusilaron a seis: dos hombres, dos mujeres y dos adolescentes. Y se fueron.

Por la noche cayó nieve nueva... Era Nochevieja... Debajo de esa nieve nueva quedaron los cadáveres. No había nadie para enterrarlos, no había nadie para fabricar los ataúdes. Todos los hombres se ocultaban en el bosque. Las ancianas quemaban troncos de árboles para calentar un poco la tierra y poder cavar las tumbas. Se pasaban mucho rato golpeando la tierra congelada con las palas...

Los alemanes no tardaron en volver... Al cabo de pocos días... Reunieron a todos los niños (éramos trece) y nos pusieron a caminar por delante de su hilera de vehículos: te-

mían las minas de los partisanos. Así que nosotros camina-
bamos por delante y ellos iban detrás. Si necesitaban, por
ejemplo, parar y sacar agua de un pozo, primero nos enviaban a nosotros al pozo. Así recorrimos unos quince kilómetros. Los niños no estaban muy asustados, pero las niñas
caminaban llorando. Y ellos detrás de nosotros, en sus camiones... No teníamos escapatoria... Recuerdo que íbamos descalzos y era principios de la primavera. Los primeros días...

Quiero olvidar... Quiero olvidarme de todo eso...

Los alemanes recorrían las casas... Arrestaron a todos
los ancianos que tenían hijos en la guerrilla... Les cortaron
las cabezas en el centro de la aldea... Nos ordenaron: «Mirad»... En una casa no encontraron a nadie y ahorcaron al
gato. Colgaba de la cuerda como un niño...

Quiero olvidarlo todo...

«Ahora seréis mis hijos...»
Nina Shunto, seis años
Actualmente es cocinera

¡Ay, ay, ay! Cómo me duele el corazón...

Antes de la guerra vivíamos con papá... Mamá había
muerto. Cuando papá se fue al frente, nos quedamos con la
tía. Nuestra tía vivía en Zadori, en el distrito de Lépel. Casi
inmediatamente después de que papá nos dejara en su casa,
ella se dio contra la rama de un árbol y perdió un ojo. Con-
trajo septicemia y murió. Nuestra única familia. Nos quedamos solitos, mi hermanito y yo; mi hermano era peque-

ño. Así que fuimos a buscar a los guerrilleros. No sé, pero creíamos que nuestro papá estaba en la guerrilla. Dormíamos en cualquier sitio. Me acuerdo de una vez que hubo tormenta; pasamos la noche en un almiar, arrancamos un poco de paja, abrimos un agujero y nos escondimos dentro. Había muchos niños como nosotros y todos andaban buscando a sus padres. Pero sabían que sus padres habían perdido la vida...; de todos modos, nos decían que buscaban a sus papás. O a alguien de su familia.

Caminamos... Caminamos... En una aldea... vimos una casa con la ventana abierta. Dentro había unas empanadas de patata recién horneadas. Cuando nos acercamos, mi hermano notó el olor a empanada y perdió el conocimiento. Entré en aquella casa, quería pedir un trocito para mi hermano; si no, sabía que no se levantaría. No era capaz de arrastrarlo hasta allí, yo tampoco tenía fuerzas. No encontré a nadie en la casa, no pude resistirme y cogí un trocito de empanada y se lo llevé. Después nos sentamos a la mesa y nos quedamos allí, esperando a los dueños para que no pensaran que los habíamos robado. Vino la dueña, vivía sola. No nos dejó marchar, nos dijo: «Ahora seréis mis hijos...». Nada más pronunciar aquello, los dos caímos dormidos, allí mismo, sentados a la mesa. Así de bien nos sentimos. Ya teníamos una casa.

Pronto quemaron la aldea. Y a todos los habitantes. Y a nuestra nueva tía. Nosotros sobrevivimos porque aquel día por la mañana habíamos ido al bosque, a buscar bayas... Sentados en una colina, observamos el fuego... Lo entendíamos todo. No sabíamos adónde ir. ¿Cómo encontraríamos otra tía? Justo le habíamos cogido cariño a esa. Hasta decíamos entre nosotros que a la nueva tía la llamaríamos «mamá». Era tan buena..., siempre nos daba un beso de buenas noches.

Nos recogieron los partisanos. Desde el destacamento de partisanos, un avión nos llevó a la retaguardia...

¿Qué me queda de la guerra? No entiendo lo que son los desconocidos porque mi hermano y yo crecimos entre gente desconocida. Nos salvó gente desconocida. Pero ¡si no son desconocidos! Toda la gente es familia. Vivo con esta sensación, pero a menudo me decepciono. La vida en tiempos de paz es otra cosa...

«NOSOTROS LES BESÁBAMOS LAS MANOS...»
David Góldberg, catorce años
Actualmente es músico

Iba a haber una fiesta...

Ese día estaba prevista la ceremonia de inauguración de nuestro campamento de jóvenes pioneros, en Talka. Esperábamos la visita de los guardias fronterizos, nuestros invitados de honor, y por la mañana fuimos al bosque a coger flores. También preparamos una edición especial del periódico mural y adornamos el arco de entrada. El lugar era precioso, hacía un tiempo maravilloso. ¡Estábamos de vacaciones! Éramos tan felices que ni el zumbido de aviones que llevábamos toda la mañana oyendo nos puso alerta.

De repente nos llamaron a formar y nos anunciaron que de madrugada, mientras nosotros dormíamos, Hitler había atacado nuestro país. En mi mente la guerra se asociaba a los acontecimientos en el río Jalja,* era algo lejano y breve. No existía la menor duda de que nuestro ejército era invencible e imbatible, de que contábamos con los mejores tanques y aviones. Nos lo decían en la escuela. Y en casa. Los chicos se mostraban seguros; en cambio, muchas chicas lloraban, estaban asustadas. A los mayores nos enviaron a tranquilizar a los demás, sobre todo a los más pequeños. Por la tarde, a los chicos de catorce y quince años nos entregaron unos fusiles de pequeño calibre. ¡Fue estupendo! A decir verdad, nos sentíamos importantes. Nos lo tomamos muy en serio. En el campamento había cuatro fusiles, hacíamos guardia de tres en tres. A mí incluso me gustaba. Iba con el fusil y comprobaba mis fuerzas: «¿Tengo miedo?». No quería ser cobarde.

Los primeros días estábamos seguros de que nuestras familias vendrían a buscarnos. Pero nadie apareció, así que todos los niños nos dirigimos a la estación de ferrocarriles de Pujovichi. Pasamos mucho tiempo sentados en aquella estación. El empleado de guardia nos dijo que ya no saldrían más trenes procedentes de Minsk, que las comunicaciones se habían cortado. De pronto vino corriendo uno de los niños gritando que se acercaba un tren muy, muy pesado. Bajamos a las vías... Primero hicimos señales con las manos, luego nos quitamos los pañuelos rojos de pioneros... Agitábamos los pañuelos para parar el tren. El maquinista nos vio y, desesperado, empezó a hacer señales para explicar que no podía parar el tren, después no podría rea-

_____

* La batalla de Jaljin Gol fue el combate decisivo de una contienda que tuvo lugar durante el verano de 1939 en la frontera entre Japón y la Unión Soviética. (N. de las T.)

nudar la marcha. Solo aminoró la velocidad. «¡Lancen a los niños a las plataformas del tren!», gritaba él. En las plataformas había gente sentada que también gritaba: «¡Salven a los niños! ¡Salven a los niños!».

Desde las plataformas los heridos estiraban las manos y recogían a los pequeños. Y todos los niños sin excepción subimos a aquel tren. Era el último tren desde Minsk...

El viaje fue largo, el tren iba muy lento. Lo veíamos todo con detalle... En el terraplén del ferrocarril yacían cadáveres apilados cuidadosamente, igual que si fuesen traviesas. Se me quedó grabado... Cómo nos bombardeaban, cómo chillábamos nosotros y cómo chillaba la metralla. Cómo en las estaciones las mujeres nos daban de comer, ya sabían que se acercaba un tren lleno de niños; nosotros les besábamos las manos. Cómo nos quedamos con un recién nacido; su madre había muerto en un ataque aéreo. Y cómo una mujer en una estación lo vio, se quitó el pañuelo de la cabeza y nos lo dio para que lo usáramos de pañal...

¡Ya está! ¡No quiero hablar más! Me emociono demasiado... No me lo puedo permitir. Tengo el corazón débil. Le diré una cosa más por si no lo sabe aún: los niños de la guerra casi siempre mueren más jóvenes que sus padres, que lucharon en la guerra. Antes también que los excombatientes. Antes...

He enterrado a tantos amigos...

«LOS VEÍA A TRAVÉS DE MIS OJOS DE NIÑA PEQUEÑA...»
Zina Gúrskaia, siete años
Actualmente es operaria de pulimento

Los veía a través de mis ojos de niña pequeña. De niña pequeña de pueblo. Con los ojos muy abiertos...

Vi de cerca al primer alemán... Era alto, de ojos azules. Me asombré muchísimo: «Es muy guapo, pero mata a personas». Diría que esa fue la impresión más fuerte. Mi primera impresión de la guerra...

Vivía con mi madre, mis dos hermanitas, mi hermanito y una gallina. Solo nos quedó una gallina, vivía con nosotros en casa, dormía con nosotros. Se escondía con nosotros de las bombas. Se había acostumbrado a seguirnos como un perrito. Con toda el hambre que pasamos..., y a esa gallina la mantuvimos con vida. Teníamos tanta hambre que durante el invierno nuestra mamá coció una vieja pelliza y todos los látigos, y para nosotros olía a carne. Nuestro hermanito todavía era un niño de pecho... Hervíamos un huevo y le dábamos de beber esa agua en vez de leche. Así ya no lloraba, y ya no se moría.

A nuestro alrededor mataban. Mataban. Mataban... A los humanos, a los caballos, a los perros... Durante la guerra mataron a todos los caballos. A todos los perros. Los gatos se salvaron.

De día venían los alemanes: «Mujer, danos todos los huevos. Mujer, danos tocino». Disparaban. De noche venían los guerrilleros... Los guerrilleros tenían que sobrevivir en el bosque; era duro, sobre todo en invierno. Venían de noche y golpeaban nuestras ventanas. A veces conseguían las cosas por las buenas; a veces, por las malas... Se llevaron nuestra vaca... Mamá lloraba. Los guerrilleros lloraban... No hay forma de relatarlo. No la hay, querida. ¡No!

Mi madre y mi abuela labraban la tierra de la siguiente manera: primero mi madre se ponía el yugo y la abuela caminaba detrás del arado; después se cambiaban, y era la otra la que hacía de caballo. Yo deseaba crecer lo antes posible. Me daban tanta pena mamá y la yaya...

Al acabar la guerra, en toda nuestra aldea solo había un perro (vino de otra aldea) y una gallina, la nuestra. No nos comíamos los huevos. Los guardábamos para criar pollos.

Empecé la escuela... Arranqué de la pared un trozo de papel pintado, viejo y desteñido: aquello fue mi libreta. En vez de goma de borrar usaba un tapón de corcho. En otoño maduró la remolacha, nos alegramos muchísimo: «Rallaremos la remolacha y tendremos tinta para escribir». Dejas el jugo de la remolacha un par de días y se pone negro. Con eso escribíamos.

También recuerdo que a mi madre y a mí nos gustaba bordar, bordábamos flores alegres. No me gustaba el hilo negro...

Ahora tampoco me gusta el color negro...

«MAMÁ NUNCA SONRIÓ...»
Kima Múrzich, doce años
Actualmente es técnica de aparatos de radio

Nuestra familia...

Éramos tres hermanas: Rema, Maya y Kima. Rema viene de «Revolución, Electrificación y Mecanización».

Maya viene de la conmemoración del Primero de Mayo. Kima viene de «Komunistecheski Internacional Molodiozhi» [Internacional Comunista de Juventud]. Fue nuestro padre quien se inventó esos nombres.* Era comunista, se afilió siendo muy joven. Y así nos educaba. En nuestra casa había muchos libros, había retratos de Lenin y de Stalin. En los primeros días de la guerra lo enterramos todo bajo el suelo del cobertizo; solo dejé *Los hijos del capitán Grant*, de Jules Verne. Mi libro favorito. Me pasé la guerra leyéndolo y releyéndolo.

Mi madre iba a las aldeas de las afueras de Minsk a cambiar sus pañuelos por comida. Tenía un par de zapatos buenos. También tuvo que canjear su único vestido de crespón. Maya y yo nos quedábamos en casa esperándola: «¿Volverá?». Intentábamos distraernos de ese pensamiento, pasábamos el rato recordando cómo antes de la guerra íbamos corriendo al lago, a bañarnos, a tomar el sol, cómo bailábamos en el grupo artístico del colegio. Cómo era la larguísima alameda que conducía a la escuela. Y el olor de la mermelada de cerezas que mamá cocía en el patio, encima de unas pequeñas piedras calientes... Todo aquello quedaba tan lejos..., era tan bello... También hablábamos de Rema, nuestra hermana mayor. Nos pasamos toda la guerra creyendo que había muerto. El 23 de junio se fue a trabajar a la fábrica y nunca volvió.

Al acabar la guerra, mi madre empezó a enviar cartas a

---

* Durante las décadas de 1920 y 1930, en la Rusia soviética estuvo de moda crear nuevos nombres derivados de conceptos clave del socialismo. Se formaban por derivación o a partir de acrónimos. *(N. de las T.)*

todas partes buscando a Rema. Existía una oficina de registro de domicilios; allí siempre había una muchedumbre, todos estaban buscando a los suyos. Una vez, y otra, y otra, fui allí a entregar las peticiones de mi madre. Pero no recibíamos ninguna carta de respuesta. Todos los fines de semana mi madre se sentaba junto a la ventana, esperando a la cartera. Y ella siempre pasaba de largo.

Un día mi madre volvió del trabajo. Nuestra vecina llamó a la puerta y le dijo: «Ya podéis empezar a bailar». Llevaba algo escondido detrás de la espalda. Mi madre adivinó que era una carta. Pero no bailó, se sentó y ya no pudo moverse. Tampoco pudo hablar.

Así encontramos a nuestra hermana. Resulta que la habían evacuado. Mamá volvió a sonreír. Durante toda la guerra, hasta que encontramos a nuestra hermana, mamá nunca sonrió...

«Tardé mucho en acostumbrarme a mi verdadero nombre...»
Lena Krávchenko, siete años
Actualmente es contable

Yo, claro está, no sabía nada de la muerte... Nadie se había parado a explicármela, la vi con mis propios ojos...

Cuando las ametralladoras disparan desde los aviones, tienes la impresión de que todas las balas te buscan a ti. Que vuelan directamente hacia ti. Yo pedía: «Mamá, ponte encima...». Y ella me cubría con su cuerpo; entonces yo ya no veía ni oía nada.

Lo que más miedo me daba era perder a mi madre...
Un día vi a una mujer asesinada, su niño todavía seguía
chupando de su pecho. Probablemente no hacía ni un minuto que la habían alcanzado. El niño no lloraba. Yo estaba
sentaba al lado de su cuerpo...

No perder a mamá... Mi madre siempre me cogía de la
mano y me acariciaba el pelo: «Todo irá bien. Todo irá
bien».

Íbamos en un vehículo, a todos los niños nos pusieron
un cubo en la cabeza. Yo me portaba mal, no quería hacerle caso a mi madre...

Después recuerdo: caminábamos en fila... Allí me
arrancan de mi madre... Yo la agarro de las manos, me cuel-
go de su bonito vestido; no iba vestida para la guerra. Llevaba un vestido de fiesta. El más bonito que tenía. Yo no la
suelto... Berreo... El nazi me aparta, me empuja primero
con el fusil, y cuando ya he caído, cuando estoy en el suelo,
me aparta con la bota. Me recoge una mujer que no conozco. De pronto estamos en un vagón, viajamos a alguna parte. ¿Adónde? La mujer me llama Ánechka... Pero yo creo
que mi nombre no es ese... Como si supiera que tengo otro
nombre pero hubiera olvidado cuál es. El susto ha hecho
que lo olvide. El susto de que me han arrebatado a mi madre... ¿Hacia dónde vamos? Por las conversaciones de los
mayores he comprendido que nos transportan a Alemania.
Recuerdo mis pensamientos: «¿Para qué me querrán los
alemanes? Yo soy muy pequeña... ¿Qué haré allí?». Cuando
oscurece, las mujeres me llaman para que me acerque a la
puerta del vagón y me empujan afuera: «¡Corre! A lo mejor
te salvas».

Caí en una zanja, me quedé dormida allí mismo. Hacía frío, soñaba con que mi madre me arropaba con algo cálido y me decía palabras cariñosas. Toda la vida el mismo sueño...

Han pasado veinticinco años desde que acabó la guerra y solo he conseguido encontrar a una de mis tías. Ella me dijo cómo me llamaba, tardé mucho en acostumbrarme a mi verdadero nombre.

Cuando me llamaban por mi nombre, no respondía...

«Su camisa militar estaba mojada...»
Valia Mátiushkova, cinco años
Actualmente es ingeniera

¡La voy a sorprender! Me gustaría recordar algo gracioso. Alegre. Me gusta reír, no quiero llorar. Oh, oh, oh... Ya estoy llorando otra vez...

Mi padre me lleva a la maternidad y me dice que pronto compraremos un niño. Yo quiero saber cómo será mi hermanito. Le pregunto a mi padre: «Y ¿cómo es?». Él responde: «Es chiquitín».

De repente, mi padre y yo estamos en un lugar muy alto, el humo entra por la ventana. Papá me lleva en brazos; yo le pido que volvamos, que me he dejado mi bonita bolsita. Me enfado y lloro. Papá está callado y me estrecha contra él, me estrecha con tanta fuerza que me cuesta respirar. Pronto mi padre desaparece, voy caminando por la calle con una mujer. Pasamos por delante de una alambrada, tras ella están los prisioneros de guerra. Hace calor, ellos nos piden agua. Tengo dos caramelos en el bolsillo. Los tiro por encima de la alambrada. Pero ¿cómo es que tengo esos caramelos? No me acuerdo. Algunos tiran pan... Pepinos... El guardia dispara y echamos a correr...

Es sorprendente, pero recuerdo todo eso... Con detalle...

Me recuerdo en el centro de menores, que estaba cercado con un alambre. Nos custodiaban soldados alemanes y perros; eran pastores alemanes. Entre los niños había algunos que ni siquiera sabían andar, gateaban. Cuando tenían hambre, lamían el suelo... Se comían la suciedad... Estos se morían pronto. La comida era muy mala; del pan que nos daban se nos hinchaba la lengua, tanto que no podíamos ni hablar. Solo pensábamos en comer. Acababas de desayunar y ya te preguntabas: «¿Qué habrá para el almuerzo?». Almorzabas y pensabas: «¿Qué habrá para cenar?». Pasábamos por debajo del alambre y nos fugábamos a la ciudad. Nuestro único objetivo era ir a rebuscar en los cubos de basura. Dar con una piel de arenque o con unas peladuras de patata era todo un acontecimiento. Nos las comíamos crudas.

Recuerdo que una vez, en el basurero, me pilló un hombre. Me asusté.

—Señor, no volveré a hacerlo.

Me preguntó:

—¿Dónde está tu familia?

—No tengo. Soy del centro de menores.

Me llevó a su casa y me dio de comer. En su casa no había más que patatas. Hirvieron patatas y me comí una cazuela entera.

Del centro de menores nos trasladaron a un orfanato; el orfanato estaba enfrente del edificio de la Escuela Superior de Medicina, allí estaba instalado el hospital alemán. Recuerdo las ventanas bajas, las pesadas contraventanas que se cerraban por la noche.

Allí nos alimentaban muy bien, gané peso. Una mujer que limpiaba allí me cogió mucho cariño. Sentía lástima por todos los niños, pero sobre todo por mí. Cuando venían a sacarnos sangre, todos intentábamos escondernos: «Que vienen los médicos...». Ella me escondía en algún rincón. Y no dejaba de repetir que me parecía a su hija. Los demás niños se metían debajo de las camas y de allí los sacaban con algún cebo: un día era un trocito de pan, otro día un juguete. A mí se me quedó grabada una pelotita roja...

«Los médicos» se marchaban y yo volvía a la habitación... Recuerdo a un niño pequeño tumbado en una cama, su brazo colgaba fuera de la cama, chorreaba sangre. Los demás niños lloraban... Cada dos o tres semanas había niños diferentes. A unos se los llevaban, muy débiles y pálidos, y traían a los nuevos. A estos los cebaban.

Los médicos alemanes creían que la sangre de los niños menores de cinco años hacía que los heridos se recuperaran mejor. Creían que poseía propiedades rejuvenecedoras. Lo supe más tarde..., claro, mucho más tarde...

Pero entonces... Yo me moría por tener un juguete bonito. Aquella pelota roja.

Cuando los alemanes se fueron de Minsk... en retirada... aquella mujer que me ayudaba nos llevó afuera: «Si os queda alguien de familia, buscadlo. Si no tenéis padres, id a cualquier aldea: la gente os salvará».

Hice lo que nos dijo. Me fui a vivir a casa de una anciana... No recuerdo ni su nombre, ni qué aldea era. Recuerdo que detuvieron a su hija y nos quedamos las dos solas: una vieja y una niña. Para aguantar toda una semana solo teníamos un trocito de pan.

Fui la última en enterarme de que la aldea había sido liberada. Estaba enferma. Cuando lo supe, me levanté y corrí a la escuela. Me enganché al primer soldado que vi. Recuerdo que tenía la camisa militar completamente mojada.

De tantos abrazos, lágrimas y besos.

«Igual que si hubiera salvado a su propia hija...»
Guenia Zavóiner, siete años
Actualmente es ajustadora de aparatos de radio

¿Que qué es lo que dejó una huella más intensa en mi memoria? ¿De aquellos días?

La detención de mi padre... Llevaba un chaquetón guateado, no recuerdo su cara, se ha borrado por completo de mi memoria. Recuerdo sus manos... Las ataron con una cuerda. Las manos de mi padre... Pero por mucho que me esfuerzo, nunca logro recordar a los que vinieron a arrestarlo. Eran varios hombres...

Mi madre no lloró. Simplemente se pasó el día pegada a la ventana.

Se llevaron a mi padre, y a nosotros nos trasladaron al gueto; así empezó la vida detrás de una alambrada. La casa que nos asignaron estaba junto a la carretera, todos los días caían palos rotos a nuestro patio. Se podía ver a uno de los nazis, estaba de pie, delante de la portezuela de nuestro patio, y cuando llevaban un grupo a ejecutar, ese nazi pegaba a la gente con un palo. Cuando el palo se rompía, lo tiraba hacia atrás. A nuestro patio. Yo quería verlo mejor, no solo de espaldas, y una vez lo vi: era bajito y calvo. Gemía y resoplaba. El hecho de que fuera tan normal y corriente trastornó mi imaginación infantil...

Un día entramos en nuestro apartamento y encontramos a nuestra abuela asesinada... La enterramos... A nuestra abuela, alegre y sabia, que amaba la música de los compositores alemanes. La literatura alemana.

Mi madre estaba fuera de casa cuando en el gueto empezó el pogromo, había salido para cambiar ropa por comida. Normalmente nos ocultábamos en el sótano, pero aquella vez subimos al desván. Había una parte completamente destrozada, eso nos salvó. Los alemanes entraron en nuestra casa e iban hincando las bayonetas en el techo. No subieron al desván solo porque estaba destrozado. Lanzaron unas cuantas granadas al sótano.

El pogromo duró tres días y en esos tres días no salimos del desván. Nuestra madre no estaba con nosotros. No dejábamos de pensar en ella. Acabó el pogromo y nos pusimos en la puerta a esperar: «¿Estará viva?». De repente, por la esquina apareció nuestro antiguo vecino; pasó por delante de nosotros sin pararse, pero le oímos decir: «Vuestra mamá está viva». Cuando mi madre volvió, los tres nos quedamos mirándola; ninguno lloraba, se nos habían acabado las lágrimas, nos invadió una especie de apaciguamiento. Ni siquiera teníamos hambre.

Una vez nos paramos con nuestra madre cerca de la

alambrada, por el otro lado pasaba una mujer muy guapa. Se detuvo frente a nosotros y le dijo a mi madre: «Cuánto lo siento por ustedes». Mi madre respondió: «Si de verdad lo siente, acoja a mi niña». «De acuerdo.» La mujer se quedó pensativa. Siguieron hablando en susurros.

Al día siguiente, mi madre me acompañó a la entrada del gueto.

—Guenia, coge el carrito con tu muñeca y vete a ver a la tía Marusia.

Era nuestra vecina.

Recuerdo cómo iba vestida: una blusa azul, el jersey de pompones blancos. Mi mejor ropa, la de fiesta.

Mamá me empujaba hacia la salida del gueto, yo me apretaba contra ella. Ella me empujaba con la cara bañada en lágrimas. Recuerdo que empecé a andar... Recuerdo dónde estaba la puerta, dónde estaba el puesto de guardia...

Así, empujando mi carrito de juguete, llegué hasta donde mi madre me había dicho; me echaron una pelliza por encima y me subieron a un carro. Todo el tiempo que duró el viaje yo lloraba y repetía: «Allí donde estés tú, mamá, estaré yo. Allí donde...».

Me llevaron a un caserío, me hicieron sentarme en un escalón largo. La familia que había aceptado quedarse conmigo tenía cuatro hijos. Me acogieron. Quiero que todos sepan el nombre de la mujer que me salvó: se llama Olimpia Pozharítskaia y vive en Ganevichi, una aldea del distrito de Volózhinski. El miedo que sufrió esta familia todo el tiempo que conviví con ellos... Los hubiesen podido fusilar en cualquier momento... A toda la familia..., a los cuatro hijos... Por haber refugiado a una niña judía. Del gueto. Yo era su muerte... ¡Hay que tener un corazón muy grande! Un corazón humano más allá de lo humano... Cuando aparecían los alemanes, al instante me enviaban a algún lugar. El bosque estaba cerca, el bosque era mi salvación. Esa mujer se compadecía mucho de mí, sentía por mí lo mismo que por sus hijos. Si nos daba algo, nos lo daba a todos; si nos besaba, nos besaba a todos. Y nos acariciaba a todos por igual. Yo la llamaba *mamusia*. En algún lugar estaba mi mamá, y allí estaba mi *mamusia*...

Estaba pastando las vacas cuando se aproximaron unos tanques al caserío. Los vi y me escondí. No podía creer que fueran nuestros tanques, pero cuando divisé las estrellas rojas, salí a la carretera. Del primer tanque bajó un militar de un salto, me cogió en brazos y me levantó muy alto. Desde el caserío vino corriendo la mujer; estaba tan feliz..., tan guapa..., le apetecía tanto compartir algo bueno..., explicar que ellos también habían participado de esa victoria. Le contó cómo me habían salvado. Cómo habían salvado a una niña judía... El militar me apretó contra su pecho; yo era delgadita y me quedé escondida debajo de su brazo, y también abrazó a la mujer; la expresión de aquel soldado era igual que si hubiera salvado a su propia hija. Dijo que toda su familia había perdido la vida y que cuando la guerra terminara, me llevaría con él a Moscú. Yo no aceptaba por nada del mundo, porque no sabía si mamá estaba viva o no.

Vinieron corriendo otras personas, también me abrazaron. Todos confesaron que hacía tiempo que sabían a quién escondían en el caserío.

Más tarde vino a buscarme mi madre. Entró en el patio y se puso de rodillas ante esa mujer y sus hijos...

«TODO MI INTERIOR ESTABA HERIDO, DE LA CABEZA
A LOS TALONES...»
Volodia Ampilógov, diez años
Actualmente es cerrajero

Diez años tenía, exactamente diez... Y estalló la guerra. ¡Esa maldita guerra!

Unos cuantos chicos jugábamos al pillapilla en el patio. Entonces llegó una camioneta grande y de ella empezaron a saltar soldados alemanes; nos cogieron y nos lanzaron a la parte de atrás, debajo de la lona. Nos llevaron a la estación de tren; la camioneta se acercó al vagón a reculones y nos tiraron adentro como si fuéramos sacos. Encima de la paja.

Abarrotaron el vagón hasta tal punto que al principio solo podíamos estar de pie. No había adultos, únicamente niños y adolescentes. Viajamos durante dos días y dos noches, con las puertas cerradas. No veíamos nada, lo único que oíamos era el golpeteo de las ruedas contra los raíles. De día, la luz conseguía entrar a duras penas por las rendijas, pero de noche teníamos tanto miedo que todos nos echábamos a llorar: no sabíamos adónde nos llevaban y nuestros padres tampoco tenían ni idea de nuestro paradero. Al tercer día, la puerta se abrió y los soldados lanzaron adentro unas hogazas de pan. Los que estaban más cerca pudieron cogerlas y engulleron el pan en un segundo. Yo estaba en el otro extremo del vagón, muy lejos de la puerta, y ni siquiera vi el pan; me pareció notar su olor al oír el grito: «¡Pan!». Solo su olor.

Ya no me acuerdo de en qué día del viaje fue... Pero recuerdo que allí dentro ya no se podía respirar, aligerábamos el vientre en el mismo vagón. Hacíamos pipí y lo otro... Entonces empezaron a bombardear el tren... Una de las explosiones arrancó el techo de nuestro vagón. Yo no estaba solo, estaba con mi amigo Grishka; tenía diez años, como yo; antes de la guerra íbamos juntos a la escuela. Desde los primeros minutos del bombardeo nos agarramos el uno al otro para no perdernos. Cuando se arrancó el techo, decidimos salir por el hueco y fugarnos. ¡Escapar! Ya habíamos comprendido que nos llevaban hacia el oeste. A Alemania.

El bosque estaba oscuro, íbamos mirando atrás: nuestro tren ardía, todo él era una hoguera. Las llamas eran altas. Anduvimos sin parar toda la noche; de madrugada nos acercamos a una aldea, pero no había aldea, en lugar de las casas..., fue la primera vez que lo vi..., lo único que quedaba eran estufas carbonizadas. Había niebla por todas partes... Caminábamos como por un cementerio... Entre monumentos de color negro... Buscábamos algo para comer, pero las estufas estaban frías y vacías. Continuamos caminando. Por la tarde volvimos a encontrarnos con un lugar quemado lleno de estufas vacías... Caminamos y caminamos... Grishka cayó de repente y murió, se le paró el corazón. Pasé la noche sentado a su lado. Por la mañana cavé un hoyo con las manos y enterré a Grishka. Quise memorizar el lugar..., pero ¿cómo iba a hacerlo si a mi alrededor todo era desconocido?

Andaba y la cabeza me daba vueltas de hambre. De pronto oí: «¡Para! Chico, ¿adónde vas?». Pregunté: «¿Quiénes son ustedes?». Ellos dijeron: «Somos de la guerrilla». Así supe que me encontraba en la región de Vítebsk y entré en la brigada Alekséievskaia de la guerrilla...

Tras recuperarme un poco, empecé a rogarles que me dejaran luchar. Me respondían bromeando y me enviaban a ayudar en la cocina. Pero entonces... El caso es que... Habían enviado a los exploradores a la estación de tren tres veces seguidas, y nadie regresaba. Después de la tercera vez, el comandante ordenó a formar y dijo:

—No puedo enviar una cuarta expedición. Esta vez irán voluntarios...

Yo estaba en la segunda fila; oí:

—¿Quién se ofrece?

Levanté la mano como si estuviera en clase. La chaqueta acolchada me iba grande, las mangas me llegaban casi hasta el suelo. Con el brazo en alto y la mano no se me veía, llevaba las mangas colgando y no conseguía librarme de ellas.

El comandante ordenó:

—Los voluntarios, un paso adelante.

Di un paso adelante.

—Hijo... —me dijo el comandante—. Hijito...

Me dieron un hatillo de mendigo y un gorro de orejeras viejo; le faltaba una orejera.

Nada más salir a la carretera... tuve la sensación de que me estaban vigilando. Miré a mi alrededor y allí no había nadie. Me fijé en las copas de los pinos, frondosas. Las observé con mucho detenimiento y avisté a los francotiradores alemanes. Liquidaban a cualquiera que saliera del bosque. Pero a un niño, y encima con un hatillo, no lo tocaron.

Regresé a la unidad e informé al comandante de que en los pinos había francotiradores alemanes ocultos. Por la noche los atrapamos sin un solo disparo y los entregamos vivos. Esa fue mi primera misión de reconocimiento...

A finales de 1943... Estaba en la aldea de Starie Chelnishkí, en el distrito de Beshenkóvicheski, cuando me atraparon los soldados de las SS... Me golpeaban con varas. Me golpeaban con las botas de punta de hierro. Las botas eran como piedras... Después de torturarme, me sacaron a la calle y me echaron agua encima. Era invierno y me quedé cubierto de una costra de hielo ensangrentado. Oía un ruido encima de mí y no comprendía qué era. Estaban construyendo una horca. La vi cuando me levantaron y me hicieron subir a un tronco. ¿Lo último que recuerdo? El olor a madera recién cortada... Un olor vivo...

El dogal me oprimió el cuello, pero llegaron a tiempo para quitármelo... Los guerrilleros estaban al acecho. Cuando me desperté, reconocí a nuestro médico. «Dos segundos más y no habría podido salvarte —me dijo—. Estás de suerte, chico, porque sigues vivo.»

Me llevaron a la unidad en brazos; todo mi interior estaba herido, de la cabeza a los talones. Me dolía tanto que pensaba: «¿Podré crecer?».

«Y YO, ¿POR QUÉ SOY TAN PEQUEÑO?...»
Sasha Streltsov, cuatro años
Actualmente es piloto

Mi padre no llegó a verme...

Nací sin él. Le tocaron dos guerras: regresó de la finlandesa, y empezó la Gran Guerra Patria. Se marchó de nuevo.

De mi madre guardo el recuerdo de los dos paseando por el bosque y de cómo ella me decía: «No tengas prisa. Escucha como caen las hojas. Como susurra el bosque...». Estábamos sentados junto a la carretera, ella dibujaba pájaros en la arena con un palito.

También recuerdo que quería ser alto y le preguntaba a mi madre:

—¿Papá es alto?

Mi madre me contestaba:

—Es muy alto y guapo. Pero nunca presume de ello.

—Y yo, ¿por qué soy tan pequeño?

Yo tan solo acababa de empezar a crecer... No nos había quedado ni una fotografía de mi padre; yo necesitaba tener la confirmación de que nos parecíamos.

—Te pareces a él. Te pareces mucho a él.

En 1945 supimos que mi padre había muerto. Mamá lo quería tanto que se volvió loca... No reconocía a nadie, a mí tampoco. En mis recuerdos, a partir de entonces yo siempre estoy solo con la abuela. Su nombre era Aleksandra; el mío, Aleksandr. Para que no nos confundiesen, acordamos que a mí me llamarían Shúrik, y a ella, yaya Sasha.

Yaya Sasha no me contaba cuentos; se pasaba desde la madrugada hasta la noche lavando ropa, labrando la tierra, cocinando, pintando paredes. Sacando a pastar la vaca. En los días festivos le gustaba recordar cómo nací. Se lo estoy contando a usted ahora y me parece oír la voz de la yaya: «Era un día cálido. La cabra del abuelo Ignat acababa de parir, unos intrusos habían entrado en el jardín del viejo Iakimschuk. Y naciste tú...».

Siempre había aviones sobrevolando nuestra casa... Eran aviones de los nuestros. En segundo curso decidí firmemente que de mayor sería piloto.

La abuela fue a la comisaría militar. Le pidieron mis papeles; ella no tenía mis documentos, pero llevó el aviso de la muerte de mi padre. Al volver a casa dijo: «Después de recoger la cosecha de patatas, irás a Minsk, a la escuela militar».

Antes de mi partida, la abuela pidió prestada harina y horneó unas empanadas. El comisario militar me subió al coche y dijo: «Te honramos por tu padre».

Esa era la primera vez que yo iba en coche.

Unos meses después, la abuela vino de visita a verme y me trajo un regalo: una manzana. Me pidió: «Cómetela».

Pero yo no quería despedirme tan pronto de su regalo...

«LES ATRAÍA EL OLOR HUMANO...»
Nadia Savítskaia, doce años
Actualmente es operaria

Faltaba poco para que mi hermano volviera del servicio militar. Nos había escrito y había dicho que vendría en junio...

Pensaba: «Mi hermano vendrá y construiremos una casa para él». Mi padre, con el caballo, ya había ido trayendo troncos. Por la noche nos sentábamos en los troncos y recuerdo que mi madre le decía a mi padre que levantarían una casa bien grande. Que tendrían muchos nietos.

Estalló la guerra. Mi hermano, por supuesto, no vino a

casa. Éramos cinco chicas y un chico, él era el mayor. Mi madre estuvo llorando toda la guerra, y durante toda la guerra estuvimos esperando que volviera mi hermano. Recuerdo muy bien que le esperábamos todos los días.

Oíamos que en algún lugar cercano había prisioneros de guerra soviéticos e íbamos corriendo para allá. Mamá horneaba diez patatas, las envolvía y nos dirigíamos hacia allí. Recuerdo que una vez no teníamos nada que llevar, pero en el campo los cereales ya habían madurado. Recogimos unas cuantas espigas y sacamos los granos a mano. Nos topamos con los alemanes, con la patrulla que vigilaba los campos. Tiraron todos nuestros granos al suelo y nos ordenaron con gestos: «Poneos aquí, que vamos a fusilaros». Nosotras rompimos a llorar a moco tendido y mamá besaba sus botas. Ellos iban a caballo, estaban en alto, mi madre se abrazaba a sus pies, los besaba, les rogaba: «¡Señores! Tengan piedad... Señores, son mis hijas. ¿Lo ven? Son unas niñas». Cambiaron de idea, se pusieron en marcha y no nos dispararon.

Cuando se fueron, empecé a reír sin parar. Me reía y me reía, pasaron diez minutos y yo seguía riéndome. Veinte minutos... Me caía de risa. Mamá me reñía, no servía de nada; mamá me rogaba, tampoco funcionaba. Estuve riéndome todo el camino. Llegamos a casa y yo seguía. Metía la cabeza en la almohada y no podía calmarme. Me pasé el día entero riéndome. Todos pensaban que yo... ¿Me entiende?... Temían que... Temían que hubiera perdido la chaveta.

Es una manía que se me ha quedado hasta ahora: si me asusto mucho, me río a carcajadas. A pleno pulmón.

En 1944 liberaron nuestra tierra y solo entonces recibimos la carta con la noticia de que mi hermano había muerto. Mamá lloraba y lloraba, hasta que al final perdió la vista. Vivíamos en la afueras de la aldea, en las casernas que habían dejado los alemanes, porque nuestra aldea se había quemado, nuestra casa había ardido y también todos los troncos que teníamos preparados para la casa nueva. No teníamos nada. En el bosque encontramos unos cascos militares y cocinábamos en ellos. Los cascos alemanes eran grandes como pucheros. Nos alimentábamos de lo que había en el bosque. Pero nos daba miedo ir a buscar setas o frutas silvestres. Había muchos perros, eran pastores alemanes, atacaban a las personas, habían desgarrado a varios niños pequeños. Los alemanes los habían acostumbrado a la carne humana, a la sangre humana. A su olor fresco... Cuando íbamos al bosque, siempre lo hacíamos en grupos grandes. De unas veinte personas... Las mujeres nos explicaban que teníamos que gritar mientras andábamos, así los perros se asustaban. En lo que tardas en llenar un cesto gritas tanto que pierdes la voz. Te quedas ronco. La garganta se inflamaba. Esos perros eran grandes como lobos.

Les atraía el olor humano...

«¿POR QUÉ LE HAN DISPARADO A LA CARA? MAMÁ
ERA TAN GUAPA...»
Volodia Korshuk, siete años
Actualmente es catedrático, doctor en Historia

Vivíamos en Brest. En la frontera...

La noche anterior, habíamos ido al cine los tres: mi madre, mi padre y yo. Rara vez pasábamos tiempo juntos porque mi padre siempre estaba ocupado. Era director del Departamento Regional de Instrucción Pública; los viajes de trabajo eran constantes.

Pero la última tarde sin guerra... La última noche...

Cuando al día siguiente mamá me zarandeó, todo a mi alrededor tronaba, zumbaba, estallaba. Era muy temprano, recuerdo que fuera todavía estaba oscuro. Mis padres corrían de aquí para allá, hacían la maleta, por alguna razón no encontraban las cosas.

Teníamos una casa y un jardín grandes. Mi padre había salido. Mi madre y yo miramos por la ventana: en el jardín había unos militares, chapurreaban ruso, vestían uniforme soviético. Mi madre dijo que eran espías. A mí todo aquello no me cabía en la cabeza: en nuestro jardín, donde todavía estaba el samovar del día anterior en la mesa, de repente había espías. ¿Qué había pasado con nuestros guardias fronterizos?

Abandonamos la ciudad a pie. Ante mis ojos se derrumbó una casa de piedra, por la ventana salió volando un teléfono. En medio de la calle había una cama, encima yacía una niña muerta tapada con una manta. Todo parecía perfectamente intacto, como si hubiesen sacado esa cama de algún sitio y la hubiesen colocado allí, solo que la manta estaba un poco chamuscada. Había un campo de centeno justo donde acababa la ciudad, los aviones nos disparaban con ametralladoras y todos corríamos por ese campo en vez de ir por la carretera.

Nos adentramos en el bosque, el miedo se alejó un poco. Desde el bosque se veían unos vehículos grandes. Eran los alemanes, se reían muy alto. Hablaban en un idioma desconocido. Había muchas «rrr-rrr-rrr»...

Mis padres no paraban de preguntarse: «¿Dónde están los nuestros? ¿Dónde está nuestro ejército?». Yo me imaginaba que de un momento a otro aparecería Budionni subido a su caballo y que los alemanes, asustados, se darían a la fuga. Nada podía igualarse a nuestra caballería: mi padre me lo había dicho hacía poco.

Pasábamos mucho tiempo caminando. De noche entrábamos en los caseríos, nos ofrecían comida y techo. Mucha gente conocía a mi padre, y mi padre conocía a mucha gente. Hicimos parada en un caserío, todavía recuerdo el apellido del maestro de colegio que vivía allí: Pauk. Tenían dos casas, una nueva y una vieja al lado. Nos ofrecían quedarnos, nos dejaban una de las casas. Pero mi padre lo rechazó. El dueño nos acompañó hasta la carretera grande, mi madre trató de pagarle, pero él negó con la cabeza y dijo que era un momento difícil y que la amistad no se paga. Se me quedó grabado.

Así llegamos a Uzdi, la tierra natal de mi padre. Nos instalamos en casa de mi abuelo, en una aldea llamada Mrochki.

Era ya invierno cuando vi a los guerrilleros por primera vez en nuestra casa; desde entonces, en mi imaginación siempre fueron esos hombres que iban con capas de camuflaje blancas. Al poco tiempo, mi padre se fue con ellos al bosque, y mi madre y yo nos quedamos en casa de mi abuelo.

Mi madre estaba cosiendo algo... No... Estaba sentada a la mesa grande, con el bastidor en las manos, y bordaba; yo estaba en la parte de arriba de la estufa. Los alemanes irrumpieron en casa junto con el alcalde de la pedanía y él señaló a mi madre: «Es ella». Ordenaron a mi madre que recogiese sus cosas. Yo estaba muy asustado. La condujeron afuera; ella me llamaba para despedirse, pero yo estaba escondido debajo de una banqueta y los gritos de mi madre no lograron sacarme de allí.

Junto con mi madre, cogieron a otras dos mujeres; sus maridos también estaban en la guerrilla, y se las llevaron. Nadie sabía adónde. ¿En qué dirección? Al día siguiente las encontraron cerca de la aldea, estaban tumbadas en la nieve... Había nevado toda la noche... Lo que se me quedó grabado del momento en que trajeron a mi madre fue que le habían disparado en la cara, las balas le habían dejado unos agujeritos negros en la mejilla. Yo le preguntaba a mi abuelo: «¿Por qué le han disparado a la cara? Mamá era tan guapa...». Enterramos a mi madre... Detrás del ataúd solo íbamos mis abuelos y yo. La gente tenía miedo. Venían a darnos el pésame de noche... A lo largo de la noche nuestra puerta nunca se cerraba, pero de día estábamos solos. Yo no conseguía entender por qué habían matado a mi madre, ella no hacía nada malo. Solo bordaba...

Una noche vino mi padre y dijo que me llevaba con él. Me sentí feliz. Al principio, mi vida en la guerrilla se diferenciaba poco de la vida con los abuelos. Mi padre salía en misión y me dejaba en la aldea, en casa de alguien. Recuerdo que una vez me dejó en una casa y a la mujer de la casa le trajeron a su marido muerto; el hombre yacía encima del trineo. Ella se golpeaba la cabeza contra la mesa en la que pusieron el ataúd y repetía una única palabra: «Monstruos».

Mi padre se ausentó durante mucho, mucho tiempo.

Yo le esperaba y reflexionaba: «Ya no tengo a mamá, los abuelos están lejos, ¿qué haré yo, tan pequeño, si a papá lo traen muerto en un trineo?». Cuando mi padre regresó, tuve la sensación de que había transcurrido una eternidad. Mientras le esperaba me había jurado que a partir de entonces le hablaría de usted. Con eso quería subrayar lo mucho que lo quería, lo mucho que lo echaba de menos y que era lo único que tenía en la vida. Por lo visto, mi padre al principio no se dio cuenta, pero luego me preguntó: «¿Por qué me hablas de usted?». Le confesé que me había jurado hablarse así y le expliqué el motivo. Él me dijo: «Tú también eres lo único que tengo en la vida, por eso tenemos que hablarnos de tú. No tenemos a nadie que sea más cercano». También le pedí que no volviéramos a separarnos nunca. «Ya eres mayor, eres un hombrecito», trataba de convencerme él.

En mi memoria se quedó grabado el cariño de mi padre. Recuerdo estar con él bajo el fuego... Estábamos tumbados en el frío suelo de los primeros días de primavera, aún no había crecido la hierba... Mi padre encontró un hueco en la tierra y me dijo: «Ponte tú abajo, yo me colocaré encima, y si me matan, tú seguirás vivo». En la unidad todos sentían pena por nosotros. Recuerdo a un guerrillero ya bastante mayor; se acercó a mí, me quitó el gorro y me estuvo acariciando el pelo mucho rato; le comentaba a mi padre que por alguna parte corría su hijo; era igual que yo. Cuando atravesamos el pantano, sumergidos en el agua hasta la cintura, mi padre intentó llevarme a hombros, pero pronto se cansó. Entonces el resto de los guerrilleros me fueron llevando por turnos. Nunca lo olvidaré. Tampoco olvidaré el día que encontramos unas acelgas y me las dieron todas a mí. Ellos se fueron a dormir hambrientos.

En el orfanato de Gómel, adonde nos llevaron en avión a mí y a otros hijos pequeños de guerrilleros en cuanto liberaron la ciudad, alguien me dio dinero de parte de mi padre; era un papelito grande de color rojo. Fuimos al mercado y con todo ese dinero nos compramos caramelos. Compramos muchos. Hubo para todos. Después la cuidadora me preguntó: «¿Qué has hecho con el dinero que te dio tu padre?». Le confesé que había comprado caramelos. «¿Y ya está?», se asombró.

Liberaron Minsk… Vino a buscarme un hombre, dijo que me llevaría con mi padre. Coger el tren no fue fácil. Ese hombre logró subir y a mí me metieron dentro por una ventana.

Mi padre y yo volvimos a encontrarnos, y otra vez le pedí que nunca, nunca, volviéramos a separarnos, que era muy malo estar solo. Recuerdo que no vino a recibirme solo, sino con mi nueva madre. Ella estrechó mi cabeza contra su hombro. Yo había echado tanto de menos el cariño de una madre y sus caricias eran tan agradables que me dormí en el coche. Encima de su hombro.

A los diez años empecé el primer curso. Yo ya era mayor y sabía leer; medio año después me pasaron a segundo. Sabía leer, pero no sabía escribir. Me llamaron a la pizarra, tenía que escribir una palabra con la letra «u». Me quedé allí pensando, asustado, que no sabía cómo se escribía la letra «u». En cambio, sí sabía disparar. Tenía buena puntería.

Un día miré en el armario y no encontré la pistola de mi padre. Revolví el armario entero; la pistola no estaba.

—Pero no puede ser... ¿Qué harás ahora? —le pregunté a mi padre cuando volvió del trabajo.

—Daré clase a niños —contestó él.

Me quedé muy desconcertado... Yo creía que el único trabajo que existía era la guerra...

«ME PEDÍAS QUE TE REMATARA...»
Vasia Baikáchev, doce años
Actualmente es profesor de formación industrial

A menudo recuerdo aquellos días... Los últimos días de mi infancia...

Durante las vacaciones de invierno, nuestra escuela participó en un juego de guerra. Ya habíamos participado antes en entrenamientos de instrucción de orden cerrado, habíamos confeccionado fusiles de madera, capas de camuflaje, uniformes para los auxiliares médicos. Nuestros padrinos de la unidad militar vinieron a vernos, llegaron en un biplano. ¡Estábamos emocionados!

Pero en junio ya nos sobrevolaban los aviones alemanes y lanzaban a los espías en paracaídas. Eran hombres jóvenes que vestían americanas y viseras de cuadros. Ayudábamos a los adultos; juntos detuvimos a unos cuantos y los entregamos al sóviet rural. Nos sentíamos orgullosos de participar en una operación militar, nos recordaba a aquel juego de guerra. Pero pronto aparecieron otros alemanes... Esos ya no vestían americanas y viseras de cuadros sino un uniforme verde con camisas arremangadas, botas de caña ancha y tacones reforzados con hierro; llevaban a cuestas sus macutos de piel de ternero, con los largos cilindros de las máscaras antigás colgando de los costados y empuñaban fusiles de asalto. Eran corpulentos, estaban bien alimentados. Cantaban a grito pelado: *Zwei Monate, Moskau kaput*. Mi padre me explicó que *Zwei Monate* significaba «Dos meses». ¿Tan solo dos meses? ¿Y ya está? Esa guerra no se parecía en absoluto a aquella a la que habíamos jugado hacía tan poco y con la que tanto había disfrutado.

Los primeros días, los alemanes no se detenían en nuestra aldea, Malévichi, sino que pasaban de largo hacia la estación de tren de Zhlobin. Allí trabajaba mi padre. Pero él había dejado de ir a la estación; esperaba que de un momento a otro llegaran nuestros soldados, expulsaran a los alemanes y los hicieran retroceder. Nosotros confiábamos en nuestro padre y también esperábamos a los nuestros. Los esperábamos todos los días... Pero ellos... Nuestros soldados... Ellos yacían muertos en los alrededores: en las carreteras, en el bosque, en las cunetas, en los campos..., en los huertos..., en los turbales... Muertos. Yacían con sus fusiles. Con sus granadas de mano. Hacía calor y los cuerpos se hinchaban, parecía que cada día su número aumentaba. Un ejército entero. Nadie los enterraba...

Mi padre enganchó el caballo y nos fuimos al bosque. Empezamos a recoger a los muertos. Cavábamos hoyos... Poníamos los cadáveres en filas de diez o doce... Mi cartera se llenaba de documentos. Recuerdo que las direcciones eran de la ciudad de Uliánovsk, en la región de Kúibishev.

Unos días más tarde encontré en las afueras de la aldea los cuerpos sin vida de mi padre y de mi buen amigo Vasia Shevtsov, de catorce años. Llevé allí a mi abuelo... Nos empezaron a bombardear... Enterramos a Vasia, pero no nos dio tiempo de enterrar a mi padre. Después del bombardeo no quedó ni rastro de él. Pusimos una cruz en el cementerio y ya está. Solo una cruz. Bajo ella enterramos el traje de gala de mi padre...

Al cabo de una semana ya era imposible recoger los cadáveres de los soldados... No había manera de levantarlos... Bajo sus camisas militares todo estaba lleno de líquido... Recogíamos sus fusiles. Sus carnets de soldados.

En otro bombardeo murió mi abuelo...

¿Cómo íbamos a vivir? ¿Cómo viviríamos sin mi padre? ¿Sin el abuelo? Mi madre lloraba sin parar. ¿Qué íbamos a hacer con todas esas armas que habíamos ido acumulando y que teníamos enterradas en un lugar seguro? ¿A quién entregárselas? No había nadie a quien pedirle consejo. Mi madre lloraba.

En invierno conseguí contactar con los de la organización clandestina. Mi regalo les dio una alegría. Las armas fueron para los guerrilleros...

Transcurrió un tiempo, no sabría decir cuánto... A lo mejor unos cuatro meses. Recuerdo que aquel día había estado recogiendo patatas congeladas en el campo. Volví a casa hecho una sopa, hambriento, pero con un cubo lleno. En cuanto me quité los *lapti** mojados oí que golpeaban el postigo de la bodega donde vivíamos. Alguien preguntó: «¿Está aquí Baikáchev?». Me asomé por el orificio y me or-

---

* Los *lapti* son un calzado artesanal típico de las zonas rurales de Rusia. Se confeccionaban manualmente mediante el trenzado de tiras de corteza de tilo. *(N. de las T.)*

denaron salir inmediatamente. Con las prisas me equivoqué y me puse el gorro militar en vez de uno normal; enseguida me propinaron un latigazo.

En el patio había tres caballos, los montaban alemanes y policías lugareños, colaboracionistas. Uno de ellos se apeó, me echó el cinturón alrededor del cuello y lo ató a la silla de montar. Mamá les rogó: «Dejen que le dé algo de comer», y se metió en la bodega para sacar una tortita de patata congelada, pero ellos arrearon los caballos y se marcharon al trote. Me arrastraron a lo largo de unos cinco kilómetros, hasta el pueblo de Vesioloe.

En el primer interrogatorio el oficial nazi me preguntó cosas sencillas: mi apellido, mi nombre, el año en que nací... Quiénes eran mis padres. Había un policía joven haciendo de intérprete. Al acabar el interrogatorio me dijo: «Ahora irás a poner un poco de orden en el cuarto de las torturas. Fíjate bien en el banco». Me dieron un cubo, una escoba, unos trapos... y me llevaron...

Lo que vi allí era espantoso: en medio de la habitación había un banco con unas correas clavadas a la madera. Tres cinturones: uno a la altura del cuello, otro a la de la cintura y otro a la de los pies. En un rincón había unos palos gruesos de abedul y un cubo con agua; el agua estaba roja. En el suelo se veían charcos de sangre..., de orina..., de excrementos...

Tuve que llevar más agua, más agua. El trapo con el que fregaba el suelo se teñía de sangre.

A la mañana siguiente me llamó el oficial.

—¿Dónde están las armas? ¿Quién es tu contacto en la organización clandestina? ¿Qué misiones te han encomendado? —Las preguntas caían una tras otra.

Yo le decía que no sabía nada, que era pequeño y que en el campo no recogía armas, sino patatas congeladas.

—Al sótano —ordenó el oficial al soldado.

Me bajaron a un pequeño sótano lleno de agua helada casi hasta arriba. Antes me enseñaron al guerrillero que acababan de sacar de allí. No había aguantado la tortura y... se había ahogado... Lo lanzaron afuera, a la calle...

El agua me llegaba hasta el cuello... Sentía cómo me latía el corazón y la sangre me corría por las arterias, cómo mi sangre calentaba el agua a mi alrededor. Tenía miedo: ojalá no perdiese el conocimiento. Ojalá no empezase a tragar agua.

El siguiente interrogatorio: un cañón de pistola apuntándome al oído, y un disparo. Oigo el chasquido de la madera seca... ¡Han disparado al suelo! Un golpe de palo en una vértebra cervical, me desplomo... Encima de mí, de pie, tengo a alguien robusto y pesado, huele a carne y a aguardiente. Siento ganas de vomitar, pero mi estómago está completamente vacío. Oigo: «Ahora lamerás con la lengua lo que ha quedado de ti en el suelo... Con la lengua, ¿entendido? ¡¿Lo has entendido, bastardo rojo?!».

En la celda no dormía, perdía el conocimiento por el dolor. A veces me parecía que estaba en la escuela, haciendo fila con los demás, y la maestra Liubov Ivánovna Lashkévich nos decía: «En otoño empezaréis el quinto curso. Hasta entonces, adiós, chicos. En verano creceréis. Ahora Vasia Baikáchev es el más pequeño, pero pronto será el más alto de todos». Liubov Ivánovna me sonreía...

A veces me veía caminando junto a mi padre por un campo, buscando soldados muertos. Mi padre se adelantaba, yo encontraba a un hombre debajo de un pino... No era un hombre, era lo que quedaba de un hombre. No tenía brazos ni piernas... Aún estaba vivo, me pedía: «Remátame, por favor...».

El anciano con quien compartía celda me despertaba.

—No grites, hijo.

—¿Estaba gritando?

—Me pedías que te rematara...

Han pasado décadas, pero aún no he dejado de sorprenderme: ¡¿sigo vivo?!

«YO NO TENÍA NI UN PAÑUELO...»
Nadia Gorbachiova, siete años
Actualmente trabaja en televisión

De la guerra me interesa lo inexplicable... Hoy en día sigo pensando mucho en ella...

No recuerdo nada especial de cuando mi padre se marchó al frente...

No nos lo dijeron. Nos querían proteger. Solo recuerdo que por la mañana nos acompañó a mi hermana y a mí a la guardería. Un día como cualquier otro. Por la tarde le preguntamos a mi madre por qué papá no estaba, pero ella nos tranquilizó: «Pronto volverá. Dentro de unos días».

Recuerdo la carretera... Los vehículos avanzaban, en las cajas de los camiones mugían las vacas, chillaban los cerdos; en una camioneta había un niño de pie con un cactus en las manos, las sacudidas le hacían ir corriendo de un extremo al otro... A mí y a mi hermana nos divertía verlo.

Éramos unas niñas... Veíamos los campos, veíamos las mariposas. Nos gustaba estar de viaje. Mamá nos cuidaba, nos escondíamos bajo sus alas. En algún rincón de nuestra mente latía la idea de que había ocurrido una desgracia, pero mamá estaba con nosotras y allí adonde íbamos todo iría bien. Ella nos protegió de las bombas, de las conversaciones aterradas de los mayores, de todo lo malo. Si hubiésemos podido leer la cara de mamá, en ella lo habríamos leído todo. Pero no recuerdo su cara, recuerdo una libélula enorme que se posó en el hombro de mi hermanita, y yo grité: «¡Un avión!», y los adultos, no entendí por qué, saltaron de los carros con la vista clavada en el cielo.

Llegamos a casa de nuestro abuelo, en la aldea de Gorodets, distrito de Sennenski. Tenía una familia muy numerosa; a nosotras nos instalaron en la cocina de verano. Nos pusieron el apodo de las veraneantes, un apodo que se nos quedó hasta acabar la guerra. No recuerdo si jugábamos; en cualquier caso, el primer año de guerra seguro que no hubo juegos de verano. Nuestro hermanito pequeño crecía día a día; él era nuestra responsabilidad mientras mamá cavaba, plantaba, cosía. Nos dejaba solos: teníamos que lavar cucharas y platos, fregar el suelo, vigilar la estufa, recoger ramas para calentar la estufa el día siguiente, aprovisionarnos de agua... No éramos capaces de levantar un cubo lleno; llenábamos el cubo hasta la mitad y lo llevábamos a casa. Todas las noches mi madre nos repartía las tareas para el día siguiente: tú te encargas de la cocina, tú te encargas de tu hermano. Cada una se ocupaba de lo que le tocaba.

Había muy poca comida, pero aun así adoptamos una gata y después un perro. Eran dos miembros más de la familia, lo compartíamos todo con ellos. A veces la comida no llegaba para alimentar a la gata o al perro, entonces nosotras procurábamos guardarnos un trocito para ellos. Cuando un trozo de metralla mató a la gata, la pérdida fue tan grande que parecía que no la soportaríamos. Nos pasamos dos días llorando. La enterramos con toda la pompa, llorando sobre su tumba. Pusimos una cruz, plantamos flores, las cuidamos.

Todavía hoy no soy capaz de adoptar una gata: me acuerdo de nuestras lágrimas. Cuando era pequeña, mi hija me pedía que le comprase un perrito; no pude.

Y luego ocurrió algo. De repente dejamos de tenerle miedo a la muerte.

Vinieron unos enormes vehículos alemanes, nos hicieron salir a todos de casa. Nos ordenaron formar una fila y empezaron a contar: *Ein, zwei, drei...* Mamá era la novena, al décimo le pegaron un tiro. Era nuestro vecino... Mamá tenía en brazos a nuestro hermanito, se le cayó al suelo.

Los olores se me quedaron grabados en la memoria... Incluso ahora, siempre que veo a los nazis en las películas noto el olor a soldados. El olor a piel, a franela de buena calidad, a sudor...

Aquel día mi hermana estaba cuidando de nuestro hermano, yo escardaba el huerto. Me acuclillaba entre las hojas de patata y quedaba oculta, desaparecía entre ellas. Cuando eres niño todo te parece muy grande, muy alto, ¿verdad? Cuando me fijé en el avión, ya lo tenía volando en círculos justo por encima de mí, podía ver con claridad al piloto. Se le veía muy joven. Una ráfaga corta: «¡Pam, pam,

pam!».Y el avión viraba de nuevo... No pretendía matarme, tan solo se divertía. Ya entonces mi mente de niña lo comprendía. Yo no tenía ni un pañuelo, nada con lo que cubrirme...

¿Qué...? ¿Cómo explicarlo? ¿Sigue vivo ese piloto? ¿Cómo deben de ser sus recuerdos?

Atrás quedaba el momento en que el destino se decidía: morirás de una bala o morirás de miedo. Entonces empezaba un tiempo neutro. Una desgracia acababa de pasar por delante sin hacerte daño y la gente todavía no tenía en mente la próxima desgracia; entonces había muchas risas. Todos empezaban a hacer bromas, se burlaban unos de otros: quién se había escondido en tal sitio, cómo habían escapado, la bala que había volado pero no había dado en el blanco... Lo recuerdo muy bien. Hasta nosotros, los niños, nos juntábamos y nos reíamos: quién se había asustado y quién no... Nos reíamos y llorábamos a la vez.

Repaso los recuerdos de la guerra para comprender... Si no, ¿para qué sirven los recuerdos?

En casa teníamos dos gallinas. Cuando les decíamos: «¡A callar, que vienen los alemanes!», se callaban. Se escondían con nosotros debajo de la cama, sin hacer el menor ruido. Tiempo después vi un montón de veces gallinas adiestradas en el circo y nunca me sorprendía. Y además las nuestras, incluso debajo de la cama, ponían puntualmente los huevos en una caja, dos huevos al día. ¡Nos sentíamos tan ricas!

A pesar de todo, para la fiesta de Año Nuevo adornábamos el árbol. Era mi madre, siempre mi madre... Ella nunca olvidaba que aquello era nuestra infancia. Recortábamos los dibujos a color de los libros, hacíamos bolitas de papel (eran negras por un lado y blancas por el otro) y también hacíamos guirnaldas trenzadas con hilos viejos. Ese día todo eran sonrisas. En vez de regalos, que no había, nos dejábamos notitas escritas debajo del árbol.

En mis notas yo escribía: «Mamaíta, te quiero mucho. ¡Mucho! ¡Mucho!». Nos regalábamos palabras.

Han pasado muchos años... ¡He leído tantos libros! Pero de la guerra no sé más de lo que sabía cuando era niña.

«NO TENGO CON QUIEN JUGAR EN LA CALLE...»
Valia Nikitenko, cuatro años
Actualmente es ingeniera

En mi memoria de niña, como en un álbum, lo tengo todo estampado. Son como instantáneas...

Mi madre me pide:

—¡Corre, corre! ¡Vamos, corre!

Ella lleva muchas cosas en las manos. Y yo estoy hecha una caprichosa:

—Me duelen las piernas...

Mi hermanito de tres años me empuja:

—¡A *colel*! —No sabe pronunciar la «r»—. Si no, los alemanes nos pillan.

«Colemos» los dos en silencio.

Cuando caen bombas, escondo la cabeza y mi muñeca; la muñeca ya no tiene ni manos ni piernas. Le pido llorando a mi madre que le vende las heridas...

Alguien le ha traído a mamá una octavilla. Yo sé lo que es... Es una carta que llega desde Moscú, una carta con buenas noticias. Mamá y la abuela hablan entre ellas, y comprendo que nuestro tío está con los partisanos. Entre nuestros vecinos estaba la familia de un policía colaboracionista. Ya sabe cómo son los niños: salen a jugar y todos alardean de sus padres. El niño dice:

—Mi padre tiene un fusil...

Yo también me muero por decir algo:

—Pues a nosotros mi tío nos trajo una octavilla.

La anciana madre del policía lo oyó y fue corriendo a avisar a mi madre: como su hijo se enterara, si alguno de los niños se lo decía, caería sobre nuestra familia una desgracia mortal.

Mamá me llamó a casa y me suplicó:

—Hijita, de verdad, dime que no se lo volverás a contar a nadie.

—¡Sí que lo contaré!

—No, no debes decirlo nunca.

—Ah, ¿no? ¿Y por qué él puede y yo no?

Entonces extrajo una de las ramitas de la escoba, pero sintió lástima por mí, no quería pegarme. Me puso de cara a la pared.

—¿A que no volverás a hacerlo? Si no, a mamá la matarán.

—Nuestro tío vendrá del bosque en un avión y te salvará.

Me quedé dormida allí mismo...

Nuestra casa arde; a mí me sacan afuera en brazos, dormida. Se han quemado los abrigos y los zapatos. Yo salgo a la calle con la chaqueta de mamá, me llega hasta el suelo.

Vivimos en una covacha. Me asomo afuera y noto el olor a mijo cocido con tocino. Hoy, para mí, sigue sin haber una comida más rica que el mijo con tocino. Alguien grita: «¡Han llegado los nuestros!». En el huerto de la tía Vasilisa (así es como la llama mamá, los niños la llaman «yaya Vasia») está instalada la cocina de campaña. Nos sirven el mijo en unas marmitas; recuerdo esas marmitas con todo detalle. No sé cómo nos lo comíamos: no teníamos cucharas...

Me pasan una jarra con leche; mientras duró la guerra me había olvidado de que existía la leche... La jarra completamente llena se me desliza de las manos, se cae y se rompe. Estoy llorando. Todos creen que lloro porque se me ha roto la jarra, pero lloro por la leche. Era tan sabrosa..., tenía miedo de que no me dicran más.

Después de la guerra llegaron las enfermedades. Todos, todos los niños se ponían enfermos. Enfermaban más que durante la guerra. ¿Verdad que no tiene ningún sentido?

Una epidemia de difteria... Los niños mueren. Me he escapado al entierro de los hijos gemelos de los vecinos, éramos amigos. Estoy delante de los pequeños ataúdes, envuelta en la chaqueta de mi madre y descalza. Mamá me tira de la mano y me saca de allí. Ella y la abuela tienen miedo de que me haya contagiado de difteria. Pero no, es una simple tos.

En la aldea ya no quedan niños. No tengo con quien jugar en la calle...

«Por la noche abriré la ventana...Y el viento se llevará las hojas...»
Zoia Mazhárova, doce años
Actualmente es empleada de Correos

Vi un ángel...

Se me apareció... Me visitó cuando estaba durmiendo, mientras nos llevaban a Alemania. En el vagón. Allí no se veía nada, ni un pedacito de cielo. Pero él vino...

¿De verdad no le doy miedo? ¿No le dan miedo mis palabras? Oigo voces, he visto un ángel... Cuando empiezo a contar mi historia, no todo el mundo está dispuesto a escuchar. La gente rara vez me invita a su casa. A compartir una mesa de fiesta. Ni siquiera los vecinos. Hablo y hablo... ¿Me habré hecho vieja? No logro parar...

Empezaré por el principio... El primer año de guerra lo viví con mamá y papá. Araba la tierra y cosechaba. Segaba y majaba el trigo. Todo se lo entregábamos a los alemanes: cereales, patatas, guisantes. En otoño venían montando sus caballos. Recorrían las casas y recaudaban..., ¿cómo era?..., se me ha olvidado la palabra..., ¡el canon! Nuestros policías iban con ellos, los conocíamos a todos. Eran de la aldea vecina. Así vivíamos. Se puede decir que nos acostumbramos. Hitler, nos decían, estaba a las afueras de Moscú. También estaba muy cerca de Stalingrado.

Por las noches venían los guerrilleros... y ellos lo relataban de otra manera: por nada del mundo Stalin entregaría Moscú. Tampoco entregaría Stalingrado.

Nosotros arábamos y cosechábamos. Los días festivos,

por la tarde, se organizaban bailes. Bailábamos en la calle. Tocaban el acordeón.

Recuerdo que ocurrió un Domingo de Ramos... Cogimos unas ramas de sauce y fuimos a la iglesia. Después los jóvenes nos juntamos en la calle. Estábamos esperando al acordeonista. De repente vinieron los alemanes. En unas camionetas, con perros. Nos rodearon y nos ordenaron: «A las camionetas». Nos daban empujones con las culatas de los fusiles. Algunos lloraban, otros gritaban... Para cuando llegaron corriendo nuestros padres ya estábamos metidos en los camiones. Debajo de la lona. Estábamos cerca de la estación de tren, nos llevaron allí. Ya tenían preparados los vagones vacíos. Un policía me arrastraba hacia el vagón, yo me resistía. Se enrolló mi trenza en la mano.

—No grites, boba. El *Führer* os está liberando de Stalin.

—¿Y qué haremos en esa tierra extraña?

Antes ya nos habían intentado convencer de que fuéramos a Alemania. Nos prometían el oro y el moro.

—Ayudaréis al pueblo alemán a vencer el bolchevismo.

—Quiero ir con mamá...

—Vivirás en una casa con techo de tejas y comerás bombones de chocolate.

—Quiero ir con mamá...

¡Ay! Si el ser humano supiese de antemano lo que el destino le tiene preparado, no viviría para ver salir el sol otra vez.

Llenaron el tren y nos pusimos en marcha. Viajamos mucho tiempo, pero no sabría decir cuánto. En mi vagón todos eran de mi región, de Vítebsk, aunque de aldeas diferentes. Todos eran jóvenes, o casi niños, como yo. Me preguntaban:

—¿A ti cómo te pillaron?

—En el baile.

Me desmayaba de miedo y de hambre. Estaba tumbada. Cerré los ojos. Y en ese momento, por primera vez... allí... Vi el ángel... Era un ángel pequeño, con unas alitas pequeñas. Como de pájaro. Vi que quería salvarme. «Pero ¿cómo va a salvarme si es tan pequeño?», pensé. Esa fue la primera vez que lo vi...

La sed... Nos moríamos de sed, la sed era constante. Dentro del cuerpo todo estaba reseco, hasta tal punto que la lengua se me salía y yo no lograba volver a meterla en su sitio. De día viajábamos con la lengua fuera. Con la boca abierta. De noche la cosa se aliviaba un poco.

Lo recordaré siempre... En mi vida lo olvidaré...

En un rincón había unos cubos; durante el trayecto orinábamos en ellos. Una niña... Se arrastró hasta esos cubos, rodeó uno con los brazos, se aferró a él y empezó a beber. Bebía a grandes tragos... Después vomitó... Acababa de vomitar y otra vez se arrastraba hacia el cubo... Y otra vez vomitaba...

¡Ay, ay, ay! Si el ser humano conociese su destino de antemano...

En la memoria se me quedó el nombre de una ciudad: Magdeburgo... Allí nos raparon la cabeza y nos rociaron el cuerpo con un líquido blanco. Con fines profilácticos. Con aquella disolución, aquel líquido, el cuerpo te ardía. Se me caía la piel a tiras. ¡Dios nos proteja! Sentía ganas de morir... Ya nadie me daba pena: ni yo misma, ni mi madre, ni mi padre. Levantaba la mirada y alrededor estaban ellos. Con sus perros pastores. Los ojos de los pastores alemanes son horribles. Un perro nunca mira directamente a los ojos, desvía la mirada, pero esos sí te miraban. Nos miraban a los ojos. Yo no quería vivir... Conmigo viajaba una niña que conocía, no sé cómo pero la habían hecho prisionera junto con su madre. A lo mejor la madre había saltado al camión tras ella... No lo sé...

Lo recordaré siempre... En mi vida lo olvidaré...

Aquella niña estaba allí, de pie, llorando, porque cuando nos llevaban a desinfectar había perdido a su madre. Su madre era joven... Era una mujer muy guapa... Durante todo el viaje habíamos estado a oscuras: nadie nos abría las puertas; los vagones eran de mercancías, sin ventanas. La niña había pasado todo el viaje sin ver a su madre. Un mes entero. Y allí estaba, llorando mientras una mujer vieja, también rapada, estiraba las manos hacia ella; quería acariciarla. Ella se escapaba de esa mujer una y otra vez, hasta que la mujer la llamó: «Hijita...». Solo por la voz pudo adivinar que era su madre.

¡Ay, ay, ay! Ojalá... Ojalá supiera...

Siempre estábamos hambrientos. No recordaba dónde habíamos estado, hacia dónde nos llevaban. Topónimos, nombres... Hambrientos, vivíamos como en un sueño...

Recuerdo que me tocaba levantar unos cajones en la fábrica de municiones. Allí todo olía a cerillas... No había humo, pero olía a humo...

Recuerdo que ordeñaba la vaca de un *Bauer*, un granjero. Le partía la leña... Doce horas diarias...

De comer nos daba peladuras de patata, nabo y té con sacarina. El té me lo quitaba mi compañera de trabajo. Una muchacha ucraniana. Era mayor que yo, fuerte... Decía: «Tengo que sobrevivir. Mi madre se ha quedado sola».

En el campo ella cantaba canciones ucranianas. Bonitas. Muy hermosas.

Yo... Yo una vez... No podré contárselo todo en una tarde. No lo lograré. Me estallará el corazón.

¿Dónde era? No me acuerdo... Pero seguro que era ya en el campo de concentración... Debía de ser cuando estaba en Auschwitz...

Allí descargábamos los camiones con los muertos y los apilábamos, los poníamos en capas: una capa de cadáveres, una capa de travesaños impregnadas de alquitrán. Una capa, otra capa... Así preparábamos las hogueras, durante días enteros. Las hogueras de... Bueno, claro está, de cadáveres... Entre los muertos todavía había algunos con vida, intentaban decirnos algo. Unas palabras. Pero a nosotros no se nos permitía detenernos a su lado...

¡Ay, ay, ay! La vida humana... No sé si la vida de un árbol o de un ser domesticado por el hombre es fácil. La vida de los animales, de las aves... Pero lo sé todo del ser humano...

Yo quería morirme, ya no sentía pena por nadie... Me preparaba; de hecho estuve a punto, buscaba un cuchillo. Pero entonces venía a verme mi ángel... Ocurrió varias veces... No recuerdo las palabras exactas con las que me consolaba, pero eran palabras cariñosas. Se pasaba mucho rato intentando convencerme... Cuando les explicaba a los demás lo de mi ángel, creían que me había vuelto loca. Hacía mucho tiempo que vivía entre extraños. A mi alrededor no había ni una sola cara familiar, solo desconocidos. Y nadie quería acortar distancias porque al día siguiente moriría ese, o aquel. ¿Para qué conocerse? Sin embargo, una vez le cogí cariño a una niña pequeña... Máshenka... Era rubia y dócil. Fuimos amigas durante un mes. Un mes en el campo de concentración era toda una eternidad. Fue ella quien se me acercó.

—¿No tendrás un lápiz?

—No.

—¿Y una hoja de papel?

—Tampoco. ¿Para qué los quieres?

—Sé que me moriré pronto y quiero escribirle una carta a mi madre.

En el campo no nos estaba permitido tener lápices ni papel. Pero se lo conseguimos. Nos caía bien a todos: tan rubita y tan dócil. Y hablaba en voz muy baja.

—¿Cómo vas a enviarle la carta? —le pregunté.

—Por la noche abriré la ventana... Y el viento se llevará las hojas...

Tal vez tenía ocho años, o tal vez diez. ¿Acaso se puede adivinar la edad en los huesos? Los que andaban por allí no eran personas, sino esqueletos... Al poco tiempo enfermó, no era capaz de levantarse y de ir a trabajar. Yo se lo pedía... El primer día incluso la arrastré hasta la puerta; consiguió quedarse apoyada, pero no podía caminar. Pasó dos días tumbada en la cama, al tercer día vinieron a por ella y se la llevaron en una camilla. La única salida de aquel campo era la chimenea... De allí al cielo...

Lo recordaré siempre... En mi vida lo olvidaré...

Por las noches ella y yo hablábamos.

—¿A ti te viene a ver algún ángel? —Quería hablarle del mío.

—No. A mí me visita mi mamá. Siempre lleva una blusa blanca. Recuerdo esa blusa suya, con flores azules bordadas.

En otoño... Sobreviví hasta el otoño. ¿Por qué milagro? No lo sé... Aquella mañana me tocó trabajar la tierra. Recogíamos zanahorias, cortábamos coles... Me gustaba ese trabajo. Llevaba tiempo sin salir a trabajar la tierra, sin ver nada de color verde. En el campo de concentración todo estaba cubierto de humo, no se veía ni el cielo, ni la tierra. La chimenea era alta, negra. Echaba humo de día y de noche... En el sembrado vi una flor amarilla; se me había olvidado que las flores crecían. Acaricié la flor... Otras mujeres también la acariciaron. Sabíamos que a ese lugar llevaban las cenizas de nuestro crematorio, todos habíamos perdido a alguien. A una hermana, a una madre... Yo había perdido a Máshenka...

De haber sabido que sobreviviría, le habría preguntado la dirección de su madre. Pero no pensé que...

¿Cómo sobreviví si ya había muerto cientos de veces? No lo sé... Me salvó mi ángel. Me convenció. Todavía me sigue visitando, le gustan las noches en que la luz de la luna entra a raudales por la ventana. La luz blanca...

¿No le da miedo estar conmigo? Escucharme...

Ay, ay, ay...

«Cavad aquí...»
Volodia Barsuk, doce años
Actualmente es presidente del comité republicano de la sociedad
deportiva Spartak de Bielorrusia

Enseguida nos unimos a la guerrilla...

Toda la familia: papá, mamá, mi hermano y yo. Mi hermano era mayor que yo. Le dieron un fusil. Yo le tenía mucha envidia, él me enseñaba a disparar.

Un día, mi hermano no regresó de la misión... Pasó mucho tiempo sin que mi madre quisiera aceptar que había muerto. La unidad recibió la información de que un grupo de guerrilleros habían sido cercados por los alemanes y, antes de ser capturados vivos, hicieron explotar una mina antitanque. Mi madre sospechaba que nuestro Aleksandr podía formar parte de aquel grupo. No era ese el grupo con el que lo habían enviado en un primer momento, pero cabía la posibilidad que hubiera acabado con ellos. Mi madre fue a ver al comandante de la unidad y le dijo:

—Tengo la intuición de que mi hijo también yace allí. Solicito su permiso para visitar el lugar.

Pusieron a una pequeña partida de partisanos a su disposición y nos dirigimos hacia allí. ¡Cómo es el corazón de una madre! Los hombres empezaron a cavar, pero mi madre les indicó: «Allí no, cavad aquí...». Cavaron y dieron con mi hermano, estaba irreconocible, se había vuelto todo negro. Mi madre lo identificó por la cicatriz de apendicitis y por el peine en el bolsillo.

Recuerdo tan a menudo a mi madre...

Recuerdo mi primer pitillo. Ella me vio y llamó a mi padre.

—¿Has visto lo que está haciendo nuestro hijo?

—¿Qué está haciendo?

—Está fumando.

Mi padre se acercó a mí, me observó.

—Déjalo. Ya hablaremos de esto cuando acabe la guerra.

A lo largo de la guerra constantemente me venía a la memoria nuestra vida de antes de la guerra. Vivíamos juntos, varias familias de parientes en una misma casa enorme. Estábamos unidos y éramos felices. Los días de paga, la tía Lena compraba un montón de quesos y pastelitos e invitaba a todos los niños al festín. Ella, su marido y su hijo perdieron la vida. Todos mis tíos murieron en la guerra...

Acabó la guerra... Recuerdo que mi madre y yo íbamos andando por la calle; ella llevaba patatas, en la fábrica donde trabajaba le habían suministrado unas cuantas. Un alemán salió de entre las ruinas y se nos acercó; era un prisionero de guerra:

—*Mutter, bitte, Kartoffeln...*

Mamá le dijo:

—No pienso darte nada de nada. ¡A lo mejor fuiste tú quien mató a mi hijo!

El alemán se quedó helado. Mamá se alejó... Al cabo de poco dio la vuelta, sacó unas patatas y se las dio.

—Ten, come...

Me quedé boquiabierto... ¿Por qué? En invierno a veces usábamos los cadáveres congelados de los alemanes que llevaban mucho tiempo tirados en las afueras de la ciudad. Los usábamos como trineos... Era fácil dar un empujón a un cadáver. Entonces saltábamos encima de ellos. Seguíamos odiándolos.

Mi madre me estaba enseñando... Esa fue mi primera lección de amor de la posguerra...

«ENTERRAMOS AL ABUELO DEBAJO DE NUESTRA VENTANA...»
Varia Virkó, seis años
Actualmente es tejedora

En mis recuerdos quedó el invierno, el frío invierno. En invierno mataron a nuestro abuelo.

Lo mataron en el patio de casa. Junto a la puerta.

Enterramos al abuelo bajo nuestra ventana...

No nos permitieron darle sepultura en el cementerio porque una vez había pegado a un alemán. Teníamos a policías vigilando el portón del jardín y no dejaban que entrara nadie. Ni los parientes ni los vecinos. Con unos antiguos cajones de madera, mi madre y la yaya construyeron como pudieron un ataúd. Ellas mismas lavaron el cadáver, a pesar de que la tradición dice que los familiares no deben hacerlo. Lo tiene que hacer gente ajena a la familia. Así lo mandan nuestras costumbres. Recuerdo que en casa se hablaba de ello... Levantaban el ataúd. Se acercaban al portón... Los policías gritaban: «¡Dad la vuelta! ¡Si no, abriremos fuego! Enterradlo como a un perro, en vuestro huerto».

Así durante tres días... Ellas se acercaban al portón y los alemanes les impedían salir. Las obligaban a dar media vuelta...

Al tercer día mi abuela se puso a picar la tierra para hacer un hoyo debajo de la ventana... Estábamos a cuarenta bajo cero, la abuela siempre recordaba que estábamos a cuarenta bajo cero. Cuando hace tanto frío, es muy difícil cavar una tumba. Yo tenía siete..., no, ocho años. La estuve ayudando. Mamá me sacó del hoyo llorando.

Justo allí..., en el lugar donde descansa mi abuelo, creció un manzano. Ahí está, en vez de una cruz. Es un árbol frondoso...

«INCLUSO DIERON UNOS GOLPECITOS CON LA PALA
PARA QUE QUEDARA BIEN IGUALADA...»
Leonid Shakinko, doce años
Actualmente es pintor

Los fusilamientos...

Nos dieron la orden de presentarnos delante de la casa del capataz... A toda la aldea... El día era caluroso, la hierba estaba caliente. Algunos se quedaron de pie, otros se sentaron. Las mujeres iban con las cabezas cubiertas con pañuelos blancos; los niños, descalzos. Era justo el lugar donde solíamos reunirnos los días de fiesta. Allí cantábamos. En las fiestas del principio y el fin de la cosecha. En esas ocasiones también había gente que se quedaba de pie y otros que se sentaban en el suelo. Era el mismo lugar donde se celebraban los mítines.

Aquel día... Nadie lloraba... No hablábamos... Ya entonces eso me resultó muy extraño. Había leído en alguna parte que, cuando la gente presiente la llegada de la muerte, normalmente llora, grita. Sin embargo, no recuerdo ni una sola lágrima... Ni una sola... Ahora, cuando me pongo a recordar, reflexiono: ¿puede ser que en ese momento me quedara sordo y no oyera nada? ¿Por qué no hubo lágrimas?

Nosotros, los niños, nos apiñamos en un grupo aparte,

aunque nadie nos había separado de los mayores. Por alguna razón, nuestras madres no nos retuvieron a su lado. ¿Por qué? Sigo sin saberlo. Por lo general, nosotros, los chavales, no éramos muy amigos de las niñas; lo habitual era que, cuando veías a una niña, o le dabas un empujón o le tirabas de las trenzas. Pero aquel día nos apretujamos los unos contra los otros. Para que vea: ni los perros ladraban.

A unos pasos de nosotros instalaron dos ametralladoras, junto a ellas se sentaron dos soldados de las SS; hablaban entre ellos tranquilamente, bromeaban y hasta se reían.

Todos estos detalles se me quedaron grabados...

Vino un oficial joven. Su intérprete nos iba traduciendo:

—El señor oficial ordena que comuniquéis los nombres de aquellos que mantienen contacto con los guerrilleros. Si permanecéis en silencio, os fusilaremos a todos.

La gente, como si nada: continuaron sentados o de pie.

—Tres minutos y os fusilarán —dijo el intérprete extendiendo tres dedos de una mano.

Yo me quedé mirando todo el rato esa mano.

—Dos minutos y os fusilarán...

Nosotros nos apretamos todavía más. La gente se decía cosas, pero sin palabras, con un gesto de la mano, con una mirada. Yo, por ejemplo, me imaginaba que nos fusilarían y que dejaríamos de existir.

—El último minuto y estáis acabados...

Vi como el soldado quitó el seguro, preparó la cinta y se puso la ametralladora en ristre. Algunos estaban a dos metros de la ametralladora; otros, a diez...

De los que estaban en primera fila, escogieron a catorce personas. Les dieron unas palas y les ordenaron que cavaran. A los demás nos obligaron a acercarnos para ver cómo cavaban... Cavaban con rapidez. Se levantó mucho polvo. Recuerdo que el hoyo era grande, profundo; dentro cabía un hombre de pie. Era un hoyo igual al que se cava para construir una casa, para los cimientos.

Iban fusilando de tres en tres. Ponían a la gente en el borde del hoyo y los disparaban a quemarropa. Los demás mirábamos... No recuerdo ver a los padres despedirse de los hijos, ni a los hijos despedirse de los padres. Una mujer se levantó el bajo del vestido y le tapó los ojos a su hija con él. Pero ni siquiera los niños pequeños lloraban...

Mataron a catorce personas y después empezaron a cegar el hoyo. Y nosotros seguíamos allí, mirando como iban echando la tierra, como la pisoteaban. Incluso dieron unos golpecitos con la pala para que quedara bien igualada. Para que quedara bonito. Para que vea, hasta repasaron las esquinas, hicieron un buen trabajo. Un alemán de mediana edad se secaba el sudor de la frente con un pañuelo, como si estuviera labrando el campo. Se le acercó un perrito... Nadie entendía de dónde había salido. ¿De quién era aquel perro? El alemán lo acarició...

Veinte días después dieron permiso para desenterrar. Para sacar los cuerpos y darles la sepultura. Fue entonces cuando las mujeres estallaron en llanto, cuando la aldea entera gritó. Lloró.

Varias veces he tenido el lienzo preparado delante de mí. Quería pintarlo... Pero me salía otra cosa: árboles, hierba...

«ME COMPRARÉ MUCHOS VESTIDOS...»
Polia Pashkévich, cuatro años
Actualmente es modista

Tenía cuatro años... Nunca había pensado en la guerra...

Pero me imaginaba la guerra como un bosque grande y oscuro, y dentro, la guerra. Algo terrible. ¿Por qué en el bosque? Porque en los cuentos lo más horrible siempre ocurría en un bosque.

Las tropas rusas cruzaban nuestro pueblo, Belínichi, yo no sabía que era la retirada. Que nos abandonaban. Recuerdo que en casa había muchos militares, me cogían en brazos. Se compadecían de mí. Les habría gustado regalarme algo, darme una golosina, pero no tenían nada. A la mañana siguiente se iban de casa dejando por todos los rincones montones de cartuchos. Y galones rojos arrancados. Insignias. Yo jugaba con todo eso... No comprendía qué tipo de juguetes eran...

Esto ya me lo contó mi tía... Cuando los alemanes entraron en nuestro pueblo, tenían una lista con todos los nombres de los comunistas. Los primeros de esa lista eran mi padre y el maestro de la escuela. Vivía enfrente y tenía un hijo. El hijo era amigo mío, lo llamaba Igrushka. Ahora pienso que a lo mejor su nombre era Ígor. Pero en mi memoria se ha quedado Igrushka; a saber si era su nombre o su mote. Los detuvieron a la vez, a mi padre y al suyo...

Delante de mí... En medio de la calle... Le pegaron un tiro a mi madre. Cuando cayó al suelo, el abrigo se le abrió, se tiñó de rojo, toda la nieve alrededor de mi madre se volvió roja...

Después de aquello, pasamos mucho tiempo encerrados en un cobertizo. Teníamos mucho miedo, llorábamos, gritábamos. Estábamos los tres: mi hermana, de dos años y medio, mi hermano, de uno, y yo. Yo había cumplido cuatro, era la mayor. Con lo pequeños que éramos y ya sabíamos distinguir un cañoneo de un ataque aéreo, el fuego de artillería de un bombardeo. Por el sonido sabíamos identificar nuestros aviones y los enemigos, sabíamos si una bomba caería cerca o lejos de nosotros. Daba miedo, mucho miedo, pero si escondías la cabeza, no era para tanto; lo importante era no verlo.

Después recuerdo ir a alguna parte en trineo, los tres. Unas mujeres nos acogieron en una aldea, a cada uno en una casa distinta. Al principio, nadie quería acoger a nuestro hermanito; él lloraba: «¿Y yo?». Mi hermana y yo nos asustamos porque nos separaban y no estaríamos juntos. Hasta entonces siempre habíamos vivido todos juntos.

Una vez por poco me come un pastor alemán. Estaba mirando por la ventana; por la calle iban unos alemanes con dos perros grandes. Uno de los perros se lanzó hacia mí y rompió el cristal. Llegaron a tiempo para apartarme de la ventana, pero me llevé tal susto que empecé a tartamudear. Todavía siento miedo cuando veo un perro grande.

Después de la guerra nos enviaron a un orfanato que estaba cerca de una carretera. Había muchos prisioneros alemanes, los estuvimos viendo caminar por esa carretera durante días y días. Les tirábamos piedras, tierra. Los guardias nos reñían y nos echaban de allí.

En el orfanato todos los niños esperaban a sus padres; un día vendrían y se los llevarían a casa. Cuando entraba algún hombre desconocido, o alguna mujer, todos corríamos hacia ellos gritando:

—¡Es mi papá!... ¡Es mi mamá!...

—¡No, es el mío!

—¡Han venido a buscarme!

—¡No, han venido a buscarme a mí!

Nos daban mucha envidia los niños que encontraban a sus padres. Esos no nos permitían acercarnos a sus padres y a sus madres: «No la toques, es mi mamá» o «No lo toques, es mi papá». No los soltaban ni un instante, temían que alguien se los robara. O tal vez era miedo de que volvieran a irse.

Los niños huérfanos y los que tenían familia estudiábamos juntos. En aquella época todos vivíamos mal, pero el niño que venía de casa siempre llevaba en su bolsita un pedacito de pan o una patata. Nosotros no teníamos nada. Llevábamos siempre la misma ropa. De pequeños no nos importaba, pero cuando crecimos empezamos a agobiarnos. A los doce años, a los trece, yo soñaba con tener un vestido bonito y unos zapatos, pero todos calzábamos aquellos botines pesados. Los chicos y las chicas, daba igual. Quería tener una cinta bonita para ponerme en el pelo, unos lápices de colores. Quería tener una cartera. Quería bombones... Pero solo teníamos dulces y caramelos en la fiesta de Año Nuevo. Recuerdo que una vez teníamos gran cantidad de pan negro; lo degustamos como si fueran bombones, nos parecía tan rico...

Había una maestra joven, las demás eran mujeres mayores. Todos estábamos enamorados de esa joven maestra. La adorábamos. Las clases no empezaban hasta que ella entraba en la escuela. La esperábamos pegados a las ventanas:

«¡Ya viene, ya!...». Entraba en la clase y todos queríamos tocarla, todos pensábamos: «Es igual que mi mamá...».

Yo soñaba: «Me haré mayor, me pondré a trabajar y me compraré muchos vestidos: uno rojo, uno verde, uno de lunares, uno con un lazo. ¡Sobre todo, uno con un lazo!». Cuando llegué a séptimo, me preguntaron qué oficio quería aprender; yo ya tenía la decisión tomada desde hacía mucho tiempo: quería ser modista.

Ahora confecciono vestidos...

«¿CÓMO QUE HA MUERTO SI HOY NO HA HABIDO DISPAROS?...»
Eduard Voroshílov, once años
Actualmente trabaja en una cadena de televisión

De la guerra solo hablaba con mi madre... Con mamá... Con la persona más cercana...

Nuestro destacamento de partisanos se había acuartelado en una aldea. Un día el anciano de la casa donde yo me alojaba murió. Cuando preparábamos su entierro, vino un niño de unos siete años y preguntó:

—¿Por qué está el abuelo tumbado encima de la mesa?

Le contestaron:

—El abuelo ha muerto.

El chaval se sorprendió muchísimo.

—Pero ¿cómo que ha muerto si hoy no ha habido disparos?

El niño tenía siete años, y desde hacía dos solo oía que la gente moría cuando había habido disparos.

Aquello se me quedó grabado...

He empezado mi relato hablando del destacamento de partisanos, pero antes de llegar allí habían pasado muchas cosas. Me uní a los guerrilleros a finales del segundo año de guerra. No le he explicado que justo una semana antes de la guerra mamá y yo fuimos a Minsk, que me llevó a un campamento de jóvenes pioneros en las afueras de la ciudad...

En el campamento cantábamos canciones soviéticas: «Si la guerra estalla mañana», «Tres tanquistas», «Por los valles, por las lomas». Esta última era la preferida de mi padre. Solía canturrearla todo el tiempo... No hacía mucho habían estrenado la película *Los hijos del capitán Grant*, y me gustó una de las canciones que salían: «Viento alegre, cántanos una canción...». Todas las mañanas salía a hacer gimnasia con esta canción en la cabeza.

Pero aquel día no hicimos gimnasia: había aviones zumbando sobre nuestras cabezas... Levanté la mirada y vi que unos puntitos negros se iban separando del avión; en aquel momento todavía no sabíamos nada de las bombas. Cerca del campamento pasaban las vías de tren; me puse a caminar por las vías en dirección a Minsk. Mi plan era simple: mi madre trabajaba en la Academia de Medicina, y muy cerca estaba la estación de ferrocarril, así que caminando por las vías llegaría hasta ella. Le ofrecí a un chaval que vivía cerca de la estación que viniera conmigo; era mucho más pequeño que yo y no dejaba de llorar, andaba muy despacio. Yo, en cambio, sabía caminar a paso ligero; con mi padre habíamos recorrido a pie todos los alrededores de Leningrado, mi ciudad natal. Por supuesto, yo me enfadaba... Aun así, mal que bien, llegamos a la estación de tren de Minsk. Llegamos juntos al puente Zápandni. Allí nos pilló un bombardeo y lo perdí.

Mi madre no estaba en la academia. Por allí cerca vivía el catedrático de medicina Gólub, mi madre trabajaba con él; conseguí localizar su apartamento, pero estaba vacío... Muchos años después supe lo que había pasado: en cuanto empezaron a bombardear la ciudad, mi madre cogió el primer coche de paso y fue a buscarme a Ratomka. Al llegar allí encontró mi campamento completamente destruido...

La gente abandonaba la ciudad. Pensé que Leningrado estaba más lejos que Moscú; en Leningrado tenía a mi padre, pero él se habría ido al frente; en Moscú vivían mis tías y ellas seguramente seguirían allí. No se irían, porque vivían en Moscú... En la capital... Por el camino me uní a una mujer que viajaba con una niña. No la conocía, pero ella comprendió que estaba solo, sin nada y que tenía hambre. Me invitó: «Ven, comeremos juntos».

Recuerdo que fue la primera vez que probé el tocino con cebolla. Al principio arrugué la nariz, pero acabé comiéndomelo. Siempre estaba alerta por si empezaba un bombardeo: «¿Dónde están esa mujer y su niña?». Por la noche encontramos una zanja y nos acomodamos allí para descansar. Los bombardeos eran continuos. La mujer miró atrás y gritó... Asomé la cabeza y, por donde ella miraba, vi un avión acercándose en vuelo rasante... Junto al motor centellaban unas lucecitas y, paralelos a esas lucecitas, a lo largo de la carretera, iban levantándose unos torbellinos de polvo. Instintivamente me acurruqué en el fondo de la zanja. La ráfaga de la ametralladora sonó justo por encima de mí y el avión se alejó. Cuando levanté la cabeza, vi que la mujer yacía en la cuesta de la zanja, y en vez de rostro tenía un amasijo sangriento. Entonces fue cuando me asusté de verdad. Salí de la zanja de un salto y corrí a más no poder. Desde entonces, incluso ahora, me atormenta una pregunta: ¿qué fue de aquella niña? No volví a verla...

Llegué a una aldea... Bajo los árboles de la calle estaban tumbados los alemanes heridos. Fue la primera vez que vi a los soldados alemanes...

Echaban de sus casas a los habitantes de la aldea, los obligaban a llevarles agua; los enfermeros alemanes la calentaban en una hoguera. Por la mañana subieron a los heridos a unos vehículos y en cada camión nos metieron también a uno o dos niños. Nos entregaron unas cantimploras con agua y nos indicaron qué teníamos que hacer: debíamos mojar un pañuelo y ponérselo en la frente, humedecerles los labios. Los heridos pedían: *Wasser...Wasser...* Acercabas la cantimplora a su boca y te entraban escalofríos. Ni siquiera ahora me atrevo a definir el sentimiento que experimentaba. ¿Aprensión? No. ¿Odio? Tampoco. Era todo a la vez. Y también compasión... El odio se va formando, no es un sentimiento original e inherente a la persona. En la escuela nos enseñaban el bien, nos enseñaban a amar. Voy a adelantarme de nuevo... La primera vez que un alemán me pegó, no sentí dolor, fue algo distinto. «¿Cómo es que me ha pegado?, ¿por qué?, ¿con qué pretexto?» Me sentí muy trastornado.

Regresé a Minsk...

Hice un amigo, se llamaba Kim. Nos conocimos en la calle. Le pregunté:

—¿Con quién vives?

Él me contestó:

—Con nadie.

Entendí que él también estaba perdido y le propuse:

—¿Qué te parece si vivimos juntos?

—Hecho. —Se alegró, porque no tenía donde vivir.

Yo me había instalado en el apartamento abandonado del catedrático Gólub.

Una vez, Kim y yo vimos a un chico algo mayor que nosotros que iba con un cajón de limpiabotas. Escuchamos atentamente sus instrucciones: qué tipo de caja necesitábamos, cómo teníamos que preparar el betún... Para hacer betún había que conseguir hollín, algo que no faltaba en la ciudad, y mezclarlo con algún aceite. En resumen: preparamos una mezcla apestosa de color negro. Si la aplicabas con cuidado, hasta quedaba brillante.

Una vez se me acercó un alemán y puso el pie encima del cajón. Tenía las botas muy sucias, llenas de barro reseco. Como ya había visto calzado en ese estado en otras ocasiones, llevaba conmigo un limpiabarros especial, para quitar primero la suciedad y después aplicar el betún. Agarré el limpiabarros y lo pasé por las botas, pero lo pasé solo dos veces y eso no le gustó. Le dio un puntapié al cajón y me abofeteó...

Nunca antes me habían pegado. Las peleas de niños no cuentan, de esas había para todos los gustos en las escuelas de Leningrado. Pero hasta aquel momento nunca me había pegado ningún adulto.

Kim me vio la cara y me gritó:

—¡Ni se te ocurra mirarlo así! Te matará...

Fue por aquella misma época cuando vimos por primera vez gente que salía a la calle con unas insignias amarillas cosidas en los abrigos, en las chaquetas. Oímos eso del gueto... Era una palabra que solo se pronunciaba en susurros... Kim era judío, pero decidimos raparle la cabeza y decir que era tártaro. Pero le volvió a crecer el pelo. Con aquel pelo negro y rizado, ¿quién iba a creer que era tártaro? Yo sufría por mi amigo, me despertaba por la noche, veía su pelo rizado y se me iba el sueño: tenía que idear algo para evitar que Kim acabara en el gueto.

Conseguimos una máquina de cortar el pelo y volví a raparle la cabeza. Ya habían empezado las heladas nocturnas; limpiar las botas en pleno invierno era una tarea inútil. Planeamos algo nuevo. El mando alemán había organizado un hotel para los oficiales que llegaban a la ciudad. Venían cargados con grandes macutos, con maletas, y el hotel se encontraba lejos de la estación de tren. De puro milagro nos hicimos con un trineo grande y nos pusimos a esperar en la estación la llegada de los trenes. Venía el tren, cargábamos el trineo con el equipaje de dos o tres personas y lo arrastrábamos hasta el hotel. A cambio nos daban pan o cigarrillos. En el mercado podías conseguir cualquier cosa a cambio de los cigarrillos, cualquier comida.

Cuando apresaron a Kim era muy de noche; el tren se había retrasado y llegaba muy tarde. Teníamos mucho frío, pero no podíamos abandonar el edificio de la estación: ya había comenzado el toque de queda. Nos echaron, tuvimos que esperar en la entrada. Finalmente llegó el tren, cargamos el trineo y nos pusimos en marcha. Arrastrábamos el trineo, las cuerdas apretaban y ellos nos espoleaban:

Schnell! Schnell! No éramos capaces de ir más deprisa; nos pegaban.

Dejamos los equipajes en el hotel y esperamos a que nos pagaran. Uno ordenó: «¡Fuera de aquí!», y empujó a Kim. A Kim se le cayó el gorro. Ellos gritaron: *Juden!* Lo capturaron...

Unos días después me enteré de que Kim estaba en el gueto. Fui allí... Estuve días enteros dando vueltas alrededor... A veces conseguía verlo a través del alambrado. Le llevaba pan, patatas, zanahorias. El guardia se daba la vuelta y caminaba hasta la esquina, yo lanzaba una patata. Kim la recogía...

Yo vivía a varios kilómetros del gueto, pero por la noche se oían unos gritos tan horribles por toda la ciudad que me despertaban: «¿Seguirá vivo? ¿Cómo puedo salvarlo?». Después de uno de los pogromos, acudí a nuestro lugar de encuentro. Alguien me hizo una señal: «¡Kim no está!».

Me quedé destrozado... Pero aún tenía esperanza...

Una mañana, alguien llamó a la puerta. Me levanté de un salto... Mi primer pensamiento fue: «¡Es Kim!». Pero no, no era él. Era el niño del piso de abajo; me pidió: «Ven conmigo, en la calle hay muertos. Ayúdame a buscar a mi padre». Salimos; el toque de queda ya se había acabado, pero casi no había nadie en la calle. Una ligera capa de nieve cubría el suelo, a unos quince o veinte metros de distancia; cubiertos por esa misma capa de nieve, estaban nuestros prisioneros de guerra fusilados. Por las noches los obligaban a caminar por la ciudad, a los que se quedaban atrás los disparaban en la nuca. Todos estaban tumbados bocabajo.

El niño no era capaz de tocar a los muertos, temía que

su padre se encontrara entre ellos. En ese momento, de repente me di cuenta que la muerte no me daba miedo. Por algún motivo, mi interior la había asimilado. Yo daba la vuelta a los cadáveres y él les miraba la cara. Así recorrimos toda la calle.

Desde entonces... no me quedan lágrimas... No tengo lágrimas ni siquiera en los momentos en que debería tenerlas. No sé llorar. En toda la guerra solo lloré una vez. Fue cuando mataron a nuestra enfermera, Natasha... Le gustaba la poesía, a mí también me gustaba la poesía. Le gustaban las rosas, a mí me gustaban las rosas. En verano le llevaba ramos de rosas silvestres.

Una vez, Natasha me preguntó:

—¿Cuántos cursos estudiaste antes de la guerra?

—Cuatro.

—Y después de la guerra, ¿irás a la academia militar?

Antes de la guerra me encantaba el uniforme militar de mi padre, me gustaba la idea de llevar armas. Pero le contesté que no, que no me haría militar.

Muerta, Natasha yacía sobre unas ramas de pino cerca de la tienda de campaña; yo lloraba sentado a su lado. Fue la primera vez que lloré una muerte.

Mamá y yo nos encontramos... Cuando nos encontramos, ella no hacía nada más que mirarme; no me acariciaba, solo me miraba y repetía:

—¿Eres tú? ¿De verdad eres tú?

Pasaron muchos días antes de que pudiéramos explicarnos la guerra que habíamos vivido cada uno...

«PORQUE NOSOTRAS SOMOS NIÑAS Y ÉL ES UN NIÑO...»
Rimma Pozniakova (Kamínskaia), seis años
Actualmente es obrera

Yo estaba en la guardería... Jugando con las muñecas...

Me avisaron: «Ha venido tu padre. ¡Ha estallado la guerra!». A mí no me apetecía irme. Quería seguir jugando. Lloraba.

«¿Qué es eso de la guerra? ¿Cómo que me van a matar? ¿Cómo que matarán a mi padre?» Apareció una palabra nueva: «refugiados». Mi madre confeccionó unos pequeños saquitos y metió en ellos nuestras partidas de nacimiento y alguna otra información, como nuestra dirección. Nos los hacía llevar colgados del cuello. Si la mataban, la gente podría saber quiénes éramos.

Nos pasábamos los días caminando. Perdimos a papá. Nos asustamos. Mi madre nos dijo que a papá lo habían enviado a un campo de concentración, pero que iríamos a verlo. «¿Qué es un campo de concentración?» Conseguimos reunir un poco de comida. ¿Que qué comida había? Manzanas asadas. Nuestra casa había ardido, también había ardido el jardín: en los manzanos quedaron colgando manzanas asadas. Las recogíamos y nos las comíamos.

El campo de concentración estaba en Drozdí, cerca del estanque de Komsomólskoie ózero. Actualmente forma parte de Minsk, pero en aquella época era una aldea. Recuerdo la alambrada de espino de color negro; la gente también era negra, todos parecían iguales. No reconocimos a papá, pero él sí nos vio a nosotros. Intentó acariciarme, pero a mí me daba miedo acercarme a la alambrada y tiraba de mi madre, le pedía que por favor volviéramos a casa.

No recuerdo cómo ni cuándo, pero mi padre volvió a casa. Sé que trabajaba en el molino, y mi madre nos enviaba allí para que le llevásemos el almuerzo, a mí y a mi hermana pequeña, Toma. Toma era chiquitita, yo era un poco mayor, ya llevaba incluso sujetador de niña; antes de la guerra era una prenda muy común. Mamá nos preparaba un paquetito con el almuerzo de mi padre y me escondía debajo del sujetador unas octavillas. Eran unas hojas pequeñas, de cuaderno escolar, escritas a mano. Mi madre nos acompañaba hasta la puerta, lloraba y nos daba instrucciones: «No os acerquéis a nadie, solo a vuestro padre». Luego se quedaba allí, esperándonos, hasta que volvíamos.

No recuerdo sentir miedo... Si mamá dice que hay que ir significa que tenemos que ir. «Mamá dice» era lo principal. No nos planteábamos desobedecer a nuestra madre, no hacer lo que ella nos pedía. La adorábamos. Ni siquiera podíamos imaginarnos que existía la posibilidad de no hacerle caso.

Si hacía frío, todos nos metíamos en lo alto de la estufa; teníamos una zamarra grande y nos metíamos debajo de ella. Para calentar la estufa teníamos que robar carbón en la estación de tren. Avanzábamos a gatas para burlar al centinela. Volvíamos con un cubo lleno de carbón, parecíamos limpiachimeneas: las rodillas, los codos, la nariz, la frente..., estábamos completamente negros.

Por la noche todos los niños nos acostábamos juntos, nadie quería dormir solo. Éramos cuatro: mis dos hermanitas; Borís, un niño de cuatro años al que mi madre había adoptado, y yo. Mucho tiempo después supimos que Borís era hijo de Lelia Revínskaia, una amiga de mamá que luchaba en la organización clandestina. Pero en aquel momento mi madre solo nos dijo que había un niño pequeño que a menudo se quedaba solo en casa, que estaba asustado y que no tenía comida. Ella quería que lo aceptáramos y le cogiéramos cariño. Era consciente de que no era fácil, porque los niños a menudo rechazan a otros niños. Actuó con mucha habilidad: no trajo ella a Borís a casa, sino que nos envió a nosotras a buscarlo. «Id a buscar a ese niño, necesita amigos.» Fuimos a por él y lo llevamos a casa.

Borís tenía muchos libros con dibujos bonitos, quiso llevárselos todos y nosotras le ayudamos a llevarlos. Solíamos sentarnos en lo alto de la estufa y él nos contaba cuentos. Nos cayó tan bien que le cogimos muchísimo cariño, tal vez por todas las cosas que sabía. En la calle les decíamos a los demás niños: «Sed buenos con él».

Nosotras éramos rubias, y Borís, moreno. Su madre vino un día a casa, llevaba el cabello recogido en una gruesa trenza negra. Me regaló un espejito. Yo escondí el espejo y decidí que si me miraba en él todas las mañanas, me crecería una trenza como la suya.

Cuando jugábamos en el patio, los otros niños nos gritaban:

—¿De quién es Borís?

—Es nuestro.

—¿Y cómo es que vosotras sois rubias y él no?

—Porque nosotras somos niñas y él es un niño. —Mamá nos había enseñado esa respuesta.

Estaba claro que Borís era nuestro porque a su mamá y

a su papá los habían matado y a él por poco lo enviaban al gueto. De alguna manera, ya lo sabíamos. Nuestra madre temía que lo reconociesen y se lo llevaran. Cuando salíamos todos juntos, nosotras llamábamos a nuestra madre «mamá», pero Borís la llamaba «tía». Ella le pedía:

—Llámame «mamá». —Y le daba un trocito de pan.

Él cogía el pan, se alejaba unos pasos y decía:

—Gracias, tía.

Las lágrimas, una tras otra, corrían por su cara...

«LE GRITÉ QUE YA NO ERA MI HERMANO...»
Vasia Sígalev-Kiniázev, seis años
Actualmente es entrenador deportivo

Era de madrugada, al amanecer...

Empezaron a disparar; mi padre se levantó deprisa, corrió a la puerta, la abrió y gritó. Creíamos que se había asustado, pero de pronto cayó al suelo: le había impactado una bala explosiva.

Mi madre se puso a buscar trapos, no encendió la luz porque fuera seguían disparando. Mi padre gemía, se retorcía. Por la ventana penetraba una luz débil, le iluminaba el rostro...

—¡Tumbaos en el suelo! —gritó mi madre.

Y de repente se deshizo en un llanto desconsolado. Corrimos gritando hacia ella, yo patiné con la sangre de mi padre y me caí. Noté el olor a sangre, y otro olor, era insoportable: la bala le había desgarrado el intestino...

Recuerdo el ataúd, era grande y largo. Pero mi padre

era más bien mediano. «¿Para qué un ataúd tan grande?», me preguntaba. Luego decidí que la herida era grave y que en un ataúd grande le dolería menos. Eso fue lo que le expliqué al hijo de los vecinos.

Pasado un tiempo, también de madrugada, los alemanes vinieron y nos arrestaron a mi madre y a mí. Nos llevaron a la plaza, delante de la fábrica. Antes de la guerra mi padre trabajaba allí (era en Smolovka, un pueblo de la región de Vítebsk). Estábamos nosotros y dos familias de guerrilleros; había más niños que mayores. Todos sabían que mi madre tenía una familia numerosa: cinco hermanos y cinco hermanas, y que todos ellos luchaban en la guerrilla.

Empezaron a pegar a mamá; todo el pueblo estaba mirando, nosotros también. Una mujer trataba de que agachara la cabeza: «No mires. No mires». Yo me escabullía de sus manos. No podía apartar los ojos...

En las afueras del pueblo había una colina boscosa; soltaron a los niños y llevaron a los mayores hacia aquel lugar. Yo me aferraba a mi madre, pero ella me apartaba y gritaba: «¡Adiós, niños!». Recuerdo cuando caía hacia el fondo de la zanja..., cómo el viento levantaba su vestido...

Llegaron nuestros soldados, vi a los oficiales y sus hombreras. Me encantaron, me hice unas hombreras con corteza de abedul, les dibujé las rayas con carbón. Me las puse sobre el tabardo que me había confeccionado mi tía, me calcé los zuecos de corteza de tilo y con esa pinta me presenté ante el capitán Ivanov (averigüé su apellido por medio de mi tía). Le informé de que Vasia Sígalev, es decir, yo, ansiaba luchar con ellos y combatir a los alemanes. Primero se rieron y bromearon, y luego le preguntaron a mi tía sobre mis padres. Al saber que era huérfano, en una sola noche, con la tela de una tienda de campaña, los soldados me cosieron unas botas, un capote y un gorro, y me arreglaron las hombreras. Hasta se las apañaron para fabricarme una charpa. Así me convertí en hijo de la unidad especial de desminado número 203. Me adscribieron como enlace. Yo me esforzaba mucho, pero no sabía leer ni escribir. Cuando mi madre aún estaba viva, mi tío me pidió una vez: «Ve al puente del ferrocarril y cuenta a los alemanes que veas». ¿Cómo iba a hacerlo? Me metió un puñado de granos en el bolsillo, y uno por uno los iba pasando del bolsillo derecho al izquierdo. Mi tío luego contó los granos.

—Por mucha guerra que haya, tienes que aprender a leer y a escribir —dijo el secretario de la célula del Partido; se llamaba Sháposhnikov.

Los soldados consiguieron papel, él me hizo un cuaderno y me escribió allí la tabla de multiplicar y el alfabeto. Yo me lo memorizaba y él me examinaba. Solía traerme un cajón de cartuchos vacío, dibujaba encima unas líneas y me decía: «Escribe».

Cuando entramos en Alemania, ya éramos tres niños: Volodia Pochivádlov, Vitia Bárinov y yo. Volodia tenía catorce años; Vitia, siete; y yo, nueve. Éramos muy amigos, vivíamos como si fuéramos hermanos porque no teníamos a nadie más en el mundo.

Pero una vez vi a Vitia Bárinov jugar a «la guerra» con los niños alemanes y entregarle a uno de ellos su gorro de soldado con la estrella roja, y le grité que ya no era mi hermano. ¡Nunca volvería a ser mi hermano! Cogí mi pistola y le ordené que me siguiera hacia el lugar donde se había acuartelado nuestra unidad. Allí le puse bajo arresto, lo encerré en una dispensa. Él era soldado y yo sargento, es decir, actué según mi grado militar.

Alguien avisó al capitán Ivanov. Él me mandó llamar.

—¿Dónde está el soldado Vitia Bárinov?

—El soldado Bárinov está bajo arresto —le informé.

El capitán pasó mucho rato explicándome que todos los niños eran buenos, que no tenían culpa de nada, y que una vez que acabara la guerra, los niños rusos y los alemanes se harían amigos.

Terminó la guerra y me condecoraron con tres medallas: por la Conquista de Königsberg, por la Conquista de Berlín, y por la Victoria sobre Alemania. Nuestra unidad regresó a Zhitkóvichi; allí estuvimos desminando los campos. Me enteré por casualidad de que mi hermano mayor estaba vivo y vivía en Vileika.

Después de conseguir la carta credencial para entrar en la academia militar Suvórov, me escapé a Vileika. Encontré a mi hermano; pronto nuestra hermana se unió a nosotros. Ya éramos de nuevo una familia. Nos instalamos en un desván. Lo más difícil era conseguir comida, así que un día me puse mi uniforme con las tres medallas y me dirigí al comité ejecutivo municipal del partido.

Llegué allí, localicé la puerta con el letrero de PRESIDENTE y llamé. Entré e informé como es debido:

—El sargento Sígalev se presenta para solicitar una pensión.

El presidente me sonrió y se puso de pie.

—¿Dónde vives?

Le dije:

—En un desván. Y le di la dirección.

Esa misma tarde nos trajeron un saco de col; al día siguiente, un saco de patatas.

Un día me encontré con el presidente por la calle y me entregó una dirección.

—Pásate esta tarde, te estarán esperando.

Me recibió una mujer, era su esposa. Se llamaba Nina Maksímovna, él se llamaba Alekséi Mijáilovich. Me dieron de comer, me bañé. El uniforme ya me iba pequeño; me ofrecieron un par de camisas.

Empecé a visitarlos, al principio de vez en cuando, después más a menudo y después todos los días. Los de la patrulla militar me paraban y preguntaban:

—Chaval, ¿de quién son todas esas medallas? ¿De tu padre?

—No tengo padre...

Tenía que llevar el carnet encima.

Cuando Alekséi Mijáilovich me preguntó:

—¿Quieres ser nuestro hijo?

Yo le contesté:

—Sí. Lo deseo más que nada.

Me adoptaron y me pusieron su apellido: Kiniázev.

Tardé mucho en poder pronunciar «papá» o «mamá». Nina Maksímovna enseguida me cogió cariño, me trataba con mucha ternura. Si conseguía algún dulce, siempre lo guardaba para mí. Ella tenía ganas de acariciarme. De abrazarme. Pero a mí los dulces no me gustaban porque nunca los había probado. Antes de la guerra vivíamos muy modestamente, y en el ejército me acostumbré a la vida de soldado.

Yo no era un niño cariñoso, había pasado mucho tiempo sin que nadie me tratara con ternura, había crecido rodeado de hombres. Ni siquiera conocía palabras cariñosas.

Una noche me desperté y oí que Nina Maksímovna estaba llorando. Me imagino que no era la primera vez que lloraba de noche, pero debía de hacerlo a escondidas, yo no lo sabía, no lo había visto nunca. Lloraba y se lamentaba: «Nunca se sentirá en familia, nunca podrá olvidar a sus padres... Su sangre...». Yo me acerqué sigilosamente y la abracé: «No llore, mamá». Ella dejó de llorar, vi sus ojos brillantes. Era la primera vez que la llamaba «mamá». Al cabo de un tiempo también empecé a llamar «papá» a mi nuevo padre, pero lo que sí quedó para siempre fue tratarlos de usted.

No intentaron convertirme en un niño mimado, eso se lo agradezco. Yo tenía mis tareas: recoger la casa, limpiar las alfombrillas, traer leña, encender la estufa después de la escuela. Sin ellos nunca habría podido acceder a estudios universitarios. Me hicieron comprender que estudiar era necesario y que después de la guerra lo fundamental era ser un buen estudiante.

Antes, en mi época con el ejército, cuando nuestra unidad se instaló en Zhitkóvichi, el comandante también nos obligó a estudiar. Empezamos segundo curso los tres, Volodia Pochivádlov, Vitia Bárinov y yo. Nos sentamos en la misma mesa. Los tres íbamos armados y no reconocíamos a nadie. No estábamos dispuestos a someternos a los civiles, a los maestros: «¿Qué derecho tiene sobre nosotros ese que no lleva uniforme?». Para nosotros, la única autoridad eran los comandantes. El maestro entraba en la clase y se levantaban todos menos nosotros.

—¿Por qué no os levantáis?

—No le vamos a responder. Solo reconocemos a nuestros superiores.

Durante el recreo obligábamos a formar al resto de los alumnos, los dividíamos en secciones y con ellos practicábamos la marcha o cantábamos canciones militares.

El director de la escuela se dirigió a la unidad y le contó al responsable político cómo nos comportábamos. Nos encerraron en la celda de castigo y nos bajaron de rango. Volodia bajó de sargento primero a sargento; yo, a cabo mayor; Vitia, a cabo. El comandante mantuvo una larga conversación con cada uno de nosotros, nos explicó que sacar una buena nota en aritmética era más importante que todas nuestras medallas. Que ahora nuestra misión militar era sacar buenas notas. Nosotros queríamos disparar, pero ellos nos convencían de que había que estudiar.

De todos modos, íbamos a la escuela con las medallas puestas. Tengo una fotografía en la que salgo sentado a la mesa; se ven mis medallas, estoy haciendo un dibujo para nuestro periódico escolar.

Cuando volvía de la escuela con algún excelente, ya desde la puerta me ponía a gritar:

—¡Mamá, tengo un excelente!

Me salía tan bien pronunciar «mamá»...

«NI NOS ACORDÁBAMOS DE ESA PALABRA...»
Ania Gurévich, dos años
Actualmente es ingeniera diseñadora de aparatos de radio

Tan vez lo recuerdo o tal vez me lo contó mi madre más tarde...

Vamos caminando por una carretera. Caminar nos resulta muy difícil: mamá está enferma y nosotras, mi hermana y yo, somos muy pequeñas; mi hermanita tiene tres años, y yo, dos. ¿Cómo conseguiríamos salvarnos?

Mamá escribió una nota con mi nombre y apellidos y mi fecha de nacimiento, y me la metió en el bolsillo. Me dijo: «Adelante», y me señaló una casa. Había niños corriendo... Mamá quería que me evacuasen, quería que me evacuaran con los demás niños del orfanato. Tenía miedo de que muriéramos las tres. Intentaba salvar al menos a una. Yo tenía que ir sola: si me llevaba mamá, en el orfanato me rechazarían. Solo aceptaban a los niños que se habían quedado solos, y yo tenía a mi madre. Mi destino dependía de si lograba aguantar sin mirar atrás; si lo hubiese hecho, por nada del mundo habría podido alejarme de mi madre: me habría lanzado llorando hacia ella, nadie habría podido convencerme de que aceptara vivir en una casa extraña. Mi destino...

Mamá me dijo: «Irás y abrirás aquella puerta». Y yo lo hice. Pero aquel orfanato no tuvo tiempo de ser evacuado...

Recuerdo una sala grande... Y mi cama pegada a la pared. Y otras camas, había muchas. Nosotros mismos las arreglábamos a diario, con esmero y cuidado. La almohada tenía que estar en el sitio exacto. Si la dejabas de forma diferente, las educadoras te reñían, sobre todo cuando venían esos hombres vestidos con trajes negros. No sé si eran alemanes o policías, en mi memoria solo se grabaron los trajes negros. No recuerdo si nos pegaban, pero me acuerdo del miedo a que me pegaran. No soy capaz de recordar a qué jugábamos... Si hacíamos travesuras... Nos movíamos mucho, eso sí: recogíamos, limpiábamos, pero aquello era trabajo. En mi memoria no guardo nada que fuera propio de niños. Ni risas... Ni caprichos...

Nadie nos acariciaba nunca, pero yo tampoco lloraba por mamá. Ninguno de los que estábamos allí tenía madre. Ni nos acordábamos de esa palabra. La habíamos olvidado.

Recuerdo cómo nos alimentaban: para todo el día teníamos un plato de sopa de pasta, con mucha agua, y un trocito de pan. La sopa no me gustaba y le daba mi ración a una niña; ella me daba su trozo de pan. Éramos amigas. Nadie se fijaba en nosotras y todo iba bien, hasta que una educadora se dio cuenta de nuestro trueque. Me castigaron: me pusieron de rodillas en un rincón. Estuve allí mucho rato, sola y arrodillada. En una sala grande, vacía... Incluso ahora me entran ganas de llorar cuando alguien me dice «sopa de pasta». Ya de mayor, no lograba entender por qué esa sopa me producía tanto asco. Me había olvidado del orfanato...

Una vez, con dieciséis..., no, diecisiete años, me crucé con mi educadora del orfanato. Vi a una mujer en el autobús... Me quedé mirándola, me atraía como un imán, tanto que me salté mi parada. No conocía a esa mujer, no la recordaba, pero me atraía. Finalmente, no aguanté y me eché a llorar, me enfadé conmigo misma: ¿qué me ocurría? La observaba como si fuera un cuadro, un cuadro que alguna vez había visto pero que se había borrado de mi memoria, y que ansiaba volver a ver. Había algo tan entrañable en ella..., tal vez incluso parecido a una madre..., más cercano que una madre, pero no conseguiría adivinar quién era. Y esa rabia y esas lágrimas acabaron brotando. Desvié la mirada y me fui hacia la puerta; me quedé allí tragándome el llanto.

La mujer se dio cuenta, se me acercó y me dijo:

—No llores, Ania.

Al oír sus palabras, lloré más todavía.

—No la conozco...

—¡Mírame bien!

—Le juro que no la conozco —Y empecé a llorar a pleno pulmón.

Me hizo bajar del autobús.

—Mírame bien, te acordarás. Soy Stepanida Ivánovna...

Yo a lo mío.

—No la conozco. Nunca la he visto.

—¿Recuerdas el orfanato?

—¿Qué orfanato? Me confunde con otra persona.

—No, acuérdate, el orfanato... Yo fui tu educadora...

—Mi padre murió, mi madre está viva. ¿Qué orfanato?

Me había olvidado del orfanato porque vivía con mi madre. En casa. Esa mujer me acarició suavemente el pelo, pero las lágrimas no cesaban. Entonces me dijo:

—Aquí tienes mi número... Si quieres saber cosas de ti, llámame. Te recuerdo muy bien. Eras la más pequeña...

Se fue y yo me quedé allí, incapaz de moverme. Debería haber echado a correr, alcanzarla, preguntarle. Pero no corrí, no le pregunté nada.

¿Por qué no lo hice? Yo era una salvaje, literalmente una salvaje; para mí la gente era algo extraño, peligroso, no sabía mantener una conversación. Pasaba las horas en soledad, hablaba sola. Todo me asustaba.

Mamá me encontró en 1946... Yo tenía ocho años. A ella y a mi hermana las habían enviado a Alemania, consiguieron sobrevivir; cuando regresaron, mamá buscó en todos los orfanatos de Bielorrusia, casi había perdido la esperanza de dar conmigo. Pero yo estaba cerca... En Minsk. Por lo que parece, la nota que mi madre me había dado se perdió y me inscribieron con un apellido distinto. Mi madre pidió ver a todas las niñas de los orfanatos de Minsk que se llamaran Ania. Me identificó por la mirada, por mi altura. Se pasó una semana entera viniendo al orfanato todos los días, se acercaba y me miraba: ¿era su Ania o era otra? El nombre era el mío, no me lo habían cambiado. Cuando veía a mamá, unos sentimientos inexplicables se apoderaban de mí, lloraba sin motivo. No eran los recuerdos de algo familiar, era otra cosa... A mi alrededor decían: «Mamá. Tu mamá». Y se me abría un mundo nuevo: ¡mamá! Se abría una puerta misteriosa... Yo no sabía nada de esas personas llamadas «mamá» y «papá». Yo tenía miedo y los demás se alegraban. Me sonreían.

Mamá le pidió a nuestra vecina de antes de la guerra que la acompañara a verme.

—A ver si encuentras a mi Ania entre todas las niñas.

La vecina enseguida me señaló:

—¡Esa es la tuya! No hay duda, llévatela. Tiene tus ojos, tu cara...

Por la tarde, la educadora me dijo:

—Mañana vendrán a recogerte, te marcharás de aquí. Yo estaba muy asustada...

Por la mañana me bañaron, me vistieron; por todos lados veía muestras de cariño hacia mí. Nuestra vieja auxiliar, que era una gruñona, me sonrió. Comprendí que aquel era mi último día con ellos, que se despedían de mí. De repente no quise irme a ningún sitio. Me vistieron con lo que mamá había llevado: los zapatos de mamá, el vestido de mamá, y eso ya me alejó de mis amigas de orfanato... Estaba entre ellas como una extraña. Me miraban como si fuera la primera vez que me veían.

Ya en casa, recuerdo la impresión enorme que me causó la radio. Los receptores todavía no existían; en un rincón había una cosa plana, redonda, de color negro, que emitía sonidos: era el altavoz. Cada poco me acercaba a mirar esa cosa: comía y la miraba, me iba a la cama y la miraba. ¿Cómo se había metido la gente dentro de ese objeto, cómo cabían allí dentro? Nadie se esforzó en explicármelo porque yo era muy retraída. En el orfanato tenía una amiga, Tómochka; me caía muy bien, era alegre, sonreía a menudo. Yo, en cambio, no le caía bien a nadie, porque jamás sonreía. Empecé a sonreír a los quince años. En la escuela escondía mi sonrisa para que no me viesen sonreír, me daba vergüenza. No sabía relacionarme con las demás niñas, en el patio ellas charlaban de todo y yo no lograba decir nada. Simplemente estaba allí, callada.

Un par de días después de que mamá me llevara a casa, el domingo, fuimos juntas al mercado. Vi a un policía y me dio un ataque de histeria, empecé a gritar:

—¡Mamá, los alemanes! —Y me di a la fuga.

Mamá corrió detrás de mí; la gente nos rodeó, yo temblaba.

—¡Los alemanes!

Pasé dos días seguidos sin salir de casa. Mamá me explicó que ese señor era un policía, que nos protegía, que su trabajo era mantener el orden en las calles, pero no me convenció. No había manera... Aquellos capotes negros eran los mismos que vestían los alemanes que visitaban nuestro orfanato... Aunque cuando nos extraían sangre y nos llevaban a una habitación especial, llevaban batas blancas, pero las batas se habían borrado de mi memoria. Yo recordaba su uniforme...

En casa no lograba acostumbrarme a mi hermana: se suponía que era alguien muy cercana, pero para mí era la primera vez en mi vida que la veía... Y por alguna razón, resultaba que era mi hermana. Mamá se pasaba el día entero en el trabajo. Cuando nos despertábamos por la mañana, ella ya se había ido. En el horno encontrábamos dos ollas; nos servíamos un plato de gachas. Yo me pasaba todo el día esperando a mamá, la esperaba como si fuera un milagro, como un golpe de suerte. Pero ella volvía tarde, cuando ya estábamos dormidas.

Una vez encontré un juguete; ni siquiera era una muñeca entera, solo una cabeza. Le cogí cariño. Era mi alegría, me la llevaba a todas partes. Mi único juguete. Soñaba con tener una pelota. Cuando salía al patio, los demás niños jugaban con sus pelotas, las guardaban en unas bolsas de malla especiales, las vendían en esas bolsas. Yo les pedía la pelota a los otros niños y ellos me la dejaban un ratito.

Me compré la pelota con dieciocho años, al cobrar mi primera paga en la fábrica de relojes. Mi sueño se cumplió:

llevé la pelota a casa y la colgué tal cual, en su bolsa de malla. Me daba vergüenza salir al patio con ella, ya era mayor; me sentaba en casa y miraba la pelota.

Muchos años más tarde decidí hablar con Stepanida Ivánovna. Por mí misma, jamás me habría decidido; mi marido insistió:

—Iremos juntos. ¿Cómo es posible que no quieras saber nada de tu pasado?

—¿Crees que no quiero? Claro que sí, pero me da miedo...

Marqué su número y oí:

—Stepanida Ivánovna falleció...

Es algo que no me puedo perdonar...

«USTED DEBE IR AL FRENTE Y MATAR A LOS NAZIS, ¿CÓMO SE LE OCURRE ENAMORARSE DE MI MADRE EN UN MOMENTO ASÍ?...»
Iania Chernina, doce años
Actualmente es profesora

Un día cualquiera... Aquel día empezó como cualquier otro...

Sin embargo, cuando cogí el tranvía, ya oía que la gente decía: «¡Qué horror! ¡Qué horror!». Yo no conseguía entender qué había ocurrido. Llegué a casa corriendo y vi a mamá: estaba preparando la masa y se ahogaba en sollozos. Le pregunté: «¿Qué ha pasado?». Lo primero que me dijo fue: «¡La guerra! Ha habido un ataque aéreo en Minsk...». Habíamos vuelto de Minsk a Rostov hacía tan solo un par de días, habíamos ido a visitar a mi tía.

Aun así, el 1 de septiembre fuimos a la escuela; fue el 10 de septiembre cuando la cerraron. Empezó la evacuación de Rostov. Mi madre decía que teníamos que hacer las maletas; yo me resistía: «¿Qué dices? ¡Ni hablar!». Me dirigí al comité regional del Komsomol y solicité que me admitieran. Se negaron porque la edad de admisión en el Komsomol era de catorce años; yo solo tenía doce. Creía que si me hacía miembro del Komsomol, enseguida podría empezar a participar de todo, que me haría mayor de repente. Que podría ir al frente.

Me subí a un tren con mi madre. Llevábamos una maleta, en la maleta había dos muñecas: una grande y una pequeña. Recuerdo que mi madre ni siquiera intentó disuadirme cuando las metí en la maleta. Luego le contaré cómo aquellas muñecas nos salvaron...

Llegamos a la estación de Kavkázskaia; allí un bombardeo destruyó el tren. Nos subimos a una plataforma abierta. No sabíamos adónde viajábamos. Solo teníamos clara una cosa: nos alejábamos de la línea del frente. De los combates. Llovía a cántaros, mi madre me protegía de la lluvia como podía. Empapadas y negras de arriba abajo por el humo de locomotora, bajamos en la estación Baladzhari, en las afueras de Bakú. Teníamos hambre. Antes de la guerra vivíamos muy modestamente, no teníamos ninguna posesión de valor que pudiéramos vender o trocar; mamá iba con su pasaporte y ya está. Nos sentamos en la estación y no sabíamos qué hacer. ¿Adónde iríamos? Pasó un soldado, mejor dicho, un soldadito (era muy joven, muy moreno), con el macuto a cuestas y una marmita. Se paró frente a nosotras y yo me enganché a mi madre. Él preguntó:

—Mujer, ¿adónde viajas?

Mi madre contestó:

—No lo sé. Somos evacuadas.

Él hablaba ruso, pero con acento muy fuerte.

—No me tengas miedo, podéis ir a mi *aúl*,* con mi madre. Todos los hombres de la familia hemos sido llamados a filas: nuestro padre, mis dos hermanos y yo. Ella se ha quedado sola. Ayúdala y juntas sobreviviréis. Yo volveré de la guerra y me casaré con tu hija.

Nos dio la dirección; no teníamos con qué apuntar, la memorizamos: estación Yevlax, distrito Qax, pueblo Kum, Musáiev Musá. Toda la vida recordaré esa dirección, aunque al final no fuimos allí. Nos acogió una mujer soltera que vivía en una chabola de planchas de madera contrachapada donde solo cabía un camastro y una mesita muy pequeña. Mamá y yo dormíamos directamente en el suelo, pero el espacio era tan pequeño que teníamos que estirarnos debajo de la cama y de través: las cabezas nos sobresalían por el espacio donde estaba la mesita, y los pies, por el otro lado.

Tuvimos suerte de dar con buena gente...

Nunca olvidaré la vez en que a mamá se le acercó un militar; se pusieron a hablar, y él le contó que toda su familia había muerto en Krasnodar y que se dirigía al frente. Sus compañeros gritaban, lo llamaban para que subiera al tren..., pero él no lograba despedirse de nosotras.

—Veo que están pasando necesidades. Permítame que le deje mi certificado de oficial, así podrá recibir parte de mi sueldo; yo no tengo a nadie —dijo él de pronto.

---

* En el Cáucaso y en Asia Central, un *aúl* es una aldea. *(N. de las T.)*

Mamá rompió a llorar. Yo lo interpreté a mi manera y le reñí:

—Estamos en guerra... Toda su familia ha muerto. Usted debe ir al frente y matar a los nazis, ¿cómo se le ocurre enamorarse de mi madre en un momento así? ¡Qué vergüenza!

Estaban los dos allí con los ojos llenos de lágrimas y yo no comprendía cómo mi madre, tan buena, podía mantener una conversación con un hombre tan malo: él no quería ir al frente, le hablaba de amor, pero el amor solo podía existir en tiempos de paz. ¿Qué me hizo creer que hablaba del amor? En realidad, solo le había dicho que le daría su certificado de oficial...

También me gustaría hablarle de Taskent... Taskent es mi guerra. Nos alojábamos en el albergue de la fábrica en la que trabajaba mi madre. El albergue estaba en el centro de la ciudad, era el edificio del centro cultural, que habían acondicionado para que se instalara la gente. En el vestíbulo y en la sala de conciertos vivían las familias, en el escenario estaban los «solteros». Los llamaban «solteros», pero eran los operarios que habían sido evacuados sin sus familias. Nosotras teníamos un sitio en un rincón de la sala de conciertos.

Nos entregaron un bono de racionamiento para recibir dieciséis kilos de patatas. Mi madre trabajaba todo el día hasta muy tarde, así que tuve que ir yo a buscar las patatas. Hice varias horas de cola, después arrastré el saco unas cuatro o cinco manzanas; era incapaz de levantarlo. A los niños nos estaba prohibido utilizar el transporte público porque ya había empezado la epidemia de gripe y la ciudad estaba en cuarentena. Justo en aquellos días... Por mucho que supliqué no me dejaron subir al autobús... Cuanto ya solo me faltaba cruzar la calle para llegar a nuestro albergue, me quedé sin fuerzas, caí encima del saco y empecé a llorar desesperadamente. Unos desconocidos me ayudaron: nos llevaron al albergue, a las patatas y a mí. Todavía puedo sentir aquella carga. Cada calle... Abandonar el saco era impensable: era nuestra salvación. Moriría antes que dejarlo. Mi madre volvía del trabajo pálida, hambrienta.

Pasábamos mucha hambre; mi madre adelgazó mucho, estaba igual de flacucha que yo. Yo vivía obsesionada con la idea de que debía ayudarla. Una vez, cuando no teníamos absolutamente nada que comer, decidí vender nuestra única manta de franela y aprovechar el dinero para comprar pan. Los menores teníamos prohibido comerciar, así que me pillaron y me llevaron al departamento de menores infractores. Tuve que quedarme allí hasta que informaron a mamá. Vino a recogerme al acabar la jornada; yo estaba muerta de vergüenza y no paraba de llorar, me sabía tan mal por mi madre... Ella venía hambrienta y en casa no había ni un pedacito de pan. Mi madre sufría de asma bronquial; por la noche la tos era terrible, se ahogaba. Con una miga de pan el ataque se aliviaba un poco. Yo siempre me escondía un trocito de pan debajo de la almohada para ella. Me acostaba, estaba casi dormida, pero seguía recordando que debajo de la almohada tenía un trozo de pan y me moría de ganas de comérmelo.

Un día fui a la fábrica a escondidas de mi madre a pedir que me dieran empleo. Yo era tan pequeña..., estaba hecha un esqueleto, y no quisieron aceptarme. Me eché a llorar. Alguien se apiadó de mí y me pusieron en la planta de contabilidad: tenía que rellenar los partes de trabajo de los operarios, preparar la provisión de salarios. Trabajaba con un aparato, el prototipo de la máquina calculadora actual. Hoy en día no hacen ruido, pero entonces rugían como un tractor, y además llevaban una lámpara siempre encendida. Mi cabeza se pasaba doce horas diarias expuesta a esa luz cálida y al traqueteo de la máquina...; por la noche me quedaba sorda.

Una vez me ocurrió un terrible incidente: en la cuenta de un operario puse ochenta rublos en vez de doscientos ochenta. Era padre de seis hijos; nadie se dio cuenta de mi error hasta que llegó el día de la paga. Oí a alguien correr por el pasillo gritando: «¡Los mataré! ¡Los mataré! ¿Cómo voy a alimentar a mis niños?». Me avisaron:

—Escóndete, va a por ti.

La puerta se abrió; yo me apreté contra aquel aparato, no tenía dónde esconderme. Un hombre grande con algo pesado en las manos irrumpió en la habitación:

—¿Dónde está?

Me señalaron:

—Es ella...

El pobre hombre incluso tuvo que apoyarse en la pared...

—¡Mecachis! Pero ¿cómo voy a matar a esa chiquilla si en casa tengo a unos cuantos como ella? —Se dio la vuelta y se marchó.

Yo me desplomé y rompí a llorar...

Mi madre trabajaba en el departamento de control técnico de aquella misma fábrica. Producíamos misiles para los lanzacohetes Katiusha; había misiles de dos calibres: de dieciséis y de ocho kilos. En la fábrica se realizaban las pruebas de ensamblaje de misiles. Había que levantar el misil, afianzarlo e inyectarle aire bajo presión. Si la carcasa cumplía, estaba bien fabricada, la bajaban y la guardaban en una caja. Pero si no, la rosca saltaba y los misiles salían disparados aullando hacia arriba, hacia la cúpula de la nave, y después caían en cualquier parte. Ese aullido, ese miedo cuando los misiles se escapaban... Todo el mundo se metía debajo de las máquinas...

Por la noche, mamá se estremecía y gritaba. Yo la abrazaba, y entonces se calmaba.

A finales de 1943... Nuestro ejército llevaba tiempo ganando terreno. Entendí que necesitaba estudiar. Fui a ver al director de la fábrica. En su despacho había una mesa alta; casi no se me veía desde el otro lado de esa mesa. Empecé a soltar el discurso que había preparado:

—Querría darme de baja en la fábrica, tengo que estudiar.

El director montó en cólera:

—No despedimos a nadie. Estamos en guerra.

—Soy poco menos que analfabeta, por eso me equivoco rellenando los partes. Hace poco calculé mal el salario de un hombre.

—Aprenderás. Me falta personal.

—Después de la guerra, el país no necesitará incultos, lo que necesitará es gente preparada.

—¡Hay que ver a la mocosa! —El director se puso en pie—. ¡Lo sabe todo!

Empecé sexto curso en la escuela. En las clases de literatura e historia, mientras los profesores explicaban la materia, nosotros tejíamos calcetines, manoplas y bolsitas para tabaco que enviábamos al ejército. Tejíamos y memorizábamos los versos. En voz alta repetíamos a coro los poemas de Pushkin.

Esperábamos el fin de la guerra, lo deseábamos tanto que mi madre y yo hasta temíamos comentarlo entre nosotras. Un día, mientras mi madre estaba trabajando, llegaron al albergue unos delegados, le preguntaban a todo el mundo: «¿Qué puede aportar usted al fondo de la defensa?». También me lo preguntaron a mí. ¿Qué poseíamos nosotras? Nada, excepto unas letras del tesoro que guardaba mamá. Todos entregaban alguna cosa, ¡¿acaso seríamos las únicas que no daríamos nada?! Les entregué todas las letras del tesoro.

Recuerdo que, al volver del trabajo, mi madre no me sermoneó; se limitó a decir: «Era lo único que teníamos, además de tus muñecas».

También me despedí de aquellas muñecas... Mamá había perdido la cartilla mensual de racionamiento de pan; estábamos literalmente al borde de la muerte. Se me ocurrió que podía intentar canjear mis dos muñecas, la grande y la pequeña. Fuimos con ellas al mercado. Se nos acercó un anciano uzbeko: «¿Cuánto valen?». Le explicamos que teníamos que aguantar todo un mes y que habíamos perdido la cartilla de racionamiento. El anciano nos dio un saco de arroz, de unos dieciséis kilos. Gracias a aquello, no nos morimos de hambre. Mi madre me prometió: «En cuanto volvamos a casa, te compraré dos muñecas preciosas».

No pudo comprármelas cuando regresamos a Rostov: seguíamos viviendo en la pobreza. Pero me las regaló el día que me gradué en la universidad. Dos muñecas: una grande y una pequeña...

«JUSTO EN EL ÚLTIMO MOMENTO, LOS TRES GRITAN SUS NOMBRES Y APELLIDOS...»
Artur Kuzéiev, diez años
Actualmente es encargado de hotel

Alguien estaba tocando la campana. No paraba de sonar...

Hacía tiempo que nuestra iglesia había sido clausurada; ni siquiera recuerdo cuándo fue, pero en su lugar siempre había habido un almacén del *koljós*. Dentro se almacenaban cereales. Al oír la difunta campana, toda la aldea enmudeció: «¡Una desgracia!». Mamá..., todos... salieron a la calle...

Así empezó la guerra...

Cierro los ojos... Lo estoy viendo...

Tres soldados son conducidos por la calle, llevan las manos atadas a la espalda con alambre de espino. Van en paños menores. Dos de ellos son muy jóvenes, el otro es ya un hombre. Caminan con la cabeza gacha.

Los fusilan cerca de la escuela. En medio de la carretera.

Justo en el último momento, los tres gritan sus nombres y apellidos con la esperanza de que alguien los oiga y los memorice. De que alguien informe a sus familias.

Yo lo vi todo por un agujerito de la valla... Memoricé los nombres...

El primero: Vánechka Balái; el segundo: Román Níkonov. El mayor de los tres gritó: «¡Viva el camarada Stalin!».

Instantes después, por esa misma carretera empezaron a circular los camiones. Unos camiones alemanes muy pesados. Ellos estaban ahí tirados... Por encima de sus cuerpos pasaban camiones cargados con soldados y municiones. Y después empezaron a pasar motocicletas. Los alemanes avanzaban, cada vez venían más y más alemanes. Durante días y noches... Muchos días.

Yo repetía... Me despertaba en plena noche... y repetía: «Vánechka Balái, Román Níkonov...». No sabía el nombre del tercero...

«LAS CUATRO NOS ENGANCHAMOS AL TRINEO...»
Zina Prijodko, cuatro años
Actualmente es operaria

Bombardeaban... La tierra temblaba, nuestra casa temblaba...

Nuestra casa era pequeña, teníamos un jardín. Nos escondimos dentro de casa y cerramos los postigos. Estábamos las cuatro: nuestra madre, mis dos hermanas y yo. Mi madre dijo que ella con los postigos ya no tenía miedo. Le dimos la razón; dijimos que nosotras tampoco teníamos miedo, pero en realidad estábamos asustadas... Lo que pasaba era que no queríamos entristecerla.

Vamos andando detrás de un carro de caballos. Después a nosotras, las pequeñas, nos sentaron encima de los bártulos. No sé por qué, pero yo creía que si me dormía me matarían, así que intentaba con todas mis fuerzas mantener los ojos abiertos, pero se me cerraban. Entonces mi hermana mayor y yo acordamos que primero cerraría los ojos yo para dormir un poco y mientras tanto ella se quedaría vigilando para que no nos matasen. Después ella dormiría y yo haría guardia. Nos dormimos las dos. Nos despertamos con los chillidos de mamá. «¡No tengáis miedo! ¡No tengáis miedo!» Delante de nosotros había un tiroteo. Se oían gritos... Mamá trataba de agachar nuestras cabezas, pero nosotras teníamos ganas de mirar...

Los disparos cesaron y nos pusimos en marcha. Vi que la cuneta estaba llena de gente tumbada y le pregunté a mi madre:

—¿Qué hace ahí esa gente?

—Duermen —respondió ella.

—¿Y por qué duermen en una cuneta?

—Porque estamos en guerra.

—¿Nosotras también dormiremos en una cuneta? Yo no quiero acostarme en la cuneta... —gimoteé.

Dejé de lloriquear cuando vi que los ojos de mamá se llenaban de lágrimas.

Adónde nos dirigíamos, hacia dónde viajábamos, yo por supuesto no lo sabía. No lo entendía. Solo recuerdo una palabra: «Azárichi». Y recuerdo una alambrada a la que mi madre no podía acercarse. Después de la guerra me enteré de que estuvimos internadas en el campo de concentración de Azárichi. Fui a visitar el lugar. Pero ¿qué se puede encontrar en un lugar así pasados tantos años? Solo tierra, hierba... Es un sitio normal y corriente. Si algo queda, solo está en nuestra memoria...

Cuando hablo de esto, me muerdo las manos hasta sangrar... para no llorar.

Traen a mi madre de alguna parte y la dejan en el suelo. Nos arrastramos hacia ella; recuerdo que no caminábamos, nos arrastrábamos. La llamábamos: «¡Mamá! ¡Mamá!». Yo le suplicaba: «¡Despierta, mamá!». Estamos cubiertas de sangre porque mi madre está sangrando. Ahora pienso que no comprendíamos que aquello era sangre, ni siquiera sabíamos qué era la sangre, pero sí nos dábamos cuenta de que era algo terrible.

Todos los días llegaban coches; la gente se subía a ellos y se iba. Le pedíamos a mi madre: «Mamaíta, vamos, subamos al coche. A lo mejor va a casa de la abuela...». ¿Por qué nos acordábamos de nuestra abuela? Nuestra madre solía decirnos que la abuelita vivía cerca, pero que no sabía que nosotras estábamos allí. Ella, la abuela, creía que estábamos en Gómel. Mi madre no quería subir a esos coches; cada vez que venían, nos alejaba de ellos. Nosotras llorábamos, suplicábamos, intentábamos convencerla. Un día aceptó... Acababa de llegar el invierno, nos estábamos congelando...

Me muerdo las manos para no llorar. No soy capaz de evitar las lágrimas...

El viaje era muy largo. Alguien le dijo a mi madre, o tal vez ella simplemente lo comprendió, que nos llevaban a la zona de fusilamiento. El vehículo se detuvo; nos ordenaron bajar. Había un caserío; mi madre le preguntó al guardia: «¿Podemos pedir un poco de agua? Mis hijas tienen sed...». Nos dio permiso para entrar en la casa. Entramos y la dueña nos dio una jarra grande con agua. Mamá bebía a sorbitos pequeños, muy despacio; yo pensaba: «Tengo hambre, ¿por qué de pronto mamá tiene tanta sed?».

Mamá vació una jarra y pidió otra. La dueña llenó la jarra, se la entregó a mamá y le dijo que cada mañana se llevaban a muchas personas al bosque y que nadie volvía de allí.

—¿Hay algún otro sitio en la casa por el que podamos salir? —preguntó mi madre.

La dueña señaló con el dedo: «Por allí». Había una puerta que daba a la calle y otra que daba al patio. Salimos de aquella casa y empezamos a arrastrarnos por la tierra. Tengo la sensación de que llegamos a casa de nuestra abuela arrastrándonos. Cómo y cuánto tiempo nos estuvimos arrastrando, eso no lo recuerdo.

La abuela nos metió a las niñas en la parte de arriba de la estufa, a nuestra madre la acomodó en la cama. A la mañana siguiente, mamá empezó a morir. Estábamos asustadas y no lográbamos entenderlo: papá no estaba, ¿cómo podía morirse mamá y dejarnos solas? Recuerdo que mi madre nos llamó, nos sonrió.

—No os peleéis nunca, hijas.

¿Por qué íbamos a pelearnos? No teníamos juguetes. Usábamos una piedra redonda como muñeca. No teníamos golosinas. No teníamos una madre a la que chivarnos y quejarnos.

Al día siguiente, la abuela envolvió a mamá en una sábana blanca y la colocó encima del trineo. Las cuatro nos enganchamos al trineo y tiramos de él...

Lo siento... No puedo seguir... Lloro...

«QUE ESTOS DOS NIÑOS SE VOLVIESEN TAN LIGEROS COMO LOS GORRIONES...»
Raia Ilinkóvskaia, catorce años
Actualmente es profesora de Lógica

Nunca olvidaré cómo olían los tilos en mi pueblo natal, en Ielsk...

Durante la guerra recordábamos todo lo vivido antes de ella como lo más bello del mundo. Esa sensación me ha acompañado siempre. Hasta hoy.

A mi madre, a mi hermano pequeño y a mí nos evacuaron de Ielsk. Nos instalamos en Gribánovka, un pueblo de las afueras de Vorónezh. Pensábamos quedarnos allí hasta que acabara la guerra, pero solo unos días después de nuestra llegada, los alemanes ya estaban llegando a Vorónezh. Nos pisaban los talones.

Subimos a un tren de mercancías; nos dijeron que nos llevarían lejos, al este. Mamá nos tranquilizaba: «Allí habrá mucha fruta». El viaje fue largo porque a menudo nos quedábamos detenidos en vías muertas. No sabíamos dónde pararíamos ni cuánto duraría la parada; aun así, arriesgándonos mucho, en las paradas saltábamos del tren para ir a buscar agua. En el vagón teníamos una estufa salamandra, en ella cocinábamos una olla de gachas de mijo que compartíamos entre todos. Durante todo el tiempo que duró la travesía no comimos otra cosa que esas gachas.

El tren se detuvo en la estación de Kurgontepa. No muy lejos de Andiján... Aquella naturaleza desconocida me impactó tanto que por un tiempo incluso me olvidé de que estábamos en guerra. El mundo a mi alrededor florecía, centellaba, estaba repleto de sol. Volví a sentirme alegre. Todo lo anterior a la guerra volvió a despertar en mi interior.

Nos trasladaron al *koljós* de Kizil iul. Ha pasado mucho tiempo, pero sigo recordando todos los nombres de los lugares. Incluso a mí me sorprende que no los haya olvidado. Recuerdo que entonces los memorizaba, repetía una y otra vez aquellas palabras extrañas. Nos instalamos en el gimnasio de la escuela, ocho familias juntas. Los lugareños nos llevaron mantas y almohadas. En Uzbekistán confeccionan las mantas con pedacitos de tela multicolores; las almohadas las rellenan de algodón. Pronto aprendí a hacer pequeñas gavillas con los tallos secos del algodonero: las utilizábamos para prender la estufa.

Entender que allí también había guerra nos llevó un tiempo. Nos dieron un poco de harina, pero se acabó pronto. Pasábamos hambre. Los uzbekos también. Corríamos detrás de las carretas junto con los chavalines uzbekos, nos sentíamos muy afortunados si se caía alguna cosa. Lo mejor que nos podía pasar era que cayera una torta de prensa, de esas que quedaban después de prensar el aceite. Mejor si era de semillas de lino, porque las de grano de algodón eran muy duras, muy amarillas, parecían guisantes secos.

Mi hermano Vádik tenía seis años, se quedaba solo en casa mientras mi madre y yo íbamos a trabajar al *koljós*. Recalzábamos el arroz, recogíamos el algodón. A mí me dolían los brazos por la falta de costumbre, y de noche no lograba conciliar el sueño. Cuando volvíamos a casa por la tarde, Vádik corría a nuestro encuentro con un tirachinas en la mano y tres gorriones colgando de una cuerda al hombro. Aquellos «trofeos de caza» ya estaban lavados en el río y solo esperaban a que mi madre hiciese la sopa. ¡El cazador estaba tan orgulloso! Al comernos la sopa, no parábamos de elogiar a mi hermano, aunque en realidad los gorriones estaban tan flacuchos que en la cazuela no se veía ni gota de grasa. Los ojos de Vádik brillaban de felicidad.

Mi hermano tenía un amigo, un niño uzbeko; una vez vino a vernos con su abuela. La anciana miraba a los niños, meneaba la cabeza y decía algo a mi madre. Pero mamá no la comprendía. En aquel momento entró el capataz, él hablaba ruso. Nos tradujo: «Está hablando con su Dios, con Alá. Le está reprochando que la guerra es cosa de hombres, de guerreros, ¿por qué tienen que sufrir los niños entonces? ¿Cómo ha podido permitir que estos dos niños se hayan vuelto tan ligeros como los gorriones a los que disparan con su tirachinas?». La anciana desparramó encima de la mesa un puñado de albaricoques secos. ¡Duros y dulces como el azúcar, amarillos como el oro! Podías chuparlos durante muchísimo rato, masticarlos poco a poco mientras ibas arrancando diminutos pedacitos, para al final romper el hueso y comerte el crujiente corazón.

A su nieto se le iban los ojos hacia los albaricoques, tenía los ojos hambrientos... ¡Salían chispas de ellos! Mi madre se puso nerviosa, pero la anciana le acarició la mano y la tranquilizó. Abrazando a su nieto dijo: «No se preocupe, este zagal cada día tiene su tazón de leche de cabra fermentada porque vive en casa, con su abuela». El capataz nos lo traducía todo. Durante todo el tiempo que pasamos allí, aquella leche de cabra fermentada fue lo más delicioso que mi hermano y yo podíamos imaginar.

Cuando la anciana y su nieto se fueron, nos quedamos los tres sentados a la mesa. Ninguno se atrevía a ser el primero en extender la mano para alcanzar una de esas frutas doradas...

«Sentía vergüenza porque llevaba unos zapatos de niña...»
Marlen Robéichikov, once años
Actualmente es jefe de sección del Comité Ejecutivo del Sóviet Municipal

Vi la guerra desde la copa de un árbol...

Los adultos nos lo tenían prohibido, pero nosotros igualmente trepábamos por los árboles y seguíamos los combates aéreos desde lo alto de los pinos. Llorábamos cuando nuestros aviones se incendiaban, pero no teníamos miedo: era como si estuviéramos viendo una película. Al segundo o tercer día nos reunieron a todos y el director nos anunció que nuestro campamento de jóvenes pioneros iba a ser evacuado. Ya habíamos sido informados de que los bombardeos habían dejado Minsk en ruinas y de que no seríamos trasladados a casa, sino a algún lugar alejado de la guerra.

Me gustaría relatarle cómo nos preparamos para el viaje... Nos ordenaron que metiéramos en nuestras maletas solo lo estrictamente necesario: camisetas, camisas, calcetines, pañuelos. Hicimos las maletas, y encima de toda la ropa, cada uno colocamos nuestro pañuelo rojo de pionero. En nuestra fantasía infantil, la imagen estaba clara: los alemanes nos encontrarían, abrirían nuestras maletas y lo primero que verían serían nuestros pañuelos rojos. Era nuestra venganza...

Nuestro tren se desplazaba más deprisa que la guerra. Adelantamos a la guerra... En las estaciones donde parábamos todavía no sabían nada de la guerra, no la habían visto. Y nosotros, los niños, contábamos a los adultos cómo era: cómo ardía Minsk, cómo bombardearon nuestro campamento, cómo se incendiaban nuestros aviones. Curiosamente, a medida que nos íbamos alejando de casa, cada vez crecía más en nosotros la esperanza de que nuestros padres vinieran a buscarnos; no sospechábamos que muchos ya no teníamos padres. En aquel momento todavía no se nos había cruzado por la mente ni siquiera la sombra de esta idea. Hablábamos sobre la guerra, pero éramos niños de paz. De los tiempos de paz.

Del tren nos trasladaron a una embarcación llamada *Comuna de París* y navegamos por el río Volga. Llevábamos viajando más de dos semanas y todavía no nos habíamos cambiado de ropa ni de calzado una sola vez. En la embarcación me quité las zapatillas por primera vez, nos dieron permiso. Yo llevaba unas zapatillas de suela de goma con cordones. ¡El olor que salió de ahí cuando me las quité! Intenté lavarlas varias veces, pero al final acabé por tirarlas. Llegué a Jvalynsk descalzo.

Éramos tantos que tuvieron que organizar dos orfanatos bielorrusos: en uno pusieron a los niños en edad escolar; en el otro, a los preescolares. ¿Que cómo lo sé? Pues porque recuerdo lo mucho que lloraron los que tenían que separarse de sus hermanos; sobre todo lloraban los pequeños, les daba miedo perder a los mayores. Cuando nos quedamos sin padres en el campamento de jóvenes pioneros, nos lo tomamos como un juego, era divertido, pero ahora nos asustamos de verdad. Nosotros éramos niños con familia, estábamos acostumbrados a estar con nuestros padres, a sentir su cariño. Mi madre siempre me despertaba por la mañana y me daba un beso por la noche. Cerca de nosotros había otro orfanato donde vivían los huérfanos «de verdad»; nosotros éramos muy distintos. Ellos ya estaban acostumbrados a vivir sin una familia, nosotros teníamos que aprenderlo.

Guardo el recuerdo de lo que comíamos en 1943: cada día nos daban como ración una cucharadita de leche cocida al horno con un trocito de pan y remolacha hervida, y en verano, sopa de corteza de sandía. Una vez vimos la película *Marzo-abril*: allí explicaban cómo nuestros exploradores preparaban gachas a base de la corteza del abedul. Las niñas aprendieron a cocinar gachas de abedul.

En otoño nos encargábamos de hacer aprovisionamiento de leña. Según las normas de producción, debíamos conseguir un metro cúbico por cabeza. Los árboles estaban en la montaña. Primero teníamos que ir, talar el árbol, cortar las ramas; después los troncos se cortaban en leños de un metro de largo y con ellos formábamos pilas. Las normas de producción estaban previstas para adultos, y con nosotros trabajaban también las niñas. A los niños nos tocaba más trabajo. En casa nunca habíamos visto una sierra; éramos niños de ciudad, y de pronto teníamos que serrar unos troncos enormes. Partirlos en dos.

Teníamos hambre de día y de noche; mientras trabajábamos y mientras dormíamos, nos pasábamos todo el rato hambrientos. Sobre todo en invierno. A veces nos escapábamos a las instalaciones militares, allí a menudo nos daban un cucharón de sopa. Pero éramos muchos, los soldados tampoco eran capaces de alimentarnos a todos. Si llegabas el primero, estabas de suerte...; si eras el último, te quedabas con las ganas. Yo tenía un amigo, Mishka Cherkásov. Una vez estábamos charlando y me dijo: «Caminaría veinte kilómetros si supiera que me iban a dar un plato de gachas». En la calle la temperatura era de treinta bajo cero, pero se vistió y fue corriendo hasta las instalaciones militares. Pidió comida y los soldados le dijeron que les habían quedado algunas sobras de la sopa, que fuera a buscar una marmita. Pero cuando salió a la calle para ir a por el recipiente, vio a los niños del otro orfanato que se dirigían hacia allí. Si iba a por la marmita, cuando volviera ya no quedaría nada.

Regresó y les dijo a los soldados: «¡Llénenlo!». Y en vez de la marmita les acercó su grueso gorro forrado. Se le veía tan convencido que el soldado empezó a vaciar el cucharón en el gorro. Mishka desfiló como un héroe por delante de los del otro orfanato y regresó corriendo al nuestro. Se le helaron las orejas, pero trajo sopa para sus compañeros... Aunque, para cuando llegó, dentro del gorro solo había hielo. Nos echamos esos trozos de hielo en el plato, nadie esperó a que se descongelaran: nos los comimos tal cual..., y las chicas le frotaban las orejas a Mishka. ¡Cuánta alegría había en su cara por habernos traído la sopa! ¡Ni siquiera quiso ser el primero en comer!

Para nosotros la comida más rica que existía eran las tortas de prensa. Las dividíamos en variedades según los diferentes sabores. Para conseguirlas organizábamos una operación a la que llamábamos «Operación: las tortas». Unos cuantos se subían al camión en marcha e iban lanzando los trozos afuera; los demás los recogían. Volvíamos al orfanato llenos de moretones, pero muy contentos, con la barriga llena. ¡Y qué decir de los mercados de verano y de otoño! Eran la gloria. Probábamos de todo: una vendedora nos ofrecía un trocito de manzana; otra, un trocito de tomate. Robar en el mercado no se consideraba vergonzoso, todo lo contrario: era un acto de valentía. Nos daba lo mismo lo que fuera, lo único que importaba era que fuera comestible, con eso bastaba.

A nuestra clase iba el hijo del director de la fábrica de aceite. Los niños son niños: en plena clase jugábamos a hurtadillas a «hundir la flota». Y aquel otro mientras tanto sentado en la última fila trincándose su pan con aceite de girasol. El olor se propagaba por toda el aula...

Murmurábamos entre nosotros, le enseñábamos los puños: «Ya verás después de clase...».

De pronto nos dimos cuenta de que la maestra había desaparecido; la encontramos tumbada en el suelo. La pobre tenía hambre y también había notado el olor... Se había desmayado. Las niñas de la clase la acompañaron a casa, vivía con su madre. Por la noche decidimos que a partir de ese día todos guardaríamos un pequeño trozo de pan para la maestra. Como sabíamos que ella jamás lo aceptaría, le llevábamos el pan a su madre, a sus espaldas, con la condición de que no le dijera que lo habíamos llevado nosotros.

Teníamos jardín y huerto. En el jardín crecían los manzanos, en el huerto cultivábamos col, zanahoria, remolacha. Hacíamos vigilancia constante con patrullas formadas por varios niños. Acabado el turno de guardia, lo volvíamos a contar todo: cada zanahoria, cada repollo. Y de noche pensábamos: «Ojalá mañana haya crecido una nueva zanahoria, así no estará en la lista y podré comérmela». Una zanahoria que estuviera en la lista no debía desaparecer bajo ningún concepto. ¡Nos habríamos muerto de la vergüenza!

Así que vigilábamos el huerto. Estábamos rodeados de comida, pero nos aguantábamos. ¡Y mira que teníamos hambre! Una vez estaba yo de guardia con un chico un poco mayor. Se le ocurrió una idea:

—¿Ves aquella vaca?

—Sí, ¿y qué?

—¡Bobo! ¿Acaso no sabes que existe un decreto que dice que si una vaca privada está pastando en una parcela estatal al propietario le pueden quitar la vaca o multarlo?

—Pero si está pastando en el prado...

—Vale, pero ¿acaso está atada a ese prado?

Así que me expuso su plan: agarramos la vaca, la arrastramos hasta nuestro jardín y la atamos allí. Después vamos a buscar a la dueña. Dicho y hecho: arrastramos la vaca hasta el jardín del orfanato y la dejamos allí atada. Mi compañero fue a la aldea, dio con la dueña y se lo contó todo: que su vaca se había metido en el jardín estatal del orfanato y que el decreto decía...

No creo que... Ahora dudo que la dueña creyera nuestra historia, que consiguiéramos asustarla. Me imagino que más bien vio a unos niños hambrientos y que sintió lástima por nosotros. En cualquier caso, llegamos a un acuerdo: nosotros sacábamos su vaca a pastar y a cambio ella nos recompensaba con unas patatas.

Una vez, una de las niñas de nuestro orfanato se puso enferma; necesitaba una transfusión de sangre. Pues en todo el orfanato no había nadie a quien se le pudiera sacar sangre. ¿Me entiende?

¿Si teníamos algún sueño? Ir al frente. Una vez nos reunimos unos cuantos chicos, los más temerarios, y decidimos fugarnos. Por suerte para mí, poco después llegó a nuestro orfanato el director de una orquesta militar, el capitán Gordéiev. Seleccionó a los cuatro niños con mejores dotes para la música y yo fui uno de ellos. Así fue como conseguí ir al frente.

El orfanato entero, todos los niños nos ayudaron a preparar nuestra partida. Yo no tenía ropa, así que una niña me regaló su traje de marinero; otra que tenía dos pares de zapatos me dejó unos.

Con esa pinta me fui al frente. Por encima de todo, sentía vergüenza porque llevaba unos zapatos de niña...

«YO GRITABA, GRITABA... NO PODÍA PARAR...»
Liuda Andréieva, cinco años
Actualmente es interventora

La guerra ha quedado grabada en mi memoria con el aspecto de una hoguera... Ardía y ardía. Infinitamente.

Nos reuníamos, todos éramos pequeños... ¿Sabe de qué hablábamos? De que antes de la guerra nos encantaban los bollos y el té dulce, y de que ya nunca volveríamos a probarlos.

Nuestras madres lloraban mucho, lloraban todos los

días... Por eso nosotros nos esforzábamos para llorar menos que cuando vivíamos en paz. Intentábamos ser menos caprichosos.

Yo sabía que mi madre era joven y guapa; las madres de los demás niños eran mayores, pero con solo cinco años yo ya era capaz de comprender que para nosotros no era nada bueno que mamá fuera tan joven y tan guapa. Con cinco años ya lo tenía claro... Incluso podía comprender que era bueno que yo fuera pequeña. ¿Cómo puede saber eso una cría? Nadie me lo había explicado...

Han pasado tantos años... Me espanta recordarlo... Acercarme a eso...

Un día, un vehículo alemán se detuvo junto a nuestra casa; no era algo deliberado, simplemente se les estropeó. Los soldados entraron en casa y nos mandaron a mi abuela y a mí a otra habitación; a mi madre la obligaron a ayudarlos. Se calentaban el agua, se preparaban la cena... Los alemanes hablaban tan alto que me daba la sensación de que no estaban hablando y riéndose, sino gritando a mi madre.

Oscureció, se hizo de noche. De pronto, mi madre entró corriendo en la habitación, me cogió en brazos y salió a toda prisa. No teníamos jardín, el patio estaba vacío; corríamos de un lado para otro y no encontrábamos dónde escondernos. Nos metimos debajo del vehículo. Ellos salieron detrás de nosotras; nos buscaban, recorrían el patio con las linternas. Mamá se puso encima de mí, me tapó con su cuerpo, y yo oía como le castañeteaban los dientes. Se puso fría, toda ella estaba fría.

Por la mañana, cuando los alemanes se marcharon, volvimos a entrar en casa... La abuela estaba estirada en la cama..., atada con cuerdas... ¡Estaba desnuda! La abuela... ¡Mi abuela! Todo ese horror... Ese miedo... Empecé a gritar. Mi madre me empujó afuera, a la calle. Yo gritaba, gritaba... No podía parar...

Durante mucho tiempo los coches me produjeron terror. Era oír el ruido de un motor y comenzaba a temblar. Ya había terminado la guerra, ya habíamos empezado la escuela... Pero veía un tranvía y perdía el control: me castañeteaban los dientes. Por el temblor. En clase éramos tres los que habíamos sobrevivido la ocupación. Uno de ellos, un niño, no soportaba el zumbido de los aviones. En primavera, cuando llegaba el buen tiempo, la maestra abría las ventanas... Se oía a lo lejos el zumbido de un avión... O bien un coche que se acercaba... Nuestros ojos se volvían gigantes, los de ese niño y los míos; las pupilas se nos dilataban, nos invadía el pánico. Los niños que habían logrado ser evacuados se reían de nosotros...

Los primeros fuegos artificiales... La gente salió a la calle, pero mi madre y yo nos escondimos en un hoyo. Nos quedamos allí hasta que vinieron los vecinos: «Salid; no es la guerra: es la fiesta de la Victoria».

¡Qué ganas de juguetes nos entraron! Qué ganas de sentirnos niños... Cogíamos un pedacito de ladrillo y nos imaginábamos que era una muñeca. A veces era el más pequeño del grupo el que hacía de muñeca. Ahora, cuando veo en la arena trocitos pequeños de vidrio de colores, todavía me apetece cogerlos. Me siguen pareciendo una cosa preciosa.

Crecí... Un día alguien me comentó: «Qué guapa eres.

Eres igual que tu madre». Yo no me alegré, me asusté. Nunca me ha gustado que me digan esas cosas...

«TODOS LOS NIÑOS NOS COGIMOS DE LA MANO...»
Andréi Tólstik, siete años
Actualmente es doctor en Ciencias Económicas

Yo era pequeño...

Recuerdo a mi madre... Hacía el pan más sabroso de toda la aldea, su huerto era el más bonito de todos. Las dalias que florecían en nuestro jardín delantero y en nuestro patio eran las más grandes. Para todos nosotros —para mi padre, para mis dos hermanos mayores, para mí—, mi madre bordó unas camisas preciosas. Les bordaba el cuello. Les hacía punto de cruz con hilos de color rojo, azul, verde...

No recuerdo quién me avisó de que a mamá la habían fusilado. Fue una de las vecinas, creo. Fui a casa corriendo. Me dijeron: «No la han matado en casa, ha sido en las afueras de la aldea». Mi padre no estaba, luchaba en la guerrilla, igual que mis hermanos; mi primo también se había unido a los partisanos. Fui a ver al vecino, el abuelo Karp.

—Han matado a mi madre. Tenemos que traerla.

Enganchamos la vaca (no teníamos caballo) y nos pusimos en marcha. Cuando ya estábamos cerca del bosque, el abuelo Karp me detuvo.

—Espera aquí. Yo soy viejo, no importa si me matan. Pero tú... tú todavía eres un chaval.

Me quedé allí esperando. La cabeza me zumbaba: «¿Qué le diré a mi padre? ¿Cómo le diré que han matado a mamá?». Y también cosas más infantiles: «Si veo a mamá muerta, nunca volverá a estar viva. Pero si no la veo, regresaré a casa y ella estará allí».

El pecho de mi madre estaba atravesado por una ráfaga de ametralladora. Se veía la línea en la blusa... También tenía un pequeño agujero negro en la sien... Estaba deseando que le pusieran cuanto antes un pañuelo blanco en la cabeza para dejar de ver ese agujero tan negro. Tenía la sensación de que todavía le dolía...

No subí a la carreta, fui caminando...

En la aldea todos los días se enterraba a alguien... Se me quedó grabado el día en que sepultaron a cuatro partisanos. Eran tres hombres y una muchacha. Los entierros de guerrilleros eran frecuentes, pero aquella era la primera vez que veía enterrar a una mujer. Cavaron una tumba para ella sola... Pusieron su cuerpo aparte, tendido en la hierba, bajo un peral frondoso... Unas ancianas se sentaban a su lado y le acariciaban las manos...

—¿Por qué la han separado de los otros? —pregunté.

—Era joven... —contestaron las mujeres.

Yo me había quedado solo, sin parientes, sin familia, y me asusté. «¿Qué haré ahora?» Me acompañaron a Zalésie, la aldea de la tía Marfa. Ella no tenía hijos, y su marido luchaba en el frente. Los dos nos escondíamos en el sótano. Ella me abrazaba, estrechaba mi cabeza contra su hombro: «Hijito...».

La tía Marfa enfermó de tifus. Después de ella, enfermé yo. Me acogió la abuela Zenka. Tenía a sus dos hijos en el frente. Yo me despertaba en plena noche y la veía dormitando sentada junto a mi cama: «Hijito...». Toda la gente del pueblo se ocultaba en el bosque cuando venían los alemanes, pero la abuela Zenka se quedaba a mi lado. No me dejó ni una sola vez: «Si hay que morir, moriremos juntos, hijito...».

Después del tifus, durante mucho tiempo me costó andar. Podía caminar si la carretera era llana, pero cualquier pendiente, por corta que fuera, y las piernas me fallaban. Ya estábamos esperando a que llegaran nuestros soldados. Las mujeres fueron al bosque, a buscar fresas salvajes. No había nada más para ofrecerles como bienvenida.

Los soldados caminaban sin fuerzas. La abuela Zenka les llenaba los cascos de fresas rojas. Y ellos me las ofrecían a mí. Yo estaba sentado en el suelo, incapaz de levantarme.

Mi padre regresó de la guerrilla. Sabía que yo había estado enfermo y me trajo un trozo de pan y uno de tocino, tan gordo como un dedo. El pan y el tocino olían a tabaco. Todo olía a mi padre.

Oí la palabra «¡Victoria!» mientras estaba recogiendo acelgas en el prado. Todos los niños nos cogimos de la mano y corrimos así hasta la aldea...

«ANTES DE LA GUERRA NO TENÍAMOS NI IDEA DE CÓMO SE ENTERRABA A ALGUIEN...»
Mijaíl Shikariov, trece años
Actualmente es empleado de ferrocarriles

La hija de nuestros vecinos era sorda...

Todos gritaban: «¡La guerra! ¡La guerra!», y ella venía con su muñeca a jugar con mi hermana, canturreando.

Hasta los niños habían dejado de sonreír. «Qué suerte —pensaba yo—, ella no ha oído nada de la guerra.»

Mis amigos y yo envolvimos en un hule nuestras insignias de la organización de los Pequeños de Octubre* y nuestros pañuelos de jóvenes pioneros. Enterramos el paquete entre los arbustos, en la orilla del río. En la arena. ¡Unos conspiradores en toda regla! Todos los días íbamos a visitar aquel sitio.

Los alemanes infundían miedo en todo el mundo, incluidos los perros y los niños pequeños. Mi madre dejaba huevos en un banco al lado de nuestra casa. En la calle. Así ellos, los alemanes, no entraban. No nos preguntaban: *Juden!* Mi hermana y yo teníamos el pelo negro y rizado...

Un día estábamos bañándonos en el río... y vimos que algo negro subía desde el fondo. ¡Justo cuando estábamos en el agua! Al principio creímos que era un tronco hundido, pero ese «algo» empezó a aproximarse a la orilla empujado por la corriente; divisamos la cabeza, los brazos... Vimos que era un hombre. Creo que nadie se asustó. Nadie gritó. Nos acordamos de que los adultos hablaban de que en ese lugar había caído uno de nuestros tiradores de ametralladora, que había caído al agua con su ametralladora Degtiariov.

Solo habían pasado unos meses desde que había estallado la guerra... Aun así, observar la muerte de cerca ya no

* Nombre de la organización juvenil soviética que agrupaba a niños de entre siete y nueve años de edad. Por norma general, en la siguiente etapa los niños se integraban en la organización de Jóvenes Pioneros. *(N. de las T.)*

nos daba miedo. Sacamos el cuerpo a la orilla y lo enterramos. Alguien corrió a por una pala y cavamos un hoyo. Luego lo rellenamos. Guardamos silencio un rato. Una niña incluso se santiguó; en su día su abuela asistía a los servicios de la iglesia y la niña se sabía las oraciones.

Lo hicimos todo nosotros mismos. Solos, sin la ayuda de adultos. Y eso que antes de la guerra no teníamos ni idea de cómo se enterraba a alguien. Pero en aquel momento fue como si lo recordáramos.

Pasamos los dos días siguientes zambulléndonos en busca de la ametralladora...

«Ni siquiera consiguió llenar la cesta...»
Leonid Sivakov, seis años
Actualmente es operario instrumentista

El sol ya había salido...

Los pastores estaban reuniendo las vacas. Los soldados del destacamento punitivo les dieron tiempo para que condujesen el ganado a la otra orilla del riachuelo Greza y empezaron a recorrer las casas. Entraban en ellas siguiendo una lista y fusilaban también siguiendo esa lista. Leían: madre, abuelo, niños, tal y tal edad... Lo comprobaban con la lista en la mano y si faltaba alguien lo buscaban. Sacaban a los niños de debajo de la cama, de encima de la estufa...

Cuando los localizaban a todos, los mataban de un tiro...

En nuestra casa éramos entonces seis personas: mi abuela, mi madre, mi hermana mayor, mis dos hermanos pequeños y yo. Seis personas... Por la ventana vimos que se dirigían a casa de nuestros vecinos. Yo, con mi hermano, el más pequeño, corrí al zaguán y eché la aldabilla de la puerta. Y nos sentamos en el baúl, junto a mamá.

La aldabilla era floja, el alemán la arrancó enseguida. Cruzó el umbral y descargó una ráfaga. No tuve tiempo de ver si era joven o viejo. Todos nos caímos, yo me caí detrás del baúl...

Recobré el conocimiento al notar que algo me goteaba encima... Caían gotas y más gotas, como si fuera agua. Levanté la cabeza: lo que goteaba era la sangre de mamá, mi madre yacía muerta en el baúl. Me arrastré para esconderme debajo de la cama, había sangre por todas partes... Yo mismo estaba bañado en sangre... Empapado...

Oí que entraban dos personas. Hacían cuentas: cuántos muertos había. Uno de ellos dijo: «Aquí falta uno. Hay que encontrarlo». Empezaron a buscar, se inclinaron para mirar debajo de la cama. Mi madre había escondido allí un saco de cereales. Sacaron el saco y se marcharon muy contentos. Se les había olvidado que les faltaba uno de la lista. En cuanto se fueron, me desmayé...

Recobré el conocimiento por segunda vez cuando nuestra casa se incendió...

Noté un calor tremendo y náuseas. Vi que estaba manchado de sangre, pero no comprendía si estaba herido o no, no sentía dolor. Todo se llenó de humo... No sé cómo conseguí salir arrastrándome al huerto; luego seguí hasta el jardín de los vecinos. Solo al llegar allí sentí que me habían herido en una pierna y que tenía un brazo roto. ¡Fue como una sacudida de dolor! Después... otra vez vuelvo a no recordar nada...

La tercera vez que recuperé el conocimiento fue con un grito terrible... Me arrastré hacia ese grito...

El grito quedaba colgado en el aire, como un hilo. Y yo me arrastraba por él como si fuera un hilo. Así llegué al garaje del *koljós*. Allí no vi a nadie... El grito provenía de debajo de la tierra... Entendí que gritaban desde el foso de engrase...

No podía ponerme de pie, me aproximé hasta el foso a rastras y miré hacia abajo... El foso estaba lleno de gente... Eran los refugiados de Smolensk, que vivían en el edificio de la escuela. Unas veinte familias. Todos estaban tumbados en el foso, y por encima de los cuerpos avanzaba cayéndose una y otra vez una niña herida. Era ella la que gritaba. Miré atrás: ¿hacia dónde arrastrarme? La aldea estaba en llamas... Y no quedaba nadie con vida... Solo esa niña. Me tiré al foso, con ella... No sé cuánto tiempo pasé inconsciente...

Sentí que la niña estaba muerta. La empujaba, la llamaba, y ella no me respondía. Yo era el único que estaba vivo, los demás estaban muertos. El sol calentó el aire, la sangre se evaporaba. La cabeza me daba vueltas...

Pasé así mucho rato, a momentos recuperaba la conciencia. Los fusilamientos fueron un viernes; el sábado vinieron mi abuelo y la hermana de mi madre desde la otra aldea. Me encontraron en el foso, me subieron al carro. El carro daba saltos con cada bache; me dolía, quería gritar, pero no tenía voz. Solo era capaz de llorar... Pasé mucho tiempo sin hablar. Siete años... Susurraba cosas, pero nadie entendía mis palabras. Al cabo de siete años empecé a pronunciar bien una palabra, luego otra... Me escuchaba a mí mismo...

Allí donde antes había estado nuestra casa, el abuelo recogió los huesos en una cesta. Ni siquiera consiguió llenar la cesta...

Ya se lo he contado... ¿Es eso todo? ¿Todo lo que ha quedado de aquella pesadilla? Solo unas cuantas docenas de palabras...

«Sacaron los gatitos de la casa...»
Tonia Rudakova, cinco años
Actualmente es directora de guardería

Del primer año de la guerra... recuerdo muy poco...

Los alemanes llegaron de madrugada, la luz de la calle era grisácea. Les mandaron a todos formar una fila en el prado, y a los que llevaban el pelo rapado les dijeron: «¡Fuera de la fila!». Los del pelo rapado eran los prisioneros de guerra que la gente había acogido en sus casas. Los llevaron cerca del bosque y allí les dispararon.

Antes solíamos correr por las afueras de la aldea. Jugábamos cerca del bosque. A partir de entonces nos dio miedo.

Recuerdo que mamá hizo unas hogazas de pan. Eran muchas: las repartió por los bancos, por la mesa, por el suelo, encima de las toallas de lino, por el zaguán. Yo estaba sorprendido.

—Mamá, ¿por qué tanto pan? A los tíos los han matado a tiros. ¿Quién se va a comer todo eso?

Ella me echó a la calle.

—Vete a jugar con los niños...

Yo temía que mataran a mi madre, corría tras ella a todas partes.

Por la noche, los guerrilleros se llevaron el pan. Nunca más volví a ver tanto pan. Los alemanes dejaron las casas completamente limpias; pasábamos hambre. Yo no lo comprendía... Le pedía a mi madre:

—Enciende la estufa, mamá; haz pan. Mucho pan.

Es todo lo que recuerdo del primer año de guerra...

Supongo que crecí un poco porque lo que ocurrió después lo recuerdo mejor. Recuerdo que quemaron nuestra aldea... Primero nos fusilaron y luego nos quemaron. Yo regresé del reino de los muertos...

No disparaban en la calle, entraban en las casas. Estábamos todos pegados a la ventana.

—Han ido a fusilar a Aniska...

—Ya han acabado en casa de Aniska. Ahora van a casa de la tía Anfisa...

Estábamos allí, esperando a que vinieran y nos disparasen. Nadie lloraba, nadie gritaba. Simplemente esperábamos. Con nosotros estaba nuestra vecina con su niño; fue ella la que dijo:

—Salgamos. En la calle no matan.

Entraron en nuestro patio: uno era un soldado, y el otro, un oficial. El oficial era alto, calzaba unas botas altas y llevaba una visera alta. Lo recuerdo bien...

Nos empujaban para que nos metiéramos en casa. La vecina cayó al suelo y empezó a besarle las botas al oficial.

—No entraremos. Sabemos que allí nos pegaréis un tiro.

Y ellos: *Zurück! Zurück!*, que significa «atrás». Ya dentro de casa, mi madre se sentó en la banqueta, junto a la mesa. Se me quedó grabado: cogió una taza pequeña con leche y se la dio de beber a nuestro hermanito pequeño. Había tal silencio que todos pudimos oírlo sorber con los labios.

Yo me senté en un rincón y puse la escoba delante de mí. La mesa tenía un mantel muy largo; debajo se ocultó el hijo de la vecina. El mantel le cubría. Mi hermano se metió debajo de la cama. La vecina se puso de rodillas en la puerta y empezó a rogar por todos:

—Señores, tenemos hijos pequeños. Señores, tenemos muchos hijos...

Se me quedó en la memoria su imagen pidiendo clemencia. Estuvo mucho rato rogando.

El oficial avanzó hacia la mesa, levantó el mantel y disparó. Se oyó un grito; el oficial volvió a disparar. El niño de la vecina gritaba... Le dio unos cinco tiros...

El oficial se me quedó mirando... Por mucho que yo intentaba esconderme detrás de la escoba, no lo lograba. Sus ojos eran tan bonitos, de color marrón... Vaya si los recuerdo... Sentía tanto miedo que del susto le pregunté: «Señor, ¿va usted a matarme?». No me contestó. Justo en ese instante salió el soldado de la otra habitación; bueno, salió..., arrancó la enorme cortina que separaba las dos habitaciones y ya está. Llamó al oficial y le enseñó unos gatitos pequeños que había en la cama. La gata no estaba, solo los gatitos. Los cogieron, sonrieron, se pusieron a jugar con ellos. Jugaron un rato y después el oficial se los dio al soldado para que se los llevara afuera. Sacaron los gatitos de la casa...

Recuerdo cómo ardía el pelo de mamá, ya estaba

muerta... Y el pañal del bebé que tenía a su lado... Pasé con mi hermano mayor por encima de ellos, aferrado a la pernera de su pantalón: primero salimos al patio, luego al jardín, después nos ocultamos en el patatal hasta que llegó la noche. Cuando oscureció, nos escondimos entre los arbustos. Entonces lloré...

¿Cómo logramos salir con vida? No lo recuerdo... Sobrevivimos mi hermano, los cuatro gatitos y yo. Llegó nuestra abuela, que vivía en la otra orilla del río. Nos acogió a todos...

«Acuérdate: Mariúpol, Párkovaia, número 6...»
Sasha Solianin, catorce años
Actualmente es discapacitado de primer grado

Tenía muy pocas ganas de morir... Al amanecer era cuando más odiaba la idea de morir...

Nos llevan al lugar de ejecución. Conducen deprisa. Los alemanes tienen prisa, lo he deducido de su conversación. Antes de la guerra me gustaban las clases de alemán. Incluso me aprendí de memoria unos poemas de Goethe. Vamos tres: dos prisioneros de guerra —tenientes— y yo, un chaval... Me capturaron en el bosque mientras recogía armas. Antes había logrado escapar un par de veces, pero esa me trincaron.

No quiero morir...

Me dicen en susurros:

—¡Corre! Nosotros atacaremos a los guardias y tú saltas a los arbustos.

—No voy a escaparme...

—¿Por qué?

—Me quedaré con ustedes.

Yo deseaba morir con ellos. Como un soldado.

—Es una orden: ¡corre! ¡Vive!

Uno de ellos se llamaba Danila Grigórievich Iordánov, era de Mariúpol... El otro, Aleksandr Ivánovich Iliinslki, de Briansk...

—Acuérdate: Mariúpol, Párkovaia, número 6... ¿Lo has memorizado?

—Briansk, calle... ¿Lo has memorizado?

Empezaron los disparos...

Yo eché a correr... Corría... En mi cabeza palpitaba: tal, tal y tal... Recordar... Tal, tal y tal... Recordar. Y con el miedo lo olvidé.

Olvidé la calle y el número de Briansk...

«OÍ COMO SE LE PARÓ EL CORAZÓN...»
Lena Arónova, doce años
Actualmente es abogada

De pronto, nuestra ciudad estaba completamente militarizada. Nuestra tranquila y verde ciudad de Gómel...

Mis padres decidieron enviarme a Moscú; allí estudiaba mi hermano, en una academia militar. Todos creían que Moscú jamás caería en manos de los enemigos, que era una fortaleza inexpugnable. Yo no quería irme, pero mis padres insistieron porque, cuando nos bombardeaban, yo me pasaba días enteros sin comer nada, tenían que alimentarme a la fuerza. Adelgacé. Mi madre pensó que en Moscú habría más tranquilidad, que allí estaría bien. Que ganaría peso. Ella y papá vendrían en cuanto acabara la guerra. Es decir, muy pronto.

El tren no llegó hasta Moscú, nos obligaron a bajar en Maloyaroslavets. En la estación había un teléfono interurbano; yo corría arriba y abajo, quería llamar a mi hermano para saber qué tenía que hacer. Lo conseguí, mi hermano me dijo: «Quédate ahí, iré a buscarte». Pasamos la noche muy asustados, había muchísima gente; de repente nos avisaron: al cabo de media hora partía un tren hacia Moscú, teníamos que ocupar nuestros asientos. Agarré mis cosas y subí corriendo al tren; me metí en la litera de arriba y me dormí. Cuando desperté, el tren estaba parado cerca de un riachuelo; las mujeres lavaban la ropa. «¿Dónde está Moscú?». pregunté sorprendida. Me contestaron que nos estaban llevando hacia el este...

Bajé del vagón y lloré llevada por el enfado y la desesperación. Y... ¡milagro! Desde el tren me vio Dina; era amiga mía, habíamos salido juntas de Gómel, nuestras madres fueron juntas a despedirnos, pero en Maloyaroslavets nos habíamos separado y nos perdimos de vista. Ahora volvíamos a ser dos. Yo ya no estaba tan asustada. En las estaciones la gente venía a traernos comida: bocadillos, leche en bidones que llevaban encima de carros de caballos...; una vez hasta nos trajeron sopa.

Nos hicieron bajar en la estación de Zharkol, en la provincia de Kostanai. Dina y yo subimos por primera vez a una carreta. Nos tranquilizábamos mutuamente, decidimos que en cuanto llegáramos escribiríamos a casa. Yo le decía:

«Si ningún bombardeo ha derrumbado nuestras casas, nuestros padres recibirán las cartas; pero si las ha destruido, ¿adónde vamos a escribir?». Mi madre era médico jefe del hospital infantil, mi padre era el director de la escuela de artes y oficios. Mi padre era un hombre pacífico, tenía el aspecto típico de un maestro; me asusté mucho el día en que volvió del trabajo con una pistola (habían entregado una a cada trabajador) y se había ajustado la funda encima de la chaqueta de civil. Creo que a él también le daba miedo la pistola; por la noche se la quitaba y la depositaba con sumo cuidado en la mesa. Vivíamos en un bloque de viviendas grande, pero entre los vecinos no había militares; antes yo no había visto nunca un arma. Me parecía que la pistola empezaría a dispararse sola en cualquier momento, que la guerra se había metido en nuestra casa. La guerra terminaría el día en que papá se quitara definitivamente esa pistola.

Dina y yo éramos niñas de ciudad, no sabíamos hacer nada. Llegamos, y al día siguiente nos enviaron a trabajar en el campo; nos pasamos el día entero cabizbajas. Yo me sentí mareada y me desmayé. Dina lloraba y no sabía cómo ayudarme. Nos sentíamos avergonzadas: las niñas del lugar cumplían con sus obligaciones, nosotras apenas habíamos llegado a la mitad del campo y ellas ya estaban lejos. Lo más terrible fue cuando me enviaron a ordeñar; me dieron una tinaja y yo jamás había ordeñado una vaca, hasta me daba miedo acercarme a ella.

Una vez alguien vino de la estación y trajo periódicos. Leímos que Gómel había caído; las dos lloramos mucho. Si Gómel había caído, eso significaba que nuestros padres habían muerto y que nosotras tendríamos que ir al orfanato. Yo no quería ni pensar en el orfanato, tenía en la cabeza la idea de ir a buscar a mi hermano... Pero los padres de Dina vinieron a por nosotras, nos habían localizado de puro milagro. El padre de Dina ahora trabajaba como médico jefe en un pueblo llamado Saraktash, en la región de Oremburgo, que entonces se llamaba Chkálovskaia. En el recinto hospitalario había una casa pequeña; allí nos fuimos a vivir. Dormíamos en unas tarimas de madera, en colchones rellenos de paja. Yo llevaba unas trenzas largas, me llegaban por debajo de las rodillas, me agobiaban mucho. No podía cortármelas sin el permiso de mamá. A mi madre le gustaban mis trenzas, yo pensaba que me reñiría si me las cortaba.

Un día... Era al amanecer... Cosas así solo ocurren en los cuentos de hadas y en las guerras.... Alguien dio unos golpecitos en la ventana. Me levanté y allí estaba mi madre. Me desmayé... Al poco tiempo mi madre me cortó las trenzas y me untó la cabeza con queroseno para eliminar los parásitos.

Mamá sabía que la escuela de mi padre había sido evacuada a Novosibirsk, así que viajamos allí para reunirnos con él. Una vez en Novosibirsk volví a la escuela. Por la mañana estudiábamos, después de comer ayudábamos en el hospital. Llegaban muchos heridos a la ciudad, los enviaban desde el frente a la retaguardia. Nos admitieron como personal auxiliar; a mí me colocaron en la unidad de cirugía, la más difícil. Nos suministraban sábanas viejas y con ellas hacíamos vendas, las enrollábamos, las guardábamos en los contenedores y las llevábamos a esterilizar. También lavábamos las vendas usadas, pero a veces desde el frente nos llegaban las vendas en tal estado que lo único que podíamos hacer era ponerlas en unas cestitas y enterrarlas en el patio. Estaban impregnadas de sangre, de pus...

Había crecido junto a una médico y antes de la guerra soñaba con dedicarme a la medicina cuando fuera mayor. Acepté de buena gana ser auxiliar en la unidad de cirugía. Otras niñas tenían miedo, pero a mí me daba lo mismo: deseaba ayudar, ser útil. Se acababan las clases y corríamos al hospital para no llegar tarde. Recuerdo que un par de veces me desmayé. Abrían las heridas y quedaba a la vista una masa de carne, de sangre y de vendas pegadas; los heridos gritaban... Muchas veces sentía náuseas por el olor de las vendas; era un olor fuerte, no de medicamento... sino de algo... desconocido, sofocante... Olor de muerte... Yo ya sabía cómo olía la muerte. Entrabas en una habitación y el herido aún estaba vivo, pero ya se percibía aquel olor... Muchas niñas no lo soportaban y abandonaban, no eran capaces de aguantarlo. Se iban a coser guantes para el frente..., las que sabían hacían punto. Pero yo no me permitía abandonar: ¿cómo iba a dar marcha atrás si todos sabían que mi madre era médico?

Aun así, yo lloraba mucho cuando los heridos se morían. Se morían y pedían: «¡El médico! ¡El médico! ¡Rápido!». Pero llegaba el doctor y no podía ayudarlos, los heridos de cirugía estaban muy graves. Recuerdo a un teniente... Me pidió una bolsa de agua caliente. Se la llevé y él me agarró de la mano... Yo no lograba liberar la mano... Él me la estrechaba contra su cuerpo. Se aferraba a mí, se aferraba con todas sus fuerzas. Oí como se le paró el corazón. Latía, latía y luego se paró...

Durante la guerra conocí tantas cosas... Más que en todo el resto de mi vida...

«YO ME ESCAPÉ AL FRENTE A PIE, SIGUIENDO A MI
HERMANA...»
Nikolái Redkin, once años
Actualmente es mecánico

Mi casa se volvió silenciosa de repente... La familia menguó...

Enseguida llamaron a filas a mis hermanos mayores. Mi hermana Vera fue varias veces a la comisaría militar, y en marzo de 1942 también se fue al frente. En casa solo quedamos mi hermana pequeña y yo.

Cuando nos evacuaron, nos acogieron unos parientes que vivían en la región de Orlóvskaia. Empecé a trabajar en el *koljós*. Ya no quedaban hombres adultos, así que su trabajo recayó sobre los chicos como yo. Adolescentes. Sustituíamos a los hombres, éramos chavales de entre nueve y catorce años. Tuve que arar por primera vez. Las mujeres se pusieron cada una junto a su caballo y venga, adelante. Yo me quedé esperando a que alguien me enseñara, pero ellas ya habían acabado el primer surco e iban a por el segundo. Y yo allí, solito. Comencé como pude. Por la mañana iba al campo y por la noche salía con otros niños de pastoreo nocturno. A pastar los caballos. Aguanté un día, otro... Al tercero estaba arando y de pronto me desmayé.

En 1944 mi hermana Vera vino a vernos. Acababa de salir del hospital y estuvo un día con nosotros. Por la mañana la llevaron a la estación en un carro tirado por un caballo. Yo me escapé al frente a pie, siguiendo a mi hermana. Ya en la estación, un soldado me cerró el paso al vagón: «Chico, ¿con quién vas?». No lo pensé dos veces: «Con la sargento primero Vera Rédkina».

Así fue como me abrí paso hasta la guerra.

«EN DIRECCIÓN A LA SALIDA DEL SOL...»
Valia Kozhanóvskaia, diez años
Actualmente es operaria

La memoria de un niña... En la memoria de una niña solo se graban el miedo o las cosas agradables...

Vivíamos en una casa cerca del hospital militar. Bombardearon el hospital; yo veía como por las ventanas caían los heridos con sus muletas. Nuestra casa también se incendió... Mi madre se lanzó adentro, a las llamas: «Cogeré algo de ropa para las niñas».

La casa ardía... Nuestra madre ardía... Quisimos ir tras ella, pero los vecinos nos alcanzaron y nos retuvieron: «Niñas, ya no podéis ayudar a vuestra madre». Corríamos junto a los demás. Había muertos por todas partes... Los heridos gemían, pedían ayuda. ¿Quién podía ayudarlos? Yo tenía once años, mi hermana había cumplido nueve. Nos perdimos la una a la otra...

Volvimos a encontrarnos en el orfanato de Ostróshitski Gorodok, en las afueras de Minsk. Antes de la guerra nuestro padre nos había llevado a aquel lugar, a veranear en el campamento de los jóvenes pioneros. Era un sitio muy bonito. Los alemanes convirtieron las instalaciones del campamento en un orfanato. Todo era familiar y desconocido a la vez. Durante algunos días no hubo más que llantos desesperados: nos habíamos quedado sin nuestros padres, nuestra casa se había quemado. Las educadoras eran las mismas de antes, pero ahora seguían las reglas de los alemanes. Un año después de nuestra llegada... Sí, creo que fue un año más tarde... Empezaron a seleccionar a algunos niños para enviarlos a Alemania. No los escogían según la edad, sino que se fijaban en la altura. Yo, por desgracia, era alta, lo heredé de mi padre; mi hermana pequeña era como nuestra madre, de estatura baja. Aparecieron los vehículos, a su alrededor había alemanes con fusiles; me obligaron a subir, mi hermana gritaba, la apartaban a empujones, disparaban al suelo justo delante de sus pies. No permitían que subiese conmigo. Así fue como nos separaron...

El vagón... Lleno a rebosar... Un vagón atiborrado de niños, no había nadie mayor de trece años. La primera vez que paramos fue en Varsovia. No nos daban ni de comer ni de beber. Tan solo entró un abuelo; en los bolsillos llevaba un montón de papelitos doblados con la oración del padrenuestro escrita en ruso; nos dio un papelito a cada uno.

Después de Varsovia viajamos dos días más. Nos llevaron a una instalación, supongo que era un centro sanitario. Nos hicieron quitarnos toda la ropa, todos juntos, niños y niñas; yo lloraba de vergüenza. Las niñas trataban de separarse en un grupo diferente de los niños, pero nos amontonaron a todos y nos apuntaron con la manguera... El agua fría... Tenía un olor raro, no he vuelto a olerlo nunca, no sé qué desinfectante usaron. Les traía sin cuidado si nos entraba en los ojos, en la boca, en los oídos. La cuestión era realizar la desinfección. Luego nos entregaron unos pantalones de rayas y unas chaquetas; parecían pijamas. Como calzado nos dieron unas sandalias de madera; en las chaquetas prendieron unas chapas metálicas en las que ponía OST.

Nos echaron afuera y nos hicieron formar una fila. Yo creía que nos harían caminar hacia algún lugar, hacia un campo de concentración, pero detrás de mí alguien susurró: «Nos van a vender». Se me acercó un alemán maduro, nos eligió a tres niñas y a mí, pagó y nos señaló un carro de caballos lleno de paja: «¡Subid!».

Nos llevó a su finca... La casa era grande y alta, estaba rodeada por un parque. A nosotras nos alojaron en el cobertizo; en un lado vivían doce perros; en el otro, los niños. Enseguida empezamos a trabajar en el campo, a recoger piedras para que los arados y las sembradoras no se estropeasen. Teníamos que dejar las piedras en un sitio concreto, formando filas regulares. Calzábamos aquellas sandalias de madera, muy pronto los pies se nos llenaron de callos. Para comer nos daban pan de mala calidad y leche desnatada.

Una de las niñas no aguantó, se murió. La llevaron al bosque y la enterraron tal cual, sin nada. Trajeron de vuelta a la finca su pijama de rayas y las sandalias de madera. Recuerdo que la niña se llamaba Olia.

Había un alemán muy, muy viejo cuyo trabajo era alimentar a los perros. Chapurreaba un poco de ruso, intentaba animarnos: *Kinder, Hitler kaput. Russishe komm.* A veces iba al gallinero y robaba algunos huevos, los ponía en su gorro y escondía el gorro en su caja de herramientas. Entre otras cosas, en la finca hacía de carpintero. Entonces dejaba la caja de herramientas cerca de nosotros, agarraba el hacha y fingía que se ponía a trabajar, miraba alrededor y luego nos hacía señales con las manos para que nos comiéramos rápido los huevos. Nosotros succionábamos los huevos y enterrábamos las cáscaras.

Había dos niños serbios que también trabajaban en la finca. Eran esclavos, como nosotras. Una vez nos llamaron y nos contaron su secreto... Nos confesaron que tenían un plan: «Tenemos que fugarnos; si no, todos acabaremos como Olia. Nos enterrarán en el bosque y traerán de vuelta nuestros pijamas y nuestras sandalias». Nosotras teníamos miedo, pero ellos nos convencieron. Y así fue... Detrás de la finca había un pantano... Una mañana, a escondidas, nos metimos allí y después echamos a correr. Corrimos en dirección a la salida del sol, hacia el este.

Por la noche caímos todos dormidos entre unos arbustos, estábamos agotados. Por la mañana abrimos los ojos. Todo estaba en silencio absoluto, solo se oía el croar de los sapos. Nos levantamos, nos lavamos la cara con el rocío y continuamos. Al cabo de muy poco, vimos delante una carretera asfaltada, teníamos que cruzarla; al otro lado se veía un bosque frondoso y bello. Nuestra salvación. Un niño se adelantó a rastras, observó la carretera y nos avisó: «¡A correr!». Nos lanzamos hacia la carretera, pero en ese mismo instante desde el bosque salió a nuestro encuentro un vehículo lleno de soldados alemanes. Nos rodearon y empezaron a pegar a los niños, los pisotearon con las botas.

Tiraron a la camioneta sus cuerpos muertos y a mí y a la otra niña nos sentaron al lado. Dijeron: «Esos ya están bien, y vosotras, cerdas rusas, dentro de poco estaréis aún mejor». Supieron que éramos del este por las chapas que llevábamos. Teníamos tanto miedo que ni siquiera llorábamos.

Nos llevaron al campo de concentración. Allí vimos a un montón de niños sentados encima de paja y cubiertos de piojos. Traían la paja de los campos que había justo detrás de la alambrada de espino.

Todas las mañanas se oía como se abría el cerrojo de hierro; entraban unos oficiales sonrientes y una mujer guapa, y ella nos decía en ruso:

—Los que quieran papilla que se pongan en dos filas. Os llevaremos al comedor...

Los niños tropezaban, se empujaban, todos querían papilla.

—Solo necesitamos veinticinco niños.—Y contaba—. No os peleéis, los demás irán mañana.

Al principio yo me lo creía y corría junto a los pequeños, empujaba a los demás... Después empecé a sospechar: «¿Por qué no vuelven nunca los que se van a comer papilla?». A partir de entonces me quedaba enganchada al marco de la puerta de hierro, e incluso cuando ya éramos pocos, la mujer seguía sin verme. Cuando contaba, siempre se ponía de espaldas. No sé decir cuánto tiempo continuó aquello. Creo que... en aquel lugar perdí la memoria...

En el campo de concentración jamás vi un pájaro, ni un escarabajo. Soñaba con encontrar al menos un gusanito. Pero allí no habitaba ningún ser vivo.

Un día oímos ruidos, gritos, un tiroteo. Sonó el cerrojo, y nuestros soldados irrumpieron en el barracón gritando: «¡Niños!». Nos cogían en brazos, nos sentaban sobre sus hombros... Se subían a varios a la vez porque no pesábamos nada. Nos besaban, nos abrazaban, lloraban. Nos sacaron afuera...

Entonces vimos la chimenea negra del crematorio...

Estuvieron curándonos, alimentándonos, durante varias semanas. Me preguntaron:

—¿Cuántos años tienes?

Respondí:

—Trece...

—Creíamos que tenías ocho.

Cuando estuvimos recuperados, nos llevaron en dirección a la salida del sol.

A casa...

«En la oscuridad, la camisa blanca brillaba, podían verme desde lejos...»
Efim Fridliand, nueve años
Actualmente es subdirector de un complejo de producción de silicatos sintéticos

Mi infancia terminó... cuando oí los primeros disparos. En mi interior todavía vivía un niño, pero junto a él ya había otra persona...

Antes de la guerra, me daba miedo quedarme solo en casa; de pronto, el miedo se desvaneció. Dejé de creer en los duendes de los cuentos de mi madre, que según ella vivían detrás de la estufa; ella también dejó de hablar de ellos. Abandonamos Jotimsk en un carro de caballos. Mi madre compró una cesta llena de manzanas, nos la puso al lado, y mi hermana y yo nos las comíamos. Empezaron a bombardear; mi hermana tenía dos manzanas muy bonitas en las manos y nos pusimos a pelearnos por ellas: mi hermana no quería darme ninguna. Mi madre se desesperaba: «¡Escondeos!», y nosotros discutiendo por las manzanas. Nos peleamos hasta que le dije a mi hermana: «Dame al menos una; si no, nos matarán y me quedaré sin probarlas». Ella me dio la manzana más bonita. En ese momento se acabó el bombardeo. Decidí no comerme aquella manzana, era una manzana de la suerte.

Íbamos en el carro y delante de nosotros avanzaba un rebaño de vacas. Antes de la guerra, nuestro padre dirigía la empresa estatal de acopio de ganado de Jotimsk, y nos dijo que aquellas no eran vacas normales, sino un rebaño de raza comprado en el extranjero a cambio de mucho dinero. Recuerdo que mi padre no lograba que entendiéramos cuánto era mucho dinero, así que recurrió a los ejemplos, y nos dijo que cada vaca costaba lo mismo que un tractor. Como un tanque. Si valía lo mismo que un tanque, eran caras. Protegíamos hasta la última vaca.

Crecí en la familia de un zootécnico, me gustaban los animales. Cuando después de un bombardeo nos quedamos sin el carro, me puse delante del rebaño, atado al toro Vaska. Tenía un aro en la nariz; yo ataba una cuerda al aro y al otro extremo de la cuerda iba yo. Las vacas no se acostumbraban a los bombardeos. Eran robustas, no habían nacido para marchas largas, se les agrietaban las pezuñas, se cansaban mucho. Después de cada cañoneo, costaba reunirlas. Pero si el toro salía a la carretera, todas iban tras él. Y el toro solo me obedecía a mí.

Por la noche, mi madre se las arreglaba para lavarme la camisa blanca... Y al amanecer... «¡Todos arriba!», gritaba Turchin, el jefe del convoy. Yo me ponía la camisa, cogía al toro de la cuerda y a caminar. Recuerdo que siempre llevaba esa camisa blanca. En la oscuridad, la camisa blanca brillaba, se me veía de lejos. Siempre dormía con el toro, entre sus patas delanteras, así me protegía del frío. Vaska nunca se levantaba el primero, siempre esperaba a que yo me pusiera en pie. Era capaz de sentir que a su lado había un crío y que podía hacerme daño. Yo me juntaba a él y nunca me preocupaba por nada.

Llegamos a Tula caminando. Recorrimos más de mil kilómetros. Caminamos durante tres meses, acabamos descalzos y harapientos. Faltaban hombres. Las ubres de las vacas se hinchaban, no teníamos tiempo de ordeñarlas bien. Les dolía, las vacas se detenían y nos miraban. A diario ordeñábamos entre quince y veinte vacas, tantas que yo sufría calambres en las manos. Lo recuerdo como si fuera ayer: hay una vaca con la pata trasera partida tumbada en medio de la carretera, la ubre se le ha vuelto de color azul, la leche le gotea. Mira a los humanos. Espera su ayuda. Los soldados se paran y cogen sus fusiles: para rematarla, para que deje de sufrir. Yo les pido: «Esperen...».

Me acerco a ella y le vacío la leche directamente al suelo. La vaca, agradecida, me lame el hombro. «Bueno... —Me levanto—. Ahora sí: disparen». Y me alejo corriendo para no verlo...

En Tula nos enteramos de que todo el ganado de raza que habíamos llevado iría directamente a la planta de productos cárnicos, no había otra opción. Los alemanes ya es-

taban cerca. Me puse mi camisa blanca y fui a despedirme
de Vaska. El toro resollaba, sentía su aliento en mi cara...

En mayo de 1945... Íbamos camino de casa. El tren estaba llegando a Orsha; yo miraba por la ventana. Mi madre
se me acercó. Yo abrí la ventana. Mi madre me dijo: «¿Sien-
tes el olor de nuestros pantanos?». Yo no era para nada un
niño llorón, pero en aquel momento lloré. El tiempo que
habíamos estado fuera, evacuados, hasta soñaba con la siega
de hierbas en los pantanos, con las pequeñas hacinas en que
la hierba se secaba al aire, con el olor del heno. Con ese olor
único y familiar del heno de pantano. Creo que solo en mi
Bielorrusia natal el olor del heno de pantano es tan penetrante; me perseguía allí adonde iba. Incluso de noche lo
percibía.

El día de la Victoria, el vecino, el tío Kolia, salió corriendo a la calle y empezó a disparar al aire. Nosotros, los
chavales, lo rodeamos.

—Tío Kolia, ¿me dejas pegar un tiro?

—Tío Kolia, yo también quiero...

Nos dejó probar a todos. Fue la primera vez que disparé...

«EN EL SUELO LIMPIO QUE YO ACABABA DE FREGAR...»
Masha Ivanova, ocho años
Actualmente es profesora

Mi familia estaba muy unida. Todos nos queríamos...

Mi padre había luchado en la Guerra Civil. De la guerra salió lisiado, caminaba con muletas. Sin embargo, consi-

guió dirigir el *koljós*, que bajo su dirección sobresalió por encima de las demás granjas. Cuando aprendí a leer, él mismo me enseñó los recortes del periódico *Pravda* en los que se hablaba de nuestro *koljós*. Antes de que estallara la guerra, incluso lo invitaron, junto con otros presidentes reputados, a asistir a un congreso de miembros destacados de *koljós* y a la exposición agrícola de Moscú. De aquel viaje me trajo unos libros muy bonitos y una caja de bombones.

Mi madre y yo queríamos mucho a papá. Yo lo adoraba y él nos adoraba a nosotras. A mi madre y a mí. ¿Estoy idealizando mi infancia? Tal vez. Pero mi memoria ha teñido todo lo anterior a la guerra de colores alegres y nítidos. Porque... era mi infancia. Una infancia de verdad...

Recuerdo las canciones. Las mujeres volvían cantando del campo. El sol empezaba a caer, desaparecía más allá del horizonte, y desde lejos se oía: «Ya es la hora de volver, ya es la hora...».

El crepúsculo del atardecer...

Yo corro al encuentro de la canción: mi madre está allí, oigo su voz. Mamá me levanta en brazos, yo la abrazo, luego salto al suelo y corro por delante de la canción que vuela detrás de mí, que lo llena todo a mi alrededor; ¡me siento tan bien, tan feliz!

Y en medio de una infancia tan alegre... De repente... De la noche a la mañana... ¡la guerra!

Mi padre se marchó en los primeros días... Le encomendaron un puesto en la organización clandestina. Tuvo que irse de casa, porque en nuestro pueblo todos lo conocían. Solo venía a vernos de noche.

Una vez lo oí hablando con mamá:

—Hoy hemos hecho volar un camión alemán en la carretera...

Yo estaba escondida en la parte de arriba de la estufa y sin querer empecé a toser. Mis padres se asustaron.

—Hija, nadie debe saberlo —me avisaron.

Empezó a darme miedo que llegara la noche. Mi padre vendría a vernos, los nazis lo descubrirían y se lo llevarían, se llevarían a mi padre, a quien tanto quería.

Siempre le estaba esperando. Me metía en el rincón más alejado, encima de nuestra gran estufa... Me abrazaba a mi abuela, pero me daba miedo quedarme dormida; si me dormía, me despertaba a menudo. El viento aullaba en la chimenea, la llave del tiro de la chimenea vibraba y tintineaba. Y yo sin poder dejar de pensar: «No puedo dormirme, que entonces no veré a papá cuando llegue».

Un día... de pronto tuve la sensación de que lo que oía no era el viento, sino el llanto de mi madre. Tenía fiebre. Era tifus.

Era noche cerrada; llegó papá. Yo fui la primera en oírlo y llamé a la abuela. Mi padre estaba frío y yo ardía de fiebre; él se sentó a mi lado y no podía irse. Estaba cansado, envejecido, pero yo lo sentía tan mío, tan querido... De repente llamaron a la puerta. Unos golpes sonoros. Mi padre ni siquiera tuvo tiempo de ponerse la zamarra: los policías ya estaban dentro de casa. Lo empujaron afuera; yo me abalancé detrás, él tendió las manos hacia mí y al instante recibió un golpe. Lo pegaban con los fusiles. Le golpeaban la cabeza. Yo fui corriendo, descalza sobre la nieve, hasta la orilla del río y grité: «¡Papá! Papá...». En casa, la abuela se lamentaba: «Pero ¿dónde está Dios? ¿Dónde se esconde?».

Mataron a mi padre...

La abuela no logró sobrevivir a una desgracia tan grande. Su llanto se hizo cada vez más y más grave, y dos semanas después de aquello, una noche, murió. Estábamos encima de la estufa. Yo dormía con ella y abrazaba su cuerpo sin vida. No había nadie más en casa: mi madre y mi hermano estaban escondidos en casa de los vecinos.

Mi madre cambió después de la muerte de mi padre. No salía de casa. Solo hablaba de él... Enseguida se cansaba, y eso que antes de la guerra era una trabajadora infatigable, siempre entre las primeras. Ya no se fijaba nunca en mí, aunque yo trataba de llamar su atención todo el rato. Intentaba alegrarla con lo que fuera. Solo se animaba un poco cuando nos poníamos a recordar a mi padre.

Recuerdo el día en que un grupo de mujeres entraron en casa y dijeron muy contentas:

—Han enviado a un chico de la aldea vecina... ¡Dice que la guerra ha acabado! Pronto regresarán nuestros hombres.

Mamá cayó a plomo en el suelo limpio que yo acababa de fregar...

«¿DIOS ESTABA VIENDO TODO AQUELLO? ¿Y QUÉ PENSABA?...»
Iura Karpóvich, ocho años
Actualmente es chófer

Vi cosas que no se deben ver... Cosas que un ser humano no debe ver. Y las vi siendo un niño...

Vi como un soldado corría y de pronto parecía que

tropezaba... Caía al suelo. Estaba un buen rato rasgando la tierra, como si la abrazara...

Vi como cruzaban nuestra aldea los prisioneros de guerra, los soldados soviéticos. Formaban unas columnas larguísimas. Llevaban los capotes desgarrados y chamuscados. Allí donde paraban a pasar la noche, los árboles se quedaban sin corteza: la arrancaban a mordiscos. En lugar de comida, les lanzaban un caballo muerto. Lo despedazaban con las uñas y los dientes.

Vi como una noche un tren alemán descarrilló y ardió. A la mañana siguiente los alemanes pusieron sobre los raíles a todos los trabajadores del ferrocarril; luego hicieron pasar una locomotora por encima de sus cuerpos...

Vi como enganchaban a personas a los carros como si fueran caballos. Llevaban una estrella amarilla en la espalda. Los arreaban a latigazos. Los alemanes organizaban alegres paseos con esos carros.

Vi como arrancaban a los niños de los brazos de sus madres. Y los lanzaban al fuego. A un pozo... A mi madre y a mí nunca nos tocó...

Vi como el perro de los vecinos lloraba. Estaba sentado entre las cenizas de la casa. Estaba solo. Tenía ojos de anciano...

Y yo solo era un niño.

Crecí con eso... Crecí lúgubre y desconfiado, tengo mal genio. Si alguien llora, no siento pena; todo lo contrario: me siento aliviado porque yo no sé llorar. Me casé dos veces y las dos veces me abandonaron, ninguna mujer ha sido capaz de aguantarme. Es duro quererme. Lo sé... Lo entiendo...

Han pasado muchos años... Ahora quiero preguntar: ¿Dios estaba viendo todo aquello? ¿Y qué pensaba?...

«EL MUNDO ES DIGNO DE SER CONTEMPLADO
ETERNAMENTE...»
Liudmila Nikanórova, doce años
Actualmente es ingeniera

Intento recordar... ¿Hablábamos sobre la guerra antes de la guerra?

En la radio sonaban las canciones «Si la guerra estalla mañana» y «Nuestro blindaje es fuerte; nuestros tanques, rápidos». Los niños podían dormir tranquilos...

Mi familia vivía en Vorónezh. La ciudad de mi infancia... Las escuelas estaban llenas de profesores que procedían de los antiguos círculos de intelectuales. Había una gran cultura musical. El coro infantil de nuestra escuela, en el que yo cantaba, era muy popular en la ciudad. Casi diría que todo el mundo era aficionado al teatro.

En el edificio donde nosotros vivíamos residían varias familias de militares. Era un edificio de cuatro plantas atravesado por pasillos; en verano florecían las acacias en el patio. Solíamos jugar en un pequeño jardín situado delante del edificio, allí no nos faltaban rincones para escondernos. Tuve mucha suerte con mis padres. Mi padre era militar profesional. Me pasé la infancia viendo uniformes militares. Mamá tenía un carácter dulce y manos de oro. Yo era su única hija. Como toca en esos casos, era una niña insistente, caprichosa y al mismo tiempo tímida. Iba a clases de música y de danza en el Centro Cultural del Ejército Rojo. Los domingos, el único día en que estaba libre, a mi padre le encantaba pasear con nosotras. Mi madre y yo teníamos que caminar a su izquierda, porque papá cada dos por tres se ponía a hacerle el saludo militar a todos los militares con los que nos íbamos cruzando.

También le gustaba leer poesía conmigo, sobre todo a Pushkin.

Aquel día de junio... Yo llevaba un vestido muy bonito. Fui al jardín del Centro Cultural del Ejército Rojo con una amiga, íbamos a asistir a un espectáculo programado para las doce del mediodía. Cuando llegamos, nos encontramos a todo el mundo muy atento a lo que decían desde un altavoz instalado en lo alto de un poste. Los rostros eran de desconcierto.

—¿Lo has oído? ¡Ha estallado la guerra! —dijo mi amiga.

Volví a casa corriendo. Abrí la puerta de un empujón. La casa estaba en silencio: mi madre no estaba, mi padre se afeitaba ensimismado delante del espejo, tenía una mejilla cubierta de espuma.

—¡Papá, la guerra!

Papá se dio la vuelta hacia mí y siguió afeitándose. Vi en sus ojos una expresión desconocida. Recuerdo que la radio de la pared estaba apagada. Era todo lo que podía hacer para retrasar el momento de la terrible noticia.

La vida cambió al instante... No recuerdo en absoluto a mi padre durante aquellos días. Nuestras rutinas se transformaron. Se celebraban reuniones de vecinos: cómo combatir un incendio si el edificio ardía, cómo tapar las ventanas por la noche (la ciudad debía quedar a oscuras)... Las tiendas se quedaron sin comida, teníamos que acostumbrarnos a las cartillas de racionamiento.

Llegó la última noche. No se pareció en nada a lo que veo ahora en las películas: lágrimas, abrazos, subir corriendo a un tren en marcha. En nuestra casa no pasó nada de eso. Todo transcurrió como si mi padre se estuviera preparando para unas maniobras rutinarias. Mi madre le preparó el equipaje; ya le había cosido el cuello blanco, el uniforme con los galones de campaña, le había comprobado todos los botones, revisado los calcetines y pañuelos. Mi padre enrollaba su capote, si no recuerdo mal, yo le estuve ayudando.

Salimos los tres al pasillo. A esas horas, todas las puertas exteriores del edificio ya estaban cerradas, excepto la principal, así que para salir al patio tuvimos que subir a la segunda planta, recorrer un largo pasillo y volver a bajar. La calle estaba a oscuras; nuestro padre, atento como siempre, nos dijo:

—No hace falta que me acompañéis.

Nos abrazó.

—Todo saldrá bien. Chicas, no os preocupéis.

Y se marchó.

Nos escribió cartas desde el frente: «Pronto venceremos y la vida será diferente. ¿Cómo se porta nuestra Liudmila?». No consigo recordar en qué ocupaba mis días antes del 1 de septiembre. Seguro que hacía sufrir a mi madre escapándome a casa de mis amigas sin avisarla... Se puede decir que las alarmas antiaéreas se convirtieron en algo habitual. La gente se acostumbró muy deprisa: ya nadie bajaba a los refugios, se quedaban en sus casas. Más de una vez los bombardeos me sorprendieron en las calles del centro. Entonces entraba en una tienda o en un portal y ya estaba.

Circulaban muchos rumores. Pero mi memoria no los retuvo. En mi mente infantil... Mamá hacía guardias en el hospital. Todos los días llegaban trenes cargados de heridos.

Lo sorprendente fue que de pronto las tiendas se llenaron de nuevo de género, la gente iba de compras. Mi madre y yo incluso estuvimos hablando durante unos días de si comprar o no un piano nuevo. Al final decidimos dejarlo estar y esperar a que papá volviera. Quiera o no, era una compra seria.

Esto no me cabe en la cabeza, pero el día 1 de septiembre volvimos a la escuela como siempre. Durante todo el mes de agosto no recibimos ninguna noticia de mi padre. No perdíamos la esperanza, aunque ya habíamos oído palabras como «cerco» o «guerrilla». A finales de septiembre nos anunciaron que debíamos estar preparados: en cualquier momento seríamos evacuados. Juraría que la fecha exacta la supimos un día antes. Nuestras madres iban locas. Sin embargo, todos estábamos convencidos de que solo estaríamos fuera un par de meses, que regresaríamos después de pasar unas semanas en algún lugar cercano, como Sarátov. Una valija con las cosas de cama, otra con la vajilla y una maleta con la ropa. Ya estábamos listas.

Del viaje recuerdo que era muy típico que nuestro tren se pusiera en marcha sin el silbido de aviso. Entonces agarrabas las cazuelas directamente de las hogueras, no había tiempo de apagarlas; el tren avanzaba, a lo largo de la vía se podía ver una hilera de pequeños fuegos. El tren llegó a Almaty, después retrocedió a Chimkent. Y así varias veces, arriba y abajo. Finalmente entramos en un *aúl* subidas a un carro tirado por unos bueyes flemáticos. Era la primera vez que veía una *yurta*... Parecía que estábamos en un cuento oriental... Todo era colorido, diferente, interesante.

Sin embargo, cuando descubrí la primera cana de mi madre me quedé de piedra. Empecé a madurar deprisa. ¡Y sus manos!... No sabría decir qué no sabían hacer esas manos. Justo antes de salir de casa, de puro milagro, a mi madre se le ocurrió coger la máquina de coser (sin el estuche: la envolvió en un edredón) y meterla en el coche que nos llevaba a la estación. Esa máquina de coser fue nuestro sostén. Por la noche mamá se las apañaba para coser. ¿Cuándo dormía mi madre?

En el horizonte se veían las estribaciones nevadas de las montañas Tian Shan; en primavera, la estepa se ponía toda roja por los tulipanes; en otoño por todas partes había racimos de uvas y melones... Pero ¿con qué pagarlos? ¡Y la guerra! ¡Seguíamos buscando a nuestro padre! En tres años redactamos tres decenas de solicitudes: al Estado Mayor del ejército, al correo militar número 116, al Comisariado del Pueblo para la Defensa, a la Administración Central de los efectivos del Ejército Rojo en Buguruslán... Y siempre recibíamos la misma respuesta: «No figura en las listas de bajas por muerte o por herida...». Si no figuraba en las listas, nosotras manteníamos la esperanza.

La radio comenzó a dar noticias alentadoras. Nuestras tropas liberaban una ciudad tras otra. Oímos que habían liberado Orsha. Era la tierra natal de mi madre. Allí vivía la abuela y las hermanas de mamá. También Vorónezh quedó libre... Pero, sin mi padre, Vorónezh nos era ajeno. Intercambiamos unas cartas y nos fuimos a casa de la abuela. Viajamos en la parte de atrás del vagón: no había manera de entrar. Cinco días en la plataforma del vagón...

Mi lugar favorito en la casa de la abuela era la parte de atrás de la cálida estufa. En la escuela, mientras estábamos en clase, no nos quitábamos los abrigos: muchas niñas llevaban abrigos hechos de capotes, los chicos vestían los capotes tal cual. Un día, de madrugada, oí en la radio: «¡La Victoria!». Yo tenía quince años... Me puse el regalo que me había hecho mi padre antes de la guerra: una blusa de lana fina, y también estrené los zapatos de tacón. Así fui a la escuela. Habíamos logrado conservar esas prendas que mis padres habían comprado para cuando yo creciera..., pues había llegado su tiempo.

Por la noche nos reunimos alrededor de la mesa; nos acompañaba la fotografía de mi padre y un viejo volumen de los poemas de Pushkin... Él se lo había regalado a mi madre cuando eran novios. Recuerdo los momentos en que mi padre y yo leíamos juntos. Cuando algo le gustaba especialmente, decía: «El mundo es digno de ser contemplado eternamente». Siempre lo repetía en los buenos momentos.

No soy capaz de imaginarme a un padre tan bueno sin vida...

Leonida Bélaia, tres años
Actualmente es planchadora

¿Que si un niño de tres años es capaz de tener recuerdos? Le contestaré a eso...

Recuerdo con claridad tres o cuatro imágenes.

... En el prado que hay detrás de mi casa unos señores desconocidos hacen gimnasia, se bañan en el río. Salpican agua, lanzan gritos, se ríen y corren igual que los chicos de nuestra aldea. Pero mamá, que sí me deja ir con los nuestros, con esos me grita asustada y no me permite que salga de casa. Cuando le pregunto: «¿Quiénes son esos señores?», ella, espantada, me responde: «Los alemanes». Otros niños se escapaban al río y volvían con unas golosinas largas y finas... A veces me las dejaban probar...

Otro día esos mismos señores desfilan por nuestra calle. Han matado a tiros a todos los perros porque les ladraban.

Después de eso, mi madre me prohibió salir de casa. Nuestro gato y yo nos pasábamos los días encerrados en casa.

... Estamos corriendo... El rocío es frío. Mi abuela tiene la falda mojada; también están mojados mi vestidito y mi cabello. Nos escondemos en el bosque; yo entro en calor envuelta en la chaqueta de mi abuela, mi vestidito se está secando.

Uno de los vecinos se ha subido a un árbol. Oigo: «Arde... Arde... Arde...». Una sola palabra...

... Volvemos a la aldea. En el lugar de las casas solo hay

tizones. Allí donde estaba la casa de los vecinos encuentro un peine pequeño. Lo reconozco: la hija de los vecinos (se llamaba Aniutka) me peinaba con él. Mi madre no puede contestarme: «¿Dónde están la niña y su mamá? ¿Por qué no vuelven?». Mi madre se lleva las manos al corazón. Pero yo recuerdo que Aniutka siempre iba con aquellos señores que se bañaban tan contentos y traía esas golosinas largas y finas. Tan largas como lápices... Riquísimas; nosotros no habíamos probado nunca nada parecido... Aniutka era guapa, siempre le daban muchas golosinas. Más que a los otros niños.

Por la noche hundimos los pies entre las cenizas para entrar en calor y poder dormir. La ceniza es cálida, suave...

«EL COFRECITO ERA JUSTO DE SU MEDIDA...»
Dunia Gólubeva, once años
Actualmente es ordeñadora

La guerra... Pero había que seguir arando...

Mi madre, mi hermana y mi hermano se fueron al campo. A sembrar lino. Se fueron, y menos de una hora después unas mujeres vinieron corriendo.

—Dunia, a los tuyos los han acribillado a balazos. Allí están, en el campo...

Mi madre estaba tirada encima del saco, del saco iban cayendo semillas. Las balas habían dejado un montón de agujeros...

Me quedé sola con mi sobrino recién nacido. Mi hermana había dado a luz hacía poco, su marido se había unido a los partisanos. Y yo con ese pequeño...

Yo no sabía cómo se ordeñaba la vaca. La pobre mugía en el establo, sentía que su dueña no estaba. El perro aullaba toda la noche. Y la vaca...

El bebé pedía... Pedía pecho... Leche... Me acordé de cómo lo amamantaba mi hermana... Le puse mi pezón en la boca, él chasqueaba los labios y se quedaba dormido. Yo no tenía leche, pero el pobrecito, de esforzarse tanto, se cansaba y caía dormido. ¿Dónde se había resfriado? ¿Cómo había enfermado? Yo era pequeña, ¿cómo iba a saber qué hacer? Tosía y tosía. No había comida. Los policías se habían llevado la vaca.

Y el niñito murió. Gemía, gemía y murió. Lo oí: se hizo el silencio. Levanté los trapos y ahí estaba él, todo negro; solo tenía la carita blanca, limpia. La cara era blanca y lo demás negro.

Era de noche. Por las ventanas se veía todo oscuro. ¿Adónde podía ir? Decidí esperar a la mañana, por la mañana avisaría a alguien. Me quedé allí sentada, llorando, porque no había nadie más en la casa, ni siquiera aquel bebecito pequeño. Empezó a salir el sol; lo metí en un cofrecito... Nos quedaba el cofrecito del abuelo, allí guardaba las herramientas; un cofrecito pequeño como un paquete de correos. Yo tenía miedo de que vinieran los gatos o las ratas y lo mordisquearan. Estaba allí, tan pequeño, más pequeño que cuando estaba vivo. Lo envolví en una toalla limpia. Una de lino. Y lo besé.

El cofrecito era justo de su medida...

«ME QUEDÓ SOLO UN SUEÑO...»
Lena Starovóitova, cinco años
Actualmente es estucadora

Me quedó solo un sueño... Solo un sueño...

Mi madre se puso el abrigo verde, las botas, y envolvió en una cálida manta a mi hermanita de seis meses. Y se fue. Yo me senté junto a la ventana; esperaba a que volviera. De pronto vi que por la carretera llevaban a varias personas, entre ellas estaba mi madre con mi hermanita. Al pasar por delante de nuestra casa, mi madre volvió la cabeza y miró hacia la ventana. No sé si me vio o no. El nazi la golpeó con la culata... Le dio con tanta fuerza que mi madre se dobló...

Por la tarde vino mi tía, la hermana de mamá... Lloraba mucho, se tiraba de los pelos y me decía: «Huerfanita, huerfanita». Fue la primera vez que oí esa palabra...

De noche soñé que mamá encendía la estufa; el fuego ardía mucho y mi hermanita lloraba... Pero yo estaba muy lejos y no la oía. Me desperté asustada: mi madre me llamaba y yo no respondía. En mi sueño, mamá lloraba... Yo no podía perdonarme sus lágrimas. Ese sueño se me repetía muchas veces... Siempre el mismo. Deseaba volver a soñarlo y... a la vez me daba miedo...

No me queda ninguna fotografía de mi madre. Solo ese sueño. Solo en él puedo verla...

«Soñaba que era hija única... y que mi mamá me mimaba...»

María Pusan, siete años
Actualmente es operaria

Perdone, pero es que cuando me pongo a recordarlo... No puedo... Yo... no puedo mirar a los ojos de la persona que tengo delante...

Sacaron las vacas del *koljós* fuera del establo y metieron dentro a toda la gente. También a nuestra madre. Mi hermanito y yo nos escondimos entre los arbustos; él tenía dos años, no lloraba. Nuestro perro estaba con nosotros.

Por la mañana fuimos a nuestra casa; la casa estaba en su sitio, pero nuestra madre no estaba allí. No había nadie. Solo quedábamos nosotros. Fui a por agua, tenía que encender la estufa: mi hermano tenía hambre. Nuestros vecinos estaban colgados del cigoñal del pozo. Me dirigí al otro extremo de la aldea: allí había un pozo con agua de manantial, la mejor agua. La de mejor sabor. Allí también había gente ahorcada. Volví con los cubos vacíos. Mi hermanito lloraba porque tenía hambre: «Quiero pan. Dame un trozo». Una vez hasta le mordí para que dejase de llorar.

Así vivimos unos días. Solos en la aldea. Los muertos estaban tirados en el suelo o colgados. No nos daban miedo, los conocíamos a todos. Después un día nos encontramos a una mujer desconocida y los dos nos pusimos a llorar: «Llévenos a vivir con usted. Nos da miedo estar solos». Nos sentó en el trineo y nos llevó a su aldea. Tenía dos hijos. Vivimos con ella hasta que llegaron nuestros soldados.

... En el orfanato me regalaron un vestidito naranja con

bolsillos. Me gustaba tanto que les pedía: «Si me muero, enterradme con este vestido». Mi madre había muerto, mi padre había muerto, yo creía que también moriría pronto. Esperé la muerte durante mucho, mucho tiempo. Siempre que oía la palabra «mamá» me ponía a llorar. Una vez me riñeron por algo y me castigaron de cara a la pared; me escapé del orfanato. Más de una vez me fugué para buscar a mi madre.

No me acordaba del día de mi cumpleaños... Me dijeron: «Elige tú misma un día, uno que te guste. Cualquiera que te parezca bien». Me gustaban las fiestas del Primero de Mayo. Pero pensé... Si digo que nací el 1 de mayo, nadie me creerá, ni tampoco se creerán que haya nacido el 2 de mayo... Si digo el 3, sí que les parecerá verdad. Celebrábamos los cumpleaños por trimestres, varios juntos. Nos preparaban una mesa de fiesta con té y caramelos; también nos hacían regalos: a las niñas nos regalaban tela para hacernos un vestido y a los niños les regalaban camisas. Una vez vino un anciano desconocido al orfanato y trajo muchos huevos cocidos, nos los regalaba y estaba muy contento de hacer algo bonito por nosotros. Justo ese día era mi cumpleaños...

Yo ya era mayor, pero seguía añorando tener juguetes. Cuando nos acostábamos y los demás se dormían, yo sacaba las plumas de la almohada y las observaba. Era mi juego favorito. Cuando estaba enferma, me metía en la cama y soñaba con mi madre. Soñaba que era hija única... y que mi mamá me mimaba...

Tardé en crecer... En el orfanato todos crecíamos despacio. Creo que fue por la tristeza. No crecíamos porque oíamos pocas palabras cariñosas. No crecíamos porque no teníamos madre...

«Pero ellos no se hundían, como si fueran pelotas...»
Valia Iurkévich, siete años
Actualmente es jubilada

Mamá esperaba que fuera niño... Papá deseaba un hijo. Pero nací yo, la niña...

Todos querían tanto un niño... Crecí más como niño que como niña. Mis padres me vestían con ropa de niño y me cortaban pelo como si fuera un niño. A mí me gustaban los juegos de niños: «guardias y ladrones», «la guerra», «el clavo». Sobre todo me gustaba jugar a «la guerra». Yo me creía valiente.

En las afueras de Smolensk, un bombardeo destruyó por completo el vagón donde viajábamos los evacuados. Salimos intactos, ni se sabe cómo; nos sacaron de debajo de los escombros. Logramos llegar a una aldea y allí empezó el combate. Nos refugiamos en el sótano de una casa; la casa se derrumbó: estábamos enterrados. Cuando el combate cesó, conseguimos salir de los escombros, y lo primero que recuerdo son los vehículos. Pasaban automóviles con hombres sonrientes envueltos en unas gabardinas negras y lustrosas. No soy capaz de transmitir mis sentimientos, tenía miedo y también una especie de interés morboso. Cruzaron la aldea y desaparecieron. Los niños decidimos ir a ver qué había pasado fuera de la aldea. Lo que vimos en el campo fue terrible. Todo el campo de centeno estaba cubierto de cadáveres. Debe de ser que no tenía mucho de niña, porque no me daba miedo observar aquello..., aunque fuera la primera vez que lo veía. Estaban cubiertos de hollín, eran tantos que costaba creer que fueran seres humanos. Esa fue mi primera impresión de la guerra... Nuestros soldados chamuscados...

Mi madre y yo regresamos a nuestra ciudad, a Vítebsk. Nuestra casa estaba en ruinas, pero mi abuela nos esperaba... Nos acogió una familia judía, dos ancianos muy viejos y muy bondadosos. Todo el tiempo estábamos preocupados por ellos, porque en la ciudad colgaban carteles que decían que los judíos, todos, debían presentarse en el gueto; les suplicábamos que no saliesen nunca de casa. Una vez estábamos fuera... Mi hermana y yo jugábamos no recuerdo dónde y mi madre había ido a algún sitio. Y la abuela... En fin; cuando volvimos, encontramos una nota de nuestros anfitriones en que nos explicaban que se habían ido al gueto porque temían por nuestras vidas, que nosotros teníamos que vivir y que ellos ya eran viejos. La ciudad estaba llena de directivas colgadas en las paredes: los rusos que supieran dónde se ocultaba algún judío debían entregarlo al gueto. La desobediencia se castigaba con el fusilamiento.

Leímos la nota y fuimos corriendo al río Dviná, mi hermana y yo. En esa parte no había puente, los llevaban al gueto en botes. Los alemanes acordonaron la orilla. Delante de nosotros cargaban los botes con ancianos, con niños; una lancha arrastraba el bote hasta la mitad del río y allí lo hacían volcar. Buscamos; nuestros ancianos no estaban. Vimos a una familia que subía a un bote: el marido, la mujer y dos niños. Cuando lo volcaron, los adultos se hundieron al instante, pero los niños salían a la superficie una y otra vez. Los nazis, riéndose, los golpeaban con los remos. Les daban el golpe en un lugar y ellos reaparecían en otro, iban a por ellos y los golpeaban de nuevo. Pero ellos no se hundían, como si fueran pelotas...

El silencio era absoluto, o tal vez se me habían taponado los oídos y por eso me parecía que había silencio, que todo se había quedado petrificado. De pronto, en medio de ese silencio, se oyó una risa. Una risa joven, profunda... Allí cerca había un grupo de jóvenes alemanes; miraban la escena y se reían. No recuerdo cómo volvimos a casa, cómo logré arrastrar a mi hermana. Debe de ser que entonces los niños maduraban deprisa; ella solo tenía tres años, pero lo comprendía todo y no lloraba.

Me daba miedo andar por las calles, me sentía mucho más tranquila cruzando por entre las ruinas de los edificios. Una noche los alemanes irrumpieron en casa y empezaron a zarandearnos para que nos despertáramos. Yo dormía con mi hermana, mi madre y mi abuela. Nos ordenaron que saliéramos a la calle; no nos permitieron coger nada, y eso que ya estábamos a principios de invierno; nos metieron en unos camiones y nos llevaron a la estación de tren.

Alytus, así se llamaba la ciudad lituana donde bajamos del tren después de varias semanas. En el andén nos hicieron formar filas y nos pusimos en marcha. Por el camino nos íbamos cruzando con lituanos. Supongo que ellos sabían adónde nos llevaban; una mujer se acercó a mi madre y le dijo: «Los llevan al campo de la muerte; déjeme a su niña, la salvaré. Si usted sobrevive, la encontrará». Mi hermana era muy mona, a la gente le gustaba mucho. Pero ¿qué madre podría entregar a su hijo?

En el campo de concentración enseguida nos separaron de nuestra abuela. Nos dijeron que los ancianos se alojarían en otra barraca. Nosotros esperábamos tener noticias suyas, pero nada: desapareció. Más tarde, de algún modo nos enteramos de que a todos los ancianos los habían enviado a las cámaras de gas los primeros días. Después de la abuela, una mañana se llevaron a mi hermana. Antes de eso unos alemanes habían visitado la barraca y habían hecho una lista de niños; elegían a los más guapos, tenían que ser obligatoriamente rubios. Mi hermana tenía rizos rubios y ojos azules. No apuntaban a todos, solo a los que eran como ella. A mí no me tocaron: yo era morena. Los alemanes le acariciaban el pelo, ella les gustaba mucho.

Recogían a mi hermana por la mañana y la devolvían por la noche. Cada día se consumía más. Mamá le hacía preguntas, pero ella no contaba nada. O les habían dado un buen susto o les habían administrado algo, un medicamento; en cualquier caso, ella no recordaba nada. Tiempo después nos enteramos de que les extraían sangre. Al parecer les sacaban mucha: al cabo de unos meses, mi hermana murió. Murió por la mañana; cuando vinieron a recoger a los niños, ella estaba muerta.

Yo quería mucho a mi abuela porque siempre me cuidaba cuando mi padre y mi madre se iban a trabajar. No la habíamos visto morir y manteníamos la esperanza de que estuviese viva. En cambio, la muerte de mi hermana era muy cierta... Estaba tumbada delante de mí, igual que si estuviera viva... Era tan bonita...

En la barraca vecina se alojaban las mujeres de la ciudad de Orel. Iban vestidas con zamarras, unas zamarras acampanadas, y todas tenían muchos hijos. Las hacían salir de la barraca, las ponían en filas de seis y las obligaban a desfilar en formación junto con los niños; los niños se agarraban a ellas. Hasta les ponían la música... Si alguna rompía el paso, la azotaban con el látigo. Pero, aunque las azotaran, ellas seguían desfilando porque sabían que si caían al suelo las fusilarían, y a sus niños también. Algo se despertaba dentro de mí cuando las veía levantarse y continuar la marcha. Envueltas en sus pesadas zamarras...

A los adultos los obligaban a trabajar: tenían que atrapar troncos de árboles en el río Niemen y sacarlos a la orilla. Muchos morían allí mismo, en el agua. Un día el alcaide me cogió y me incluyó en el grupo de los que iban a trabajar. En ese momento, un señor ya mayor me apartó de un empujón y se puso en mi lugar. Por la noche mi madre y yo quisimos darle las gracias, pero no lo encontramos. Nos dijeron que había muerto en el río.

Mi madre era maestra de escuela. No paraba de repetir: «Hay que seguir siendo humano». Incluso estando en el infierno mi madre intentaba conservar algunas de las costumbres de nuestra casa. No sé dónde ni cómo lavaba la ropa, pero yo siempre iba con ropa limpia. En invierno la lavaba con la nieve. Yo me quitaba toda la ropa y esperaba envuelta en una manta mientras ella lavaba. Solo teníamos lo que llevábamos puesto.

A pesar de todo celebrábamos nuestras fiestas... Nos guardábamos para ese día algo de comer. Un trocito de remolacha hervida. O una zanahoria. Ese día mi madre se esforzaba por sonreír. Ella creía que los nuestros vendrían. Sobrevivimos gracias a esa fe.

Después de la guerra, en vez de empezar el primer curso de escuela, empecé el quinto. Era mayor. Pero muy reservada, rehuía a la gente. Le cogí el gusto a la soledad para el resto de mi vida. La gente me agobiaba, para mí era difícil estar con otras personas. Guardaba dentro de mí algo que era incapaz de compartir.

Por supuesto, mi madre se dio cuenta de ese cambio. Intentaba distraerme, se inventaba fiestas, nunca se olvidaba de mi cumpleaños... En casa siempre había invitados, sus amigos. Ella misma invitaba a las niñas de mi entorno. A mí me costaba entenderlo. Pero a ella le atraía la gente. Yo no podía sospechar lo mucho que me quería mi madre.

Me volvió a salvar con su amor...

«RECUERDO EL CIELO MUY AZUL. Y NUESTROS AVIONES VOLANDO POR ESE CIELO...»
Piotr Kalinovski, doce años
Actualmente es ingeniero de construcción

Antes de la guerra...
Recuerdo que nos entrenábamos para la guerra. Nos preparábamos. Aprendíamos a disparar, a lanzar granadas. Incluso las niñas. Todos estábamos deseando superar las pruebas y obtener la chapa de TIRADOR DE VOROSHÍLOV. Nos desvivíamos por estar a la altura. Cantábamos una canción titulada «Granada». La canción narraba un maravilloso pasaje sobre un héroe que iba a la guerra para poder devolver la tierra de Granada a los campesinos. Continuar la misión de la revolución. ¡De la revolución mundial! Pues sí, así éramos. Esos eran nuestros sueños.

De pequeño escribía cuentos. Aprendí a leer y a escribir muy pronto. Era un niño con mucho talento. Creo que mi madre soñaba con que fuera artista, pero lo que yo deseaba era aprender a volar, vestir un uniforme de piloto. Eso también era una característica de nuestra época. Antes de la guerra, por ejemplo, nunca conocí a un chaval que no soñara con convertirse en aviador o marinero. Ansiábamos el mar y el cielo. ¡El mundo entero!

Así que imagínese lo que pasaba por mi alma... Por las almas de nuestra gente... Lo que sentíamos al ver a los alemanes en nuestra ciudad natal. En nuestras calles. Yo lloraba. Cuando caía la noche, la gente cerraba los postigos y lloraba tras las ventanas cerradas.

Mi padre se fue a la guerrilla... Al otro lado de la calle una familia de vecinos se vistió con las camisas blancas bordadas y salió a dar la bienvenida a los alemanes. Había unos señores filmándolo todo.

Cuando vi a los primeros ahorcados me fui corriendo a casa: «Mamá, nuestra gente está colgando del cielo...». Fue la primera vez que el cielo me dio miedo. Después de aquello empecé a ver el cielo con otros ojos, a partir de entonces lo miré con desconfianza. La imagen que se quedó en mi memoria fue la de que la gente estaba colgada a mucha altura, pero a lo mejor solo me lo pareció por el miedo. En realidad, antes de eso ya había visto muertos en el suelo. Pero no me habían espantado tanto.

Al poco tiempo mi padre vino a buscarnos... Nos marchábamos todos...

Pasamos por un puesto de guardia de los guerrilleros, por otro... Y de pronto el bosque se llenó de canciones rusas. Reconocí la voz de la cantante Ruslánova. En el destacamento tenían un gramófono y tres o cuatro discos rayados a más no poder. Me quedé allí pasmado, no podía creer que me hubiera unido a la guerrilla y que allí hubiera música. Había pasado dos años viviendo en un pueblo tomado por los alemanes, me había olvidado de que la gente cantaba. Había visto a la gente morir... Había visto a los hombres oprimidos por el miedo...

En 1944 participé en el desfile militar de los guerrilleros en la ciudad de Minsk. Yo era el último de la fila, a la derecha de todo; me habían buscado un sitio para que pudiera ver la tribuna. «Aún te falta altura —me decían los guerrilleros—, entre nosotros te perderás y no verás nada. Tienes que verlo bien y recordar este día.» No había ningún fotógrafo entre los nuestros. Es una pena. No puedo imaginarme cómo era yo entonces. Me gustaría saberlo... Cómo era mi cara...

No recuerdo la tribuna. Recuerdo el cielo muy azul. Y nuestros aviones sobrevolando ese cielo. Los habíamos esperado tanto tiempo... Nos habíamos pasado la guerra esperándolos...

«Se parecía al de las calabazas maduras...»
Iákov Kolodinski, siete años
Actualmente es profesor

Los primeros bombardeos...

Empezaron a lanzar bombas... Y nosotros, venga a sacar de la casa las almohadas, la ropa, los cojines... Los amontonábamos en el jardín, al pie de los guindos, y nos escondíamos debajo; solo nos quedaban fuera los pies. Después los aviones se retiraban y nosotros volvíamos a llevarlo todo a casa. Y así varias veces al día. Tiempo después ya nadie se preocupaba por las cosas; mamá solo nos reunía a nosotros, a los niños, y todo lo demás lo abandonábamos dentro.

Aquel día... Me parece que algunos detalles los he sacado de lo que contaba mi padre, pero a mí también se me quedaron grabadas muchas cosas.

Es de madrugada... La niebla cubre el huerto. Las vacas ya han salido. Mamá me despierta, me pasa un tazón de leche tibia. Dentro de poco hay que salir al campo. Mi padre está remachando la guadaña.

—Volodia. —El vecino golpea la ventana y llama a mi padre.

Él sale.

—Rápido, tenemos que largarnos... Los alemanes están recorriendo la aldea con una lista. Alguien les ha apuntado los nombres de todos los comunistas. Han detenido a la maestra...

Los dos se fueron atravesando a rastras los huertos: se dirigían al bosque. Al poco rato dos alemanes y un policía colaboracionista entraron en nuestra casa.

—¿Dónde está el hombre de la casa?

—Se ha marchado, está en el campo, segando —contestó mi madre.

Revisaron todos los rincones (a nosotros no nos tocaron) y se fueron.

La bruma ligera y azul todavía no se había disipado. Aún se dejaba sentir el frío de la mañana. Mi madre y yo mirábamos desde el umbral de la puerta: sacaron a un vecino de su casa a empujones, le ataron las manos; también llevaban a la maestra... A todos les ataban las manos a la espalda y los ponían en fila de dos. Yo nunca había visto a una persona atada. Sentí escalofríos. Mi madre me ordenó: «Entra en casa y ponte la chaqueta». Yo iba con una camiseta de tirantes; estaba temblando, pero no entré en casa.

Nuestra casa estaba justo en el centro de la aldea. Allí iban agrupando a los detenidos. Todo se hacía deprisa. La gente atada estaba de pie y con la cabeza gacha. Repasaron la lista y los llevaron fuera de la aldea. Había muchos hombres; también estaba la maestra.

Las mujeres y los niños corrían detrás. Los hacían avanzar deprisa. Nosotros nos habíamos quedado bastante rezagados. Llegamos corriendo al último cobertizo; se oían disparos. La gente empezaba a caer, caían y se levantaban. Pronto acabaron con todos. Ya se preparaban para retirarse cuando un alemán en motocicleta dio la vuelta y empezó a pasar por entre los cadáveres. Llevaba un objeto pesado en la mano... Tal vez era una porra de hierro o la manivela de arranque de la motocicleta... No lo recuerdo... Sin bajarse de la moto, avanzaba muy despacio e iba partiéndoles los cráneos uno por uno... Otro alemán quiso rematarlos con la pistola, pero el de la moto le hizo un gesto y dijo que no hacía falta. Los demás se marcharon, pero él se quedó hasta romper la última cabeza. Yo nunca había oído cómo crujían los huesos humanos... Recuerdo que el crujido se parecía al de las calabazas maduras cuando mi padre las abría con el hacha para luego sacar las semillas.

Sentí tanto terror que dejé allí a mi madre, los dejé a todos, y salí corriendo. Solo. No me escondí en casa, sino que por alguna razón me metí en el cobertizo; mi madre me estuvo buscando mucho rato. Durante los dos días siguientes no pude pronunciar ni una palabra. Ni un solo sonido.

Me daba miedo salir a la calle. Por la ventana veía que uno llevaba una tabla, otro caminaba con un hacha, las mujeres iban con cubos. Labraban la madera; el olor a las tablas recién lijadas llenaba cada patio de la aldea, porque casi en cada patio había un ataúd. Hasta el día de hoy, cuando noto ese olor, se me hace un nudo en la garganta. Hasta el día de hoy...

Dentro de los ataúdes estaban nuestros vecinos y amigos. Ninguno tenía cabeza. En el lugar de las cabezas había algo envuelto en pañuelos blancos... Lo poco que se había logrado recoger...

... Un día mi padre apareció acompañado por dos guerrilleros. Era una tarde sosegada, las vacas ya habían regresado de pastar. Era la hora de acostarnos, pero en vez de eso mi madre nos empezó a preparar para marcharnos. Nos vestimos. Yo tenía dos hermanos, uno de cuatro años y otro de nueve meses. Yo era el mayor. Llegamos hasta la herrería y allí paramos; mi padre miró atrás. Yo también. La aldea ya no parecía una aldea, sino un bosque negro y desconocido.

Mi madre llevaba en brazos a mi hermanito pequeño, mi padre cargaba con el mediano y yo llevaba los bártulos. Me costaba seguir su ritmo. Un guerrillero joven me dijo: «Venga, te llevo a cuestas...».

Me llevaba a mí y también cargaba con la ametralladora...

«Comíamos el parque...»
Ania Grubina, doce años
Actualmente es artista

Se me entrecorta la voz cada vez que lo cuento... La voz se me muere...

Nos mudamos a Minsk después de la guerra. Yo soy de Leningrado. Allí sobreviví al asedio. El asedio de Leningrado... La ciudad entera se moría de hambre, mi querida y bella ciudad. Nuestro padre falleció... Mi madre salvó a sus hijos. Antes de la guerra mi madre era una persona con mucha chispa. En 1941 nació mi hermanito Slávik. ¿Cuánto tiempo tenía cuando empezó el asedio? Unos seis meses, creo... Ella salvó también a ese pequeñajo... Nos salvó a todos, a los tres... Pero perdimos a nuestro padre. En Leningrado los padres se morían, los padres desaparecían y las madres se quedaban. Debe de ser que tenían prohibido morirse. Si no, ¿con quién nos habríamos quedado nosotros?

Cuando consiguieron romper el cerco, nos sacaron de Leningrado por el Camino de la Vida;* luego nos llevaron a los Urales, a la ciudad de Kárpinsk. Primero salvaron a los niños. Evacuaron a toda nuestra escuela. Por el camino hablábamos sin parar de comida, de comida y de nuestros padres. Nada más llegar a Kárpinsk fuimos corriendo al parque; no íbamos a pasear, íbamos a comérnoslo. Nos gustaba sobre todo el alerce, ¡sus suaves agujas son una delicia! Nos

---

* El Camino de la Vida es el nombre de la ruta que cruzaba el lago Ládoga cuando este estaba congelado. Por lo tanto, solo era posible acceder al Leningrado asediado durante los meses de invierno. *(N. de las T.)*

comíamos los brotes de los pinos jóvenes, repelábamos la hierba. Desde los tiempos del asedio, conozco todas las hierbas comestibles; en la ciudad la gente se comía todo lo que fuera verde. En los parques y en el jardín botánico ya desde la primavera no quedaban hojas verdes. En el parque de Kárpinsk había mucha alquimila; también se la conoce como «pie de león». Era 1942; en los Urales también había escasez de alimentos, pero no era tan terrorífico como en Leningrado.

En el orfanato adonde me llevaron solo había niños de Leningrado, no había manera de saciar nuestro apetito. Tardaron mucho en conseguirlo. Durante las clases masticábamos las hojas de papel. Nos daban la comida con sumo cuidado... Un día estaba sentada a la mesa durante el desayuno y vi una gata. Una gata viva... Salté de la mesa: «¡Una gata! ¡Una gata!». Todos los niños la vieron y corrieron tras ella: «¡Una gata! ¡Una gata!». Las educadoras eran lugareñas, nos miraban como si estuviéramos locos. En Leningrado ya no quedaban gatos vivos... Un gato vivo era un sueño. Comida para todo un mes... Nosotros lo explicábamos, pero no nos creían. Recuerdo que nos acariciaban mucho. Nos abrazaban. Nadie nos levantó la voz hasta que nos volvió a crecer el pelo después del viaje. Antes de que nos marcháramos de Leningrado nos habían rapado a todos, a los niños y a las niñas por igual; de todos modos algunos ya habían perdido pelo por culpa del hambre. No hacíamos travesuras, no corríamos. Nos quedábamos sentados y observando. Y nos comíamos todo...

No recuerdo quién fue, pero en el orfanato alguien nos habló de los prisioneros alemanes... Cuando vi al primer alemán..., yo ya sabía que era un prisionero; trabajaban en las afueras de la ciudad, en las minas de carbón. Hoy sigo sin comprender por qué venían a nuestro orfanato, ¿por qué precisamente al orfanato de los niños de Leningrado?

Cuando lo vi... A ese alemán... Él no decía nada. No pedía. Nosotros acabábamos de almorzar, yo por lo visto aún olía a comida; él se quedó de pie cerca de mí y olfateaba el aire; la mandíbula se le movía de forma involuntaria, como si masticara, mientras intentaba sujetársela con las manos. Intentaba detener el movimiento. Pero la mandíbula seguía moviéndose. Yo no era capaz de ver a una persona hambrienta. ¡No podía! Todos padecíamos la misma «enfermedad»... Llamé a las otras niñas, a una le quedaba un trocito de pan; se lo dimos.

Él nos dio las gracias una y otra vez.

—*Danke schön... Danke schön...*

Al día siguiente volvió con un compañero. Y siguió viniendo... Los alemanes calzaban aquellos pesados zapatos de madera. «Tras, tras...» En cuanto oía ese golpeteo salía corriendo a buscar algo...

Ya sabíamos cuándo venían, hasta los esperábamos. Salíamos con lo que nos quedaba. Cuando me tocaba hacer guardia en la cocina, les dejaba toda mi ración de pan para ese día y raspaba las cazuelas. Todas las niñas les dejaban algo, no recuerdo si los niños hacían lo mismo. Los niños siempre estaban con hambre, la comida siempre les parecía poca. Las educadoras nos reñían porque las niñas también a veces nos desmayábamos de hambre, pero igualmente, a sus espaldas, apartábamos comida para aquellos prisioneros.

En 1943 dejaron de venir; ese año la cosa se hizo más

llevadera. En los Urales ya no se sufría tanta hambre. En el orfanato había pan de verdad, no nos faltaban las gachas. Aun así, sigo sin poder mirar tranquilamente a una persona hambrienta, ni siquiera hoy. Su mirada... Hace poco vi por televisión a unos refugiados... Otra vez hay guerra en alguna parte. Y tiroteos. La gente hambrienta hacía cola con marmitas vacías en las manos. Sus ojos también estaban vacíos. Recuerdo esos ojos... Me fui corriendo a otra habitación y me puse a llorar...

El primer año después de la evacuación no éramos capaces de ver la naturaleza, la naturaleza solo despertaba en nosotros un único deseo: probar si era comestible. Solo un año más tarde vi lo preciosa que era la naturaleza de los Urales. Los hermosos pinos salvajes, la hierba alta, los bosques de cerezos alisos. ¡Las puestas de sol eran preciosas! Comencé a dibujar. No tenía pinturas, dibujaba con los lápices. Yo me encargaba de dibujar las postales que enviábamos a nuestros padres a Leningrado. Por encima de todo, me encantaba dibujar el cerezo aliso. Toda la ciudad olía a sus flores.

Hace años que me persigue un deseo: quiero volver allí. Me muero por saber si nuestro orfanato aún está en pie... El edificio era de madera, ¿habrá sobrevivido a la vida moderna? ¿Cómo es ahora el parque de la ciudad? Me gustaría viajar en primavera, cuando todo florece. Hoy me cuesta imaginar que se puedan comer los frutos de la cerisuela a puñados, pero nosotros nos los comíamos. Incluso cuando todavía estaban verdes. Amargos.

Después de vivir el asedio... Sé que el ser humano puede comer de todo. La gente incluso se comía la tierra... En los mercados hasta se vendía la tierra que había bajo los almacenes de alimentación destruidos y quemados; la más cotizada era la tierra en la que se había vertido aceite de girasol, y también la tierra impregnada de mermelada quemada. Tanto la una como la otra eran caras. Nuestra madre solo podía permitirse comprar la tierra sobre la que estaban los barriles de arenque salado. Esa tierra solo olía a sal, pero no contenía sal. Solo el olor del arenque.

Alegrarme al ver las flores... La hierba joven... Simplemente sentir alegría... Eso lo aprendí mucho tiempo más tarde...

Varias décadas después de la guerra...

«Si lloráis, os dispararemos...»
Vera Zhdan, catorce años
Actualmente es ordeñadora

Me dan miedo los hombres... Me dan miedo desde la guerra...

Nos apuntaron con fusiles y nos llevaron al bosque. Encontraron un claro en medio del bosque. «No. —El alemán meneó la cabeza—. Aquí no...» Seguimos caminando. Los policías nos decían: «Una chusma como vosotros no se merece que los aplastemos en un sitio tan bonito. Sois bandidos de guerrilla, os dejaremos tirados en el fango».

Escogieron el sitio más hondo del bosque, donde siempre había un charco. Dieron una pala a mi padre y otra a mi hermano para que cavasen su propio foso. Nosotras mirábamos como ellos cavaban; mi hermano hincó la pala por última vez: «¡Ay, Vera!...». Tenía dieciséis años... Dieciséis... Recién cumplidos...

Mamá y yo vimos como los fusilaban... No nos permitían desviar la mirada ni cerrar los ojos. Los policías nos vigilaban... Mi hermano no cayó al hoyo, la bala le hizo doblarse y dar un paso hacia delante, y quedó sentado junto al agujero. De un puntapié lo tiraron abajo, al fango. Lo más terrible no era que los hubieran matado a tiros, sino que los hubieran dejado en ese lodo pegajoso. En el agua enfangada. No nos dejaron llorar, nos llevaron de vuelta a la aldea. Ni siquiera les echaron por encima un puñado de tierra.

Mamá y yo estuvimos llorando dos días. Llorábamos en silencio, sin salir de casa. Al tercer día vino el mismo alemán con dos policías: «Preparaos para sepultar a vuestros bandidos». Llegamos al lugar y los vimos: estaban flotando en el agua; parecía más un pozo que una tumba. Fuimos con palas, echamos tierra dentro y lloramos. Nos dijeron: «Si lloráis, os dispararemos. Sonreíd». Nos obligaron a sonreír... En un momento dado me incliné hacia abajo y aquel hombre se me acercó para mirarme la cara: ¿sonreía o lloraba?

Estaban ahí... Todos eran hombres jóvenes, apuestos... Y se reían... Yo ya no temía a los muertos, sino a esos vivos. Desde entonces me aterran los hombres jóvenes...

No me casé. No conocí el amor. Me daba miedo: ¿y si daba a luz a un niño?...

Ira Mazur, cinco años
Actualmente es constructora

Probablemente debería contar lo de mi soledad. Cómo la aprendí…

Había una niña, Lénochka, que tenía una manta roja; la mía era marrón. Cuando los aviones alemanes atacaban, nos tumbábamos en el suelo y nos cubríamos con esas mantas. Primero con la roja y luego con la mía encima, la marrón. Yo les decía a las niñas que el piloto vería desde arriba una cosa marrón y creería que era una roca…

De mi mamá solo me queda el recuerdo de lo mucho que temía perderla. Conocía a una niña que se había quedado sin madre en un bombardeo. La pobre lloraba sin parar. Mi mamá la cogía en brazos y la tranquilizaba. Después… ya en la aldea, yo estaba con una señora desconocida enterrando a mi madre… La lavamos, estaba tan delgada como una niña. A mí no me daba miedo, la acariciaba. Su pelo y sus manos olían como siempre, no vi dónde tenía la herida. Por lo visto era una herida muy pequeña, de bala. De alguna manera yo ya sabía que la herida de bala de mamá era pequeña, porque una vez en la carretera había visto esas mismas balas pequeñas. Y me había quedado sorprendidísima: ¿cómo esas balas tan diminutas podían matar a un hombre grande? O a mí… «Si yo soy miles, millones de veces más grande que esa bala.» Se me quedó grabado ese millón, me parecía que era mucho, muchísimo, tanto que no se podía ni calcular.

Mamá no murió enseguida. Estuvo mucho tiempo tumbada en la hierba; abría los ojos.

—Ira, tengo que contarte...

—Mamá, no quiero...

Yo tenía la sensación de que, si ella me contaba lo que quería contarme, se moriría.

Cuando acabamos de lavarla, se quedó allí tendida, con un pañuelo blanco cubriéndole la cabeza y con su larga trenza. En una palabra: una niña... Esto ya es mi visión de hoy. Le doblo la edad, mamá tenía veinticinco años. Mi hija ahora tiene su edad y se parece a mi madre, incluso físicamente.

¿Que qué fue lo que saqué de mi paso por el orfanato? Mi carácter seco, no sé comportarme con suavidad ni cuidar las palabras. No sé perdonar. Mi familia siempre se queja de que no soy cariñosa. Pero ¿cómo es posible ser cariñosa si de pequeña no tuviste madre?

En el orfanato me desvivía por tener una taza mía, propia, que fuera solo mía. Siempre he envidiado a la gente que conserva ciertos objetos de su infancia; a mí no me quedó nada. No hay nada de lo que pueda decir: «Esto lo tengo desde que era pequeña». Me apetece tanto decirlo que a veces hasta me lo inventaría...

Otras niñas se encariñaban con las educadoras, pero pero a las que yo quería eran las auxiliares. Se parecían más a nuestras mamás imaginarias. Las educadoras eran severas e iban siempre arregladas; las auxiliares, en cambio, solían ir algo desaliñadas, eran gruñonas y bondadosas, podían fácilmente darnos un cachete, pero sin que hiciera daño. Como lo haría una mamá. Ellas eran las que nos lavaban, y también nos lavaban la ropa. Nos dejaban sentarnos en sus rodillas todo el tiempo que quisiéramos. Tocaban nuestros cuerpos desnudos, y eso solo lo podía hacer una mamá. Yo lo tenía claro; ellas nos daban de comer, nos curaban los resfriados con sus remedios, secaban nuestras lágrimas. Cuando estábamos bajo su cuidado, aquello ya no era un orfanato; teníamos la sensación de estar en casa.

A todas horas oigo a gente que dice «mi madre» o «mi padre». No comprendo por qué utilizan esas palabras..., «madre», «padre». Es como hablar de gente desconocida. Para mí solo existe «mamá» o «papá». Si los míos estuvieran vivos, los llamaría «mami» y «papi». Para mí son palabras de oro...

«LOS PERROS LA TRAJERON A PEDAZOS...»
Valia Zmitróvich, once años
Actualmente es operaria

No quiero recordar... No quiero recordar, nunca...

Éramos siete hermanos. Antes de la guerra mi madre se reía y decía: «Mientras el sol resplandezca los niños crecerán». Luego, al empezar la guerra, lloraba: «Estos tiempos son tan difíciles... y en casa hay más niños que piojos en costura...». Iúzik (diecisiete años), yo (once), Iván (nueve), Nina (cuatro), Galia (tres), Álik (dos), Sasha (cinco meses)... Un bebé lloraba y tomaba teta.

En aquella época yo no lo sabía, pero después de la guerra la gente nos contó que nuestros padres mantenían contactos con los guerrilleros y con los prisioneros soviéticos que trabajaban en la planta lechera. Allí trabajaba también la hermana de mi madre. Solo recuerdo que una noche había unos hombres en casa y por lo visto la luz se veía desde fuera, a pesar de que la ventana estaba tapada con una manta gruesa. Se oyó un disparo, dio justo en la ventana. Mamá cogió la lámpara y la escondió debajo de la mesa.

Mi madre cocinaba con patatas; con patatas sabía hacer de todo, decenas de platos. Estábamos preparándonos para una celebración. Recuerdo que toda la casa olía a comida rica. Mi padre segaba el trifolio cerca del bosque. Entonces vinieron los alemanes, rodearon la casa y nos ordenaron: «¡Salid!». Salí con mi madre y tres de mis hermanos. Empezaron a pegar a mi madre y ella gritó:

—¡Hijos, entrad en casa!

La pusieron contra la pared debajo de la ventana. Nosotros estábamos pegados a esa ventana.

—¿Dónde está tu hijo mayor?

Mi madre contestó:

—Está cavando turba.

—Llévanos hasta allí.

Metieron a mi madre en el coche a empujones y ellos subieron detrás.

Galia se escapó de casa, pedía gritando que la dejasen ir con mamá. La arrojaron adentro. Mamá también gritaba:

—¡Hijos, volved a casa!...

Mi padre regresó corriendo del campo; por lo visto los vecinos le habían informado. Cogió unos documentos y se fue corriendo detrás del coche. Él también nos dijo: «Hijos, meteos en casa». Como si nuestra casa fuera un salvavidas, o como si mamá estuviera allí. Nos quedamos en el patio esperando... Hacia la tarde algunos de mis hermanos se subieron a las puertas del patio, que daban a la calle, otros treparon a los manzanos: a ver si veían a papá o a mamá o a los hermanos que regresaban. Pero desde la otra punta de la aldea llegaba gente corriendo: «Niños, marchaos de casa y escapad. Vuestra familia ya no está. Los alemanes vienen a por vosotros...».

Nos arrastramos hacia el pantano a través de los campos de patatas. Pasamos allí la noche, empezó a amanecer: «¿Qué hacemos?». Me acordé de que nos habíamos dejado a la bebecita en su cuna. Fuimos a la aldea y recogimos a la pequeña. Estaba viva, pero de tanto gritar se había puesto azul. Mi hermano Iván dijo: «Dale de comer». Como si yo pudiera... No tenía tetas. A él le daba miedo que se muriera, me pedía: «Tú inténtalo...».

Entró la vecina.

—Niños, si os quedáis aquí vendrán a buscaros. Id con vuestra tía.

Nuestra tía vivía en otra aldea. Le dijimos a la vecina:

—Vale, iremos con nuestra tía, pero díganos primero dónde están nuestros padres, nuestro hermano mayor, nuestra hermanita...

Nos contó que los habían fusilado. Que sus cuerpos estaban en el bosque...

—Pero vosotros no debéis ir allí, niños.

—Saldremos de la aldea y pasaremos por allí para despedirnos de ellos.

—No lo hagáis, niños...

La vecina nos acompañó fuera de la aldea, pero no nos dejó ir a donde estaban los restos de nuestra familia.

Pasados muchos años me enteré de que a mi madre le habían arrancado los ojos, le habían arrancado el pelo, le habían cortado los pechos. Soltaron a los perros pastores para que cogieran a la pequeña Galia, que se había ocultado detrás de los abetos y no respondía; los perros la trajeron a pedazos. Mi madre todavía estaba viva, lo comprendía todo... Lo presenció todo...

Después de la guerra solo quedamos mi hermanita Nina y yo. La encontré en casa de unos desconocidos y me la llevé conmigo. Fuimos al comité ejecutivo regional: «Dennos una habitación, viviremos allí juntas». Nos asignaron dos camas en medio del pasillo de la residencia comunal de la fábrica. Yo trabajaba en la fábrica; Nina iba a la escuela. Yo nunca la he llamado por su nombre, siempre la llamo «hermanita». Solo la tengo a ella. Es lo único que tengo.

No quiero recordar. Pero es necesario contarle tu pena a la gente. Es difícil llorar en soledad...

«LOS POLLITOS ACABABAN DE NACER... ME DABA MIEDO QUE LOS MATASEN...»
Aliosha Krivoshéi, cuatro años
Actualmente es empleado de ferrocarriles

¿Mis recuerdos?... Solo tengo uno...

Acababan de nacer pollitos. Eran amarillos, como bolitas rodando por el suelo. Me dejaban cogerlos con las manos. Durante los bombardeos, mi abuela los ponía dentro de un cedazo y decía:

—Hay que ver, con la guerra y los pollitos...

A mí me daba miedo que los matasen. Recuerdo cómo lloraba por eso, lo recuerdo como si fuera ayer. Bombardeaban... Todos bajaban corriendo al sótano y a mí no había forma de sacarme de casa. Me abrazaba a los pollitos...

La abuela agarraba el cedazo con los pollitos y entonces sí que aceptaba bajar. Bajaba al sótano y contaba: un pollito, dos, tres... Eran cinco...

También contaba las bombas. Una, dos..., siete...

Así fue como aprendí a contar...

«REY DE TRÉBOLES, REY DE DIAMANTES...»
Galina Matuséieva, siete años
Actualmente es jubilada

El hombre nace...

A su lado hay dos ángeles, ellos le marcan su destino. Determinan cuánto durará su vida, si será un camino largo o corto. Dios observa desde arriba, es Él quien ha enviado a los ángeles para saludar a la nueva alma. Para decirle que Él existe.

Querida mía... Solo con mirar a los ojos sé decirle si una persona es feliz. No es que vaya por la calle y me acerque a cualquiera a preguntarle: «Perdone, joven, ¿puedo preguntarle si...?». No funciona así. La gente va corriendo, deprisa, y entre todos ellos escojo a uno, como si lo reconociera; hay algo en mi interior que reacciona, siento un calor y entonces empiezan a salir las palabras. El calor de la voz. Entonces empiezo a hablar... Leo el porvenir... Saco las cartas, todo está en las cartas: qué ha habido, que habrá, con qué se calmará el alma y qué se llevará con ella. Qué se llevará allí de donde ha venido: al cielo. Las cartas nos lo dicen... El hombre es arrogante, pero su destino está escrito de antemano en los cielos. Allí está el libro de su vida... Pero cada uno lo lee a su manera...

Somos gitanos... Un pueblo libre... Tenemos nuestras propias leyes, las leyes gitanas. Nuestra patria está allí donde vivimos y allí donde nuestro corazón se siente alegre, para nosotros la patria está en todas partes. En todas partes bajo los cielos. Así me lo enseñó mi padre y así me educó mi madre. Nuestro carruaje traquetea por las carreteras; mi madre va dentro, recitando nuestras oraciones. Canta. El color gris..., el color de la carretera, el color del polvo... El color de mi infancia... Querida mía, ¿ha visto alguna vez una carpa gitana? Es alta y redonda como el cielo. Yo nací en una de esas carpas. En el bosque. Bajo las estrellas. Desde la cuna no me dan miedo ni los pájaros ni los animales nocturnos. Aprendí a bailar y a cantar delante de una hoguera. La vida gitana es impensable sin la música, para todos nosotros cantar y bailar es lo mismo que hablar. Tiernas son las palabras de nuestras canciones. Seductoras... De pequeña no las entendía, pero igualmente me hacían llorar. Cómo son esas palabras... Se acercan a hurtadillas al corazón humano, lo provocan. Lo acunan. Lo seducen con el viaje. Con la libertad. Con el gran amor... Por algo dicen que el hombre ruso muere por dos cosas: la primera, su patria; la segunda, al escuchar las canciones gitanas...

Querida mía, ¿para qué me hace tantas preguntas? Ya se lo contaré todo yo sola...

De pequeña vi la felicidad. ¡Créame!

En verano vivíamos todos juntos en el campamento gitano. Éramos una familia. Siempre acampábamos cerca del río. Cerca del bosque. En algún lugar hermoso. Por la mañana cantaban los pájaros, cantaba mi madre. Yo me despertaba. En invierno pedíamos a la gente que nos alojara en sus casas, la gente en aquellos tiempos era una joya. Corazones de oro. Vivíamos bien con ellos. Mientras todavía quedaba nieve. Esperábamos a la primavera. Cuidábamos de nuestros caballos; los gitanos nos preocupamos por nuestros caballos igual que por nuestros hijos. En abril... Por Semana Santa, dábamos las gracias a la gente que nos había acogido y nos poníamos en marcha. El sol, el viento... Vivíamos al día; hoy nos ha tocado ser felices: tienes a alguien que te abraza por la noche y tus niños están sanos y contentos. Con eso eres feliz. Mañana será otro día. Esas eran las palabras de mi madre... Mi madre no me enseñó mucho. Si el niño viene de Dios, no hace falta educarlo: aprende solo.

Así crecía yo... Mi corta felicidad. La felicidad gitana...

Una mañana me despertaron las conversaciones. Los gritos.

—¡La guerra!

—¿Qué guerra?

—Contra Hitler.

—Esa es su guerra. Nosotros somos gente libre. Pájaros. Vivimos en el bosque.

Aparecieron los aviones. Acribillaron a balazos las vacas del prado. El humo se elevaba hasta el cielo... Por la noche las cartas de mamá cayeron de tal manera que la pobre se tapó la cabeza con las manos y empezó a contorsionarse por el suelo.

El campamento se detuvo. No nos movíamos. Yo me aburría. Me gustaba la carretera.

Una noche vino a nuestra hoguera una vieja gitana. Arrugada como la tierra seca que se agrieta bajo el sol. Yo no la conocía; era de otro campamento, de un campamento lejano.

Nos contó esto:

—Por la mañana nos rodearon. Iban montados en buenos caballos, bien cebados. Las crines de los caballos brillaban, sus herraduras eran fuertes. Los alemanes no bajaron; los policías rusos sacaban a rastras a los gitanos de sus carpas. Les arrancaban los anillos de los dedos, les arrancaban los pendientes. Todas las mujeres tenían sangre en las orejas y los dedos dislocados. Les hincaban las bayonetas en los pulmones. Querían todo el oro. Y después empezaron a disparar...

»Una niña les pidió: "No dispare, señor. Le cantaré una canción gitana". Ellos se rieron. La niña cantó y bailó ante ellos, y luego le dispararon... Dispararon a todo el campamento. Un campamento entero dejó de existir. Incendiaron las carpas. Solo quedaron los caballos. Sin las personas. Se llevaron los caballos.

La hoguera ardía. Los gitanos estaban callados. Yo estaba sentada junto a mi madre.

Por la mañana empezaron los preparativos: todos los bártulos, las almohadas, las ollas se metían en el carruaje.

—¿Adónde iremos?

—A la ciudad —contestó mi madre.

—¿Para qué?

A mí me daba pena dejar el río. Me daba pena dejar el sol.

—Los alemanes lo han ordenado...

En Minsk nos permitieron vivir en tres calles. Teníamos nuestro propio gueto. Una vez por semana, los alemanes se presentaban con una lista: *Ein Zigeuner... Zwei Zigeuner...* Querida mía...

¿Que cómo vivíamos?

Mi madre y yo recorríamos las aldeas. Mendigábamos. Uno nos ofrecía un puñado de harina, otro un poco de maíz. A veces nos proponían que entráramos: «Entra, gitanita, entra. Revélame mi suerte. Mi marido está en el frente». La guerra separó a la gente, todos vivían separados. Esperando. Necesitaban esperanza.

Mamá les echaba las cartas. Yo escuchaba... Rey de tréboles, rey de diamantes... La muerte es una carta negra. Una carta de picas. Un siete... El amor ardiente es el rey blanco. El militar es el rey negro de picas. Un viaje inmediato es el seis de diamantes...

Mi madre salía alegre de esas casas, pero por el camino lloraba. Es horroroso decir la verdad: que tu marido está muerto, que tu hijo ya no está entre los vivos. La tierra los ha abrazado, ahora están durmiendo bajo tierra. Las cartas daban su testimonio...

Una vez nos quedamos a dormir en una casa. Yo no dormía... Vi como al llegar la medianoche las mujeres se destrenzaban sus largos cabellos y mi madre les echaba la buena ventura. Cada una abría la ventana y lanzaba a la oscuridad de la noche un puñado de trigo. Escuchaban el viento: si el viento era apaciguado, su hombre estaba vivo; si el viento aullaba y golpeaba la ventana, el hombre no regresaría. El viento aullaba. Golpeaba los cristales.

Nunca la gente había sido tan buena con nosotros como durante la guerra. En los tiempos difíciles. Mi madre conocía los ensalmos. Sabía ayudar a las personas y a los animales: salvaba las vacas, los caballos. Con todos hablaba su idioma.

Circulaban rumores: habían fusilado a un campamento gitano, a otro... A otro lo habían enviado a un campo de concentración...

Al acabar la guerra, cuando nos encontrábamos a nuestros hermanos, nos alegrábamos. Te cruzabas con uno y le dabas un abrazo. Éramos muy pocos los que habíamos sobrevivido. Y la gente volvía a preguntar otra vez por su porvenir. Las mujeres ya habían recibido los comunicados de defunción; los guardaban detrás de la imagen santa y, sin embargo, nos pedían: «Échame las cartas, gitanita. A lo mejor mi hombre todavía está vivo... A lo mejor se han equivocado con los papeles...».

Mi madre echaba las cartas. Yo escuchaba...

La primera vez que eché la suerte fue a una niña, en el mercado. Le tocó un gran amor. Una carta feliz. Y me dio un rublo. Le regalé la felicidad, aunque solo fuera por un instante.

¡Querida mía, usted será feliz! Vaya con Dios. Cuénteles a los demás nuestra suerte gitana. La gente sabe tan poco...

Te aves baxtali.* ¡Vaya con Dios!

«Una gran fotografía de familia...»
Tolia Cherviakov, cinco años
Actualmente es fotógrafo

Lo que guardo en mi memoria se parece a una gran fotografía de familia...

En primer plano está mi padre con un fusil y con la visera de oficial; se la ponía también en invierno. La visera y el fusil se perfilan con más claridad que el rostro de mi padre. Me moría por poseer ambas cosas, esa visera y ese fusil. ¡No era más que un crío!

Al lado de mi padre aparece mi madre. No recuerdo

* En lengua romaní: «Que seas feliz». *(N. de las T.)*

286

mucho a mi madre de aquella época, sino que más bien recuerdo lo que hacía: lavaba constantemente la ropa de otra gente, olía a medicamentos. Mi madre era la enfermera del destacamento de guerrilleros.

En alguna parte estamos mi hermano pequeño y yo. Mi hermano siempre estaba enfermo. A él sí que lo recuerdo: estaba rojo, todo su pequeño cuerpo estaba cubierto de costra. Por la noche él y mamá lloraban. Él de dolor, mi madre por miedo a que se muriera.

Y después veo una casa rural muy grande: es el hospital de mi madre. Hacia allí se dirigen un montón de mujeres con tazas en la mano. Llevan tazas llenas de leche. Al llegar al hospital vierten la leche en un barreño. Mi madre baña a mi hermano en el barreño. Esa noche, mi hermano ya no lloró: dormía. Por primera vez... A la mañana siguiente, mi madre le dijo a mi padre:

—¿Cómo voy a pagárselo a la gente?

Una fotografía grande... Una fotografía en la que salimos todos...

«AL MENOS OS LLENO LOS BOLSILLOS DE PATATAS...»
Katia Záiats, doce años
Actualmente es obrera en el sovjós* *de Klíchevski*

La abuela nos aleja de las ventanas...

Ella, en cambio, sí que mira, y le va contando a mi madre:

---

* Un *sovjós* era una explotación agrícola que, a diferencia de los *koljós*, no tenía carácter cooperativo, sino que dependía directamente del Estado Soviético. *(N. de las T.)*

—Han entrado en el granero del viejo Tódor... Allí estaban escondidos nuestros soldados heridos... El anciano les había llevado los viejos trajes de sus hijos para que los alemanes no los reconocieran. A los soldados les han disparado en el mismo granero, pero a Tódor se lo han llevado al patio de su casa y le han ordenado que cavara un foso. Ahora está cavando...

El viejo Tódor es nuestro vecino. Por la ventana se ve como está cavando. Ya ha acabado de cavar... Los alemanes le han quitado la pala y le gritan algo en su idioma. El viejo no los entiende o no los oye, es sordo desde hace mucho; lo empujan al foso y con gestos le ordenan que se ponga de rodillas. Lo entierran vivo... De rodillas...

Todos estábamos muy asustados. ¿Quién era esa gente? ¿Eran humanos? Eran los primeros días de la guerra...

Durante mucho tiempo todo el mundo evitaba pasar cerca de la casa del viejo Tódor. Teníamos la sensación de que nos gritaba desde debajo de la tierra.

Quemaron nuestra aldea de tal manera que solo quedó tierra. Allí donde estaban los patios solo quedaron piedras, y esas piedras quedaron negras. En nuestro huerto ni siquiera quedó hierba. Se había quemado. Nosotros vivíamos gracias a la bondad de la gente; mi hermanita y yo íbamos a otras aldeas y pedíamos:

—Dennos algo...

Nuestra madre estaba enferma. Mamá no podía ir con nosotras, le daba vergüenza.

Entrábamos en una casa.

—¿De dónde sois, niñas?

—De Iádrionnaia Slobodá. Quemaron nuestra aldea.

La gente nos ofrecía una marmita de cebada, un trocito de pan, un huevo... Tenemos que dar las gracias a la gente, todos nos daban algo.

En ocasiones entrabas por la puerta y las mujeres rompían a llorar.

—¡Ay, niñitas, pero cuántas sois! Esta mañana ya han pasado dos parejas.

O bien:

—Les hemos dado todo el pan que nos quedaba a los que acaban de venir... Venga, al menos os pondré unas patatas en los bolsillos.

No nos dejaban irnos con las manos vacías. Aunque fuera un puñado de lino... Así acabábamos el día, con una gavilla de lino. Mamá hilaba el lino, tejía. En el pantano teñía la tela con turba, la teñía de negro.

Mi padre regresó del frente. Empezamos a levantar de nuevo la casa, en toda la aldea solo había dos vacas. Las utilizábamos para traer los troncos del bosque. O, si no, cargábamos nosotros con ellos. Yo no podía con los leños que eran más grandes que yo, pero sí podía arrastrar los que eran de mi altura.

La guerra tardó mucho en acabar... Dicen que cuatro años. Durante cuatro años nos dispararon... ¿Cuánto tiempo nos llevó olvidarla?

«Ma-má pe-la pa-ta-tas...»
Fedia Trutkó, trece años
Actualmente es jefe de departamento de una planta de cal

Bueno, así es la historia...

Dos días antes de la guerra ingresamos a mi madre en el hospital, estaba gravemente enferma. El hospital estaba en Brest. Ya no volvimos a ver a nuestra madre.

Dos días después los alemanes entraron en la ciudad. Hicieron salir del hospital a los pacientes que todavía se mantenían en pie, los hicieron subir a los camiones y los llevaron a algún lugar. La gente decía que mi madre estaba en ese grupo. Los fusilaron. Pero ¿dónde? ¿Cómo? ¿Cuándo? No he conseguido averiguarlo, no dejaron huellas.

La guerra nos encontró a mí, a mi hermana y a nuestro padre en casa, en Bereza. Mi hermano Volodia estudiaba en la Escuela Técnica de Caminos de Brest. Mi otro hermano, Aleksandr, se había graduado en la Academia Naval de Pinsk y trabajaba allí como mecánico de motores de barcos de vapor.

Nuestro padre, Stepán Alekséievich Trutkó, era vicepresidente del comité ejecutivo regional de Bereza. Recibió la orden de trasladarse a Smolensk con todos los documentos. Hizo una visita fugaz a casa:

—Fedia, coge a tu hermana; quiero que os vayáis con vuestro abuelo, a Ogoródniki...

Por la mañana llegamos a la villa donde vivía el abuelo y por la noche mi hermano Volodia llamó a la ventana: tardó dos días y dos noches en llegar desde Brest. En octubre se presentó Aleksandr. Nos contó que el barco en el que navegaban hacia Dniepropetrovsk había sido destruido en un bombardeo. Los que sobrevivieron fueron hechos prisioneros. Unos pocos lograron escapar, entre ellos nuestro Aleksandr.

Todos nos alegramos cuando los guerrilleros vinieron a casa del abuelo. «¡Nos uniremos a ellos! ¡Queremos venganza!»

—¿Cuántos cursos has acabado? —me preguntó el comandante cuando nos llevaron a su presencia.

—Cinco.

Oí la orden:

—Admitido en el campamento familiar.

A mis hermanos les entregaron unos fusiles y a mí me dieron un lápiz para que estudiara.

Yo ya había ingresado en la organización de los jóvenes pioneros. Era mi principal argumento. Pedía que me admitiesen en el grupo de combate.

—Tenemos menos lápices que fusiles —bromeaba el comandante.

A nuestro alrededor había guerra y, mientras, nosotros estudiábamos. Nuestra escuela se llamaba «la escuela verde». No había mesas, aulas, libros... Solo había maestros y alumnos. Teníamos un libro de texto de Lengua, un manual de Historia, un libro de problemas de Aritmética y un manual de Gramática; esos cuatro libros para compartir entre todos los chavales. Estudiábamos sin papel, sin tiza, sin tinta, sin lápices. Despejábamos un claro en el bosque, lo cubríamos de arena, y eso era nuestra pizarra: escribíamos encima con ramitas. En vez de libretas, los partisanos nos habían conseguido octavillas nazis, papel pintado usado y periódicos. Hasta se habían hecho con un timbre de escuela. Todo el mundo estaba particularmente contento con ese timbre. ¿Cómo podía haber una escuela sin timbre? También teníamos nuestros pañuelos de pioneros.

—¡Alerta, los aviones! —gritaba el guardia.

El claro quedaba desierto.

Después del bombardeo, las clases se reanudaban. Los de primero escribían con las ramitas sobre la arena: «Mamá pe-la pa-ta-tas...».

Con unas cuantas varas muy finas y unos pequeños tacos de madera nos fabricamos un ábaco en toda regla; era grande y se aguantaba en posición vertical. Tallamos varios juegos de letras de madera. Hasta teníamos clases de gimnasia. Equipamos una cancha deportiva: había una barra fija, una pista para correr, unos círculos para el lanzamiento de granadas. Yo las lanzaba más lejos que los demás.

Al acabar sexto me planté y dije firmemente que ya iría a séptimo cuando acabara la guerra. Me dieron un fusil. Con el tiempo conseguí una carabina de fabricación belga; era pequeña y ligera.

Aprendí a disparar bastante bien... Pero olvidé muchas cosas de matemáticas...

«ME DIO UN GORRO *KUBANKA* ADORNADO CON UNA CINTA ROJA...»
Zoia Vasílieva, doce años
Actualmente es especialista en estudio de patentes

¡Cuántas alegrías viví antes de la guerra! ¡Cuánta felicidad! Eso me salvó...

Me admitieron en la escuela de coreografía de nuestro Teatro de Ópera y Ballet. La escuela era experimental, elegían a los niños con mejores dotes. A mí me escribió una carta de recomendación Goleizovski, un famoso director de teatro y coreógrafo de Moscú. En 1938 hubo un desfile de deportistas en Moscú; yo participé, nos había enviado el Palacio de Jóvenes Pioneros de Minsk. Lanzamos al cielo unos globos de color rojo y azul... Marchamos en formación... Goleizovski fue el organizador de ese desfile y se fijó en mí.

Un año después de aquello vino a Minsk, me localizó y escribió una carta dirigida a Zinaída Anatólievna Vasílieva, Artista del Pueblo.* Era nuestra gran celebridad bielorrusa... Por aquella época, dirigía la escuela de coreografía. Yo iba con la carta en las manos; me moría por abrirla y por leer qué decía, pero me contuve. Zinaída Anatólievna residía en el hotel Europa, cerca del conservatorio. Yo hacía todo aquello a escondidas de mis padres, por eso salí de casa muy deprisa. Solía ir por la calle descalza. Pasé por casa y me puse las sandalias, pero no me cambié. Si me hubiera arreglado, mi madre me habría preguntado: «¿Adónde vas?». La cuestión era que mis padres no querían saber nada del ballet, estaban en contra. De una manera tajante.

Le entregué la carta a Zinaída Anatólievna; ella la leyó y me dijo: «Quítate la ropa. Vamos a verte las piernas y los brazos». Me quedé petrificada de terror: ¿cómo iba a quitarme las sandalias teniendo los pies tan sucios como los tenía? Por lo visto la cara que puse fue tan expresiva que

---

* Condecoración que durante el régimen soviético se concedía a los artistas más relevantes del ámbito teatral, cinematográfico y musical. *(N. de las T.)*

ella lo comprendió todo. Me pasó una toalla y acercó un taburete a la pila...

Me admitieron en la escuela; de veinte jóvenes solo quedamos cinco. Ahí empezó una nueva vida para mí: aprendizaje de ballet clásico, rítmica, música... ¡Qué feliz era! Zinaída Anatólievna me quería. Y todos la adorábamos: era nuestro ídolo, nuestra diosa, no había nadie en el mundo más hermoso que ella. En 1941 yo ya bailaba en el ballet *Ruiseñor* del compositor Mijaíl Kroshner; salía en el segundo acto, en el baile de los cosacos. Incluso estuvimos a tiempo de presentarlo en el marco de las jornadas del arte bielorruso en Moscú. Fue todo un éxito. También interpreté a un pollito pequeño en una obra de nuestra escuela: el ballet *Los pollitos*. Entre los personajes estaba también mamá-gallina; yo era el pollito más pequeño.

Después de las jornadas en Moscú nos premiaron con una estancia en un campamento de jóvenes pioneros en las afueras de Babruisk. Allí también representamos a nuestros «pollitos». Para darnos las gracias prometieron hacernos una enorme tarta. La hicieron para el 22 de junio...

En señal de solidaridad con España, todos llevábamos puestos unos gorros cuarteleros; era mi prenda favorita. Me lo puse en cuanto oí que los niños gritaban: «¡La guerra!». Por el camino a Minsk perdí mi gorro cuartelero...

En Minsk mi madre me abrazó en la puerta de casa y acto seguido nos fuimos corriendo a la estación de tren. Hubo un bombardeo, nos separamos y nos perdimos. No encontré a mi madre ni a mi hermana pequeña, y subí al tren sola. Por la mañana el tren se detuvo en Krupki y allí se quedó. La gente entraba en las casas de los aldeanos, pero a mí me daba vergüenza: estaba sola, sin mi madre. Casi de noche finalmente me atreví a entrar en una casa; pedí algo de beber. Me ofrecieron leche. Levanté la mirada y de pronto vi en la pared a mi madre de joven, con el vestido de boda. Lancé un grito: «¡Mamá!». Los dueños de la casa, unos ancianos, empezaron a preguntarme: «¿De dónde eres? ¿Cómo te llamas?». Cosas así solo ocurren durante la guerra. Resulta que había entrado en casa de mi tío abuelo, el hermano del padre de mi padre, a quien jamás había visto. Por supuesto, no dejó que me fuera. ¡Milagros de la vida!

En Minsk había interpretado a un pollito y de pronto me tocó cuidar de los pollitos, vigilar que las cotorras no se los llevasen. Los pollitos eran pan comido, pero los gansos me daban miedo. En realidad, todo me daba miedo, hasta el gallo. Mi primer acto de valentía fue sacar los gansos a pastar. El líder era un ganso muy listo, comprendía que yo le tenía miedo, siseaba y trataba de tirarme de los bajos de mi vestido. Yo tenía que andar disimulando delante de mis nuevos amigos. Ellos ya no temían a gansos ni a gallos desde pequeños. También me aterraban las tormentas. Si veía que se acercaba una tormenta, me inventaba cualquier excusa y me refugiaba en la primera casa que veía. No había un sonido más terrible para mí que el estallido del trueno. Y eso que había estado bajo un bombardeo...

Me caía bien la gente de la aldea, me gustaba su carácter bondadoso; todos me llamaban «nena». Recuerdo que lo que más me gustaba era el caballo, me gustaba llevarlo, el abuelo me dejaba. El caballo resollaba, movía la cola y, lo más importante, me obedecía: estiro con la mano derecha y el animal sabe que hay que girar hacia ese lado.

Le pedía al abuelo:

—Llévame a caballo con mi madre.

—Cuando acabe la guerra, te llevaré.

El abuelo era severo y estricto.

Preparé mi escapada; una amiga me acompañó hasta las afueras de la aldea.

En la estación me metí en un vagón, pero me echaron. Subí a una camioneta que había parada y me senté en un rincón. Da miedo recordarlo: a la camioneta subieron un alemán y una alemana, acompañados por un policía colaboracionista. Yo estaba allí, pero no me tocaron. Mientras viajábamos me hacían preguntas: «¿Dónde has estudiado? ¿Cuántos cursos has acabado?».

Cuando les dije que también había estudiado en la escuela de ballet, no me creyeron. Allí mismo, en la camioneta, les bailé mi «pollito». Y me preguntaron si había estudiado idiomas.

En quinto habíamos empezado con el francés, lo seguía teniendo todo bastante fresco en la memoria. La mujer me preguntó algo en francés y yo le contesté. Les dejé estupefactos: habían recogido a una niña de una zona rural y resulta que la niña había acabado cinco cursos, había estudiado en una escuela de ballet y encima hablaba francés. Por lo que pude entender, eran médicos, gente culta. Les habían inculcado que nosotros éramos bárbaros. Seres infrahumanos.

Ahora me parece ridículo: me daba miedo un gallo, pero cuando vi a los guerrilleros, con sus gorros, sus cinturones, con las estrellas y los fusiles, les dije: «Camaradas, soy una chica valiente. Por favor, déjenme ir con ustedes». Todos mis sueños de la guerrilla acabaron en la cocina: me tocó ponerme a pelar patatas. ¿Se imagina la rebelión que se alzaba dentro de mí? Tras una semana en la cocina, fui a ver al comandante: «Quiero ser una soldado de verdad». Me dio un gorro *kubanka*, el típico gorro de los cosacos, adornado con una cinta roja. Pero yo quería un fusil. No me daba miedo morir.

Cuando me reuní con mi madre, yo ya iba con una condecoración, con la medalla de Guerrillero de la Gran Guerra Patria de II grado. Fui a la escuela y me olvidé de todo: jugaba con otras niñas, iba en bicicleta... Un día iba en bicicleta y me caí en el agujero que había dejado una bomba; me hice daño, vi la sangre, pero no pensé en la guerra, sino en la escuela de ballet. ¿Cómo bailaría después de ese golpe? Pronto volvería Zinaída Anatólievna y yo tendría la rodilla lesionada...

Sin embargo, no tuve ocasión de volver a la escuela de ballet. Fui a trabajar a una fábrica, tenía que ayudar a mi madre. Pero tenía muchas ganas de estudiar... Cuando mi hija empezó el primer curso, yo estudiaba el décimo. En la escuela nocturna de la juventud obrera.

Una vez mi marido me regaló una entrada para el Teatro de Ópera y Ballet. Me pasé toda la función llorando...

«Y DISPARABA AL AIRE...»
Ania Pávlova, nueve años
Actualmente es cocinera

¡Ay, que el alma me volverá a doler!... Me dolerá otra vez...

Los alemanes me arrastraban hacia el cobertizo... Mi

madre corría detrás de mí y se tiraba de los pelos. Gritaba: «¡Haced conmigo lo que queráis, pero dejad a mi hija!». Yo tenía dos hermanos pequeños, ellos también gritaban...

Somos de una aldea llamada Mejovaia, en la región de Orel. Desde allí nos llevaron a pie hasta Bielorrusia. Nos hacían ir de un campo de concentración a otro... Cuando quisieron llevarme a Alemania, mi madre me puso en la barriga un cojín y me dijo que cogiera en brazos a mi hermano pequeño. Eso me salvó. Me borraron de la lista.

¡Ay! Me pasaré todo el día con dolor en el alma, y por la noche todavía no estará tranquila... Me quedará el alma revuelta...

Los perros mordían a los niños hasta desgarrarlos... Nos sentábamos al lado de un niño todo desgarrado y esperábamos a que se le parase el corazón. Entonces lo cubríamos con nieve... Así tenía su tumba hasta que llegase la primavera...

En 1945..., después de la Victoria..., enviaron a mi madre a construir un centro de descanso en Zhdánovichi. Yo me fui con ella. Y me quedé. Ya hace cuarenta años que trabajo en este centro... Estoy aquí desde que se puso la primera piedra, fue construido ante mis ojos. Me daban un fusil para que acompañara a diez prisioneros alemanes hasta la construcción, trabajaban allí. La primera vez que los acompañé, las mujeres nos rodearon: una con una piedra en la mano, otra con una pala, otra con un palo. Yo corría gritando: «¡Mujeres! No los toquéis... He firmado un papel. ¡Voy a disparar!». Y disparaba al aire.

Las mujeres lloraban, y yo también lloraba. Y los alemanes allí, con las miradas clavadas en el suelo.

Mi madre nunca me ha llevado al museo militar. Una vez se dio cuenta de que me había quedado mirando un periódico en el que salía una fotografía de unos prisioneros fusilados; se lo llevó y me riñó.

En nuestra casa nunca ha habido, ni antes ni ahora, un solo libro bélico. Ya hace muchos años que mi madre no está conmigo...

«Al primer curso de la escuela mamá me llevaba en brazos...»
Inna Starovóitova, seis años
Actualmente es agrónoma

Mi madre nos besó y se fue...

Nos quedamos los cuatro en la cabaña: los pequeños (mi hermanito, mi prima y mi hermana) y yo, la mayor de todos, de siete años. No era la primera vez que nos quedábamos solos; habíamos aprendido a no llorar, a no hacer ruido. Sabíamos que mamá era exploradora, que tenía una misión y que teníamos que esperarla. Mamá nos había sacado de la aldea y vivíamos con ella en un campamento familiar de partisanos. ¡Durante mucho tiempo aquel había sido nuestro sueño! Y ahora era nuestra felicidad.

Estábamos en la cabaña y escuchábamos: los árboles susurraban, unas mujeres lavaban la ropa, reñían a sus hijos. De repente alguien lanzó un grito: «¡Los alemanes! ¡Los alemanes!». Todos salían corriendo de sus cabañas, llamaban a los niños, se precipitaban hacia el bosque. ¿Adónde íbamos a escapar nosotros, solos, sin mamá? ¿Y si mamá sabía que venían los alemanes y estaba de camino a buscarnos? Como era la mayor, ordené: «¡Chitón! Nos quedamos aquí, a oscuras, y los alemanes no nos encontrarán».

Esperamos quietecitos. No hacíamos el menor ruido. Alguien entró en la cabaña y dijo en ruso:

—¡Salid todos!

Era una voz tranquila, y salimos. Vi a un hombre alto vestido con un uniforme verde.

—¿Tienes papá? —me preguntó.

—Sí.

—¿Dónde está?

—Está lejos, en el frente. —Fui muy franca.

Recuerdo que el alemán incluso se rió.

—Y tu mamá, ¿dónde está? —me preguntó después.

—Mi mamá se ha ido de batida con los guerrilleros...

Se aproximó otro alemán; ese iba de negro. Hablaron entre ellos y el de negro nos señaló con la mano a donde teníamos que ir. Allí estaban todas las mujeres con los niños que no habían logrado escapar. El alemán de negro nos apuntó con la ametralladora y comprendí lo que iba a hacer. No tuve tiempo de gritar ni de abrazar a los pequeños...

Me desperté con el llanto de mi madre. Sí, me parecía que había estado dormida... Me incorporé ligeramente, vi a mamá: cavaba un hoyo y lloraba. Ella estaba de espaldas a mí y yo no tenía fuerzas para llamarla, solo podía mirarla. Mamá se enderezó para descansar un poco, volvió la cabeza hacia mí y de pronto gritó: «¡Inna!». Se lanzó hacia mí, me cogió en brazos. Con una mano me sujetaba y con la otra tocaba a los demás: a ver si algún otro de los niños había sobrevivido. Pero no, todos estaban muertos...

Cuando me curaron, mamá y yo calculamos que tenía nueve heridas de bala. Yo estaba aprendiendo a contar: en un hombro, dos balas, y en el otro, dos balas más. Eran cuatro. En una pierna tenía dos balas, y dos más en la otra. Sumando eran ocho. Y una herida en el cuello. En total, nueve.

Terminó la guerra... Al primer curso de la escuela mamá me llevaba en brazos...

«PERRO BONITO, PERDÓNAME... PERRO BONITO, PERDÓNAME...»
Galina Fírsova, diez años
Actualmente es jubilada

Yo tenía un sueño: cazar un gorrión y comérmelo...

Pero los pájaros casi nunca aparecían por la ciudad. Incluso en primavera la gente los miraba y todos pensaban lo mismo, exactamente lo mismo que yo. Lo mismo... Nadie tenía fuerzas para apartar los pensamientos de la comida. Tenía tanta hambre que sentía frío, un frío interno terrible. Aunque hiciera mucho sol. Por mucha ropa que te pusieras, sentías ese frío; no había manera de entrar en calor.

Tenía tantas ganas de vivir...

Hablo de Leningrado, que es donde vivíamos entonces. Del asedio de Leningrado. Nos mataban de hambre, nos mataban de una muerte lentísima. Novecientos días de asedio... Novecientos... Cuando un día parecía la eternidad. Usted no se imagina lo largo que le parece el día a una persona hambrienta. Cada hora, cada minuto... Pasas muchísimo tiempo esperando el almuerzo. Luego, la cena. La ración de pan durante el asedio llegó a ser de ciento veinticinco gramos al día. Eso en el caso de los que no trabajaban. La cartilla de racionamiento del mantenido... Ese pan rezumaba agua... Había que partirlo en tres trozos: el desayuno, la comida y la cena. Para beber solo teníamos agua hervida. Sin nada.

A oscuras... En invierno (recuerdo mejor los inviernos), a las seis de la madrugada me ponía en la cola de la panadería. Pasaba horas en esa cola. Largas horas. Cuando me llegaba el turno, en la calle ya era de noche otra vez. A la luz de una vela, el vendedor me cortaba esos trocitos. La gente de la cola no apartaba la mirada. Seguían cada movimiento con los ojos... Con ojos ardientes..., enloquecidos... Y todo aquello en silencio.

Los tranvías no circulaban. No había agua corriente, no había calefacción, no había electricidad. Pero lo más terrible era el hambre. Vi a un hombre que masticaba botones. Botones pequeños y grandes. El hambre le hacía perder la razón a la gente...

Hubo un momento en que me quedé sorda. Entonces nos comimos una gata... Le contaré cómo nos la comimos. Más tarde me quedé ciega... Nos trajeron a un perro. Eso me salvó.

No soy capaz de recordar... No recuerdo en qué momento la idea de comerte a tu gato o tu perro se convirtió en algo normal. Habitual. Se convirtió en algo cotidiano. No me di cuenta de cuándo llegó ese momento... Después de las palomas y las golondrinas, en la ciudad empezaron a desaparecer los perros y los gatos. Nosotros no teníamos animales, no habíamos adoptado nunca ninguno porque mi madre consideraba que era una gran responsabilidad, sobre todo si se trataba de un perro grande. Pero una amiga de mi madre no fue capaz de comerse su gata y nos la trajo. Nos la comimos. Recuperé el oído... Me había quedado sorda de repente, por la mañana aún oía y por la noche mi madre me decía algo y yo no le respondía.

Pasó un tiempo... Otra vez nos estábamos muriendo... Una amiga de mi madre nos trajo a su perro. También nos lo comimos. Y si no hubiera sido por ese perro, no habríamos sobrevivido. Por supuesto que no. Está más claro que el agua. Ya habíamos empezado a hincharnos del hambre. Mi hermana se negaba a levantarse por las mañanas... El perro era grande y cariñoso. Mi madre pasó dos días sin atreverse... ¿Cómo iba a atreverse? Al tercer día ató el perro al radiador de la cocina y nos echó de casa...

Recuerdo aquellas albóndigas... Las recuerdo...

Tenía tantas ganas de vivir...

A menudo nos reuníamos y nos sentábamos a mirar la fotografía de mi padre. Mi padre luchaba en el frente. Sus cartas eran escasas. «Mis niñas...», nos escribía. Nosotras le contestábamos, intentábamos no darle noticias tristes.

Mi madre guardaba unos terroncitos de azúcar. En un paquetito de cartón. Era nuestra reserva de oro. Una vez... No me pude resistir, sabía dónde estaba el azúcar y cogí un cubito. Unos días más tarde cogí otro... Después... Pasó un tiempo y volví a coger otro. Pronto en el paquete de mi madre no quedó nada. Solo el paquete vacío...

Mi madre se puso enferma... Necesitaba glucosa. El

azúcar... Mi madre ya no conseguía ponerse en pie... La familia se reunió y se tomó la decisión de sacar el paquete secreto. ¡Nuestro tesoro! ¡Lo estábamos reservando para ese día! Así mi madre se pondría bien... Mi hermana mayor se puso a buscarlo, pero no encontró el azúcar. Revolvimos la casa. Yo buscaba con los demás.

Por la noche lo confesé...

Mi hermana me pegaba. Me mordía. Me arañaba. Y yo le pedía: «¡Mátame! ¡Mátame! ¿Cómo podré vivir con esto?». Quería morir.

Solo le he contado algunos días. Y fueron novecientos. Novecientos días...

Delante de mí, en el mercado, una niña le robó un bollo a una señora. Una niña pequeña... La alcanzaron y la tiraron al suelo. Le pegaron... Mucho. Le pegaron hasta matarla. Y ella se afanó en acabar de comer, en tragarse el bollo. Tragarlo antes de que la matasen.

Novecientos días como ese...

Nuestro abuelo estaba tan débil que cayó en medio de la calle. Ya se estaba despidiendo de la vida... Por delante pasó un obrero; las cartillas de racionamiento de los obreros eran un poco mejores, no mucho, pero algo... Pues ese obrero se paró y le metió en la boca al abuelo su ración de aceite de girasol. El abuelo pudo llegar a casa; nos lo contó llorando: «¡Ni siquiera sé su nombre!».

Novecientos...

La gente se movía como sombras por la ciudad, lentamente. Como si estuviesen dormidos... Como sumidos en un profundo sueño... Es decir, lo estabas viendo en realidad, pero creías que lo que veías era un sueño. Esos movimientos lentos... Como fluidos... Como si la persona no pisara el suelo firme, sino que caminara sobre agua...

El hambre te cambia la voz. Y en ocasiones la voz desaparece. No había manera de distinguir por la voz a un hombre de una mujer. La ropa tampoco ayudaba, todos iban envueltos en trapos. Nuestro desayuno... Nuestro desayuno era un pedazo de papel pintado, un papel pintado viejo con restos de cola. De engrudo. Esos papeles pintados... y agua hervida...

Novecientos días...

Una vez volvía de la panadería... Recibí la ración diaria. Esas migas, esos gramos de pena... Un perro vino a mi encuentro. Nos cruzamos y me husmeó, notaba el olor a pan.

Comprendí que aquella era nuestra oportunidad. Ese perro... ¡Nuestra salvación! Lo llevaría a casa...

Le di un trocito de pan y me siguió. Al lado de la casa le di otro trocito, me lamió la mano. Entramos en el portal de nuestro bloque de viviendas... Pero el perro subía los escalones con desgana, se paraba en cada planta. Le di todo lo que me quedaba del pan... Un trocito tras otro... Así subimos hasta la cuarta planta. Allí se paró y no quería dar ni un paso más. Nuestro apartamento estaba en la quinta. El perro me miraba... Como si lo presintiera. Como si lo comprendiera. Yo lo abracé: «Perro bonito, perdóname... Perro bonito, perdóname... », le pedía, le suplicaba. Y finalmente me siguió.

Tenía tantas ganas de vivir...

Un día oímos... Lo oímos por la radio: «¡El cerco está levantado! ¡El cerco está levantado!». No existía nadie más feliz que nosotros. No se podía ser más feliz. ¡Habíamos sobrevivido! El cerco se levantaba...,

Nuestros soldados caminaban por nuestra calle. Corrí hacia ellos... Pero no tuve fuerzas para darles un abrazo.

En Leningrado hay muchos monumentos, pero falta uno que debería estar y no está. Lo han olvidado. Es el monumento al perro durante el asedio.

«Perro bonito, perdóname...»

«¡ESA NO ES MI HIJA! ¡NO ES MÍA! NO ES MÍA...»
Faina Liutskó, quince años
Actualmente trabaja en la industria del cine

Lo recuerdo todos los días, pero sigo viviendo... ¿Que cómo vivo? Explíquemelo usted...

Recuerdo que los soldados del destacamento punitivo iban de negro, completamente de negro... Y recuerdo sus gorros de plato... Hasta sus perros eran negros. Tenían el pelo brillante.

Nosotros nos apretujábamos contra nuestras madres... No los mataban a todos, no mataban a toda la aldea. Cogieron a los que estaban más a la derecha. En el lado derecho. Mi madre y yo estábamos en ese lado... Entonces nos separaban: niños a un lado y padres a otro. Por lo tanto, iban a fusilar a los padres y a nosotros nos dejarían. Allí estaba mi madre... Yo no quería vivir sin mi madre. Suplicaba que me permitiesen estar con ella y lloraba. No sé cómo, pero al final accedieron...

Ella me vio... y empezó a gritar:

—¡Esa no es mi hija!

—¡Mamá! Ma...

—¡Esa no es mi hija! ¡No es mía! No es mía...

—¡Mamáááá!

No tenía los ojos llenos de lágrimas, sino de sangre. Tenía los ojos llenos de sangre...

—¡Que les digo que no es mi hija!

Me apartaron... Vi como primero disparaban a los niños. Les disparaban y observaban el sufrimiento de sus padres. Tirotearon a dos de mis hermanas y a dos de mis hermanos. Solo cuando hubieron matado a los niños, empezaron a fusilar a los padres. Yo ya no volví a ver a mi madre... Mi madre debía de haber caído...

Había una mujer con un bebé en brazos, el bebé chupaba agua de un biberón. Primero dispararon al biberón, luego le pegaron un tiro al bebé... Y solo después a la madre...

Me sorprende que haya logrado vivir después de todo eso. Sobreviví a ello siendo una niña... Pero ahora que soy adulta, ¿cómo puedo vivir? Hace mucho que me he hecho mayor...

«Pero no éramos niños. A los diez u once años ya éramos hombres y mujeres...»
Víktor Leschinski, seis años
Actualmente es director de la Escuela Técnica de Sistemas Energéticos

Estaba de visita. Mi tía me había invitado a pasar el verano con ella...

Nosotros vivíamos en Byjov, y mi tía, en la aldea de Komunna, en las afueras de Byjov. En el centro de la aldea había una casa grande para unas veinte familias, era la casa comunitaria. Es todo lo que recuerdo.

Dijeron: «La guerra». Yo quería volver con mis padres. Pero mi tía no me dejó.

—Irás cuando la termine guerra.

—¿Acabará pronto?

—Claro que sí.

Al poco tiempo mis padres llegaron a la aldea a pie: «Los alemanes están en Byjov. La gente huye a las aldeas». Nos quedamos con la tía.

Un día de invierno los guerrilleros entraron en casa... Les pedí permiso para tocar el fusil. Eran sobrinos de mi madre, mis primos hermanos. Ellos se rieron y me permitieron coger el arma. Pesaba mucho.

En la casa siempre olía a piel. A cola tibia. Mi padre confeccionaba botas para los guerrilleros. Le pedía que me hiciera un par de botas. Él me contestaba que esperara, que tenía mucho trabajo, y recuerdo que yo le decía que necesitaba unas botas pequeñas, que tenía el pie pequeño. Él me prometía que las haría...

El último recuerdo que tengo de mi padre es cómo le empujaban por la calle hacia un camión grande... Le golpeaban la cabeza con un palo...

...La guerra terminó, nos habíamos quedado sin padre y sin casa. Yo ya había cumplido once años, era el mayor de la familia. Mis dos hermanos, mi hermanito y mi hermanita, todavía eran pequeños. Mi madre pidió un préstamo. Nos compramos una casa antigua; el techo estaba en tal estado que cuando llovía no había donde esconderse, caían gotas por todas partes. El agua inundaba la casa. Con once

años yo ya encajaba las ventanas, cubría el techo de paja...
Hasta construí un cobertizo...

¿Cómo?

El primer tronco lo hice entrar rodando y lo ajusté yo
mismo, con el segundo me ayudó mi madre. Pero subir los
troncos a más altura ya no podíamos. Así que hacía lo siguiente: tallaba el tronco en el suelo, preparaba la esquina
y esperaba a las mujeres que iban a trabajar al campo. Por
la mañana agarraban el tronco entre todas y lo levantaban,
yo lo acababa de afilar y lo ajustaba a la esquina. Durante
el día preparaba otro tronco. Las mujeres regresaban por la
tarde a casa y levantaban otro tronco... La pared iba cre-
ciendo...

En la aldea había setenta familias y solo dos hombres
regresaron de la guerra. Uno de ellos con muletas. «¡Hijito!
¡Hijito mío!», sollozaba mi madre. Yo me quedaba dormido
allí donde me sentaba.

Pero no éramos niños. A los diez u once años ya éramos hombres y mujeres...

«NO LE DES A ESTE DESCONOCIDO EL TRAJE DE PAPÁ...»
Valera Nichiporenko, ocho años
Actualmente es conductor de autobús

Ya era 1944...

¿Había cumplido ya los ocho años? Sí, creo que sí... Sabíamos que nos habíamos quedado sin nuestro padre. Otras
personas seguían esperando a pesar de haber recibido los
comunicados de defunción, vivían con esperanza. Pero no-

sotros teníamos una prueba. Una prueba definitiva. Un amigo de mi padre nos había enviado su reloj. Me lo envió a mí... A su hijo... Tal como mi padre le pidió que hiciera antes de morir. Todavía lo conservo.

Vivíamos los tres con el módico sueldo de mi madre. Las pasábamos canutas. Mi hermana se puso enferma. Le diagnosticaron pleuritis tuberculosa. Los médicos le dijeron a mi madre que era imprescindible que llevara una buena alimentación, le prescribieron mantequilla. Miel. ¡Mantequilla todos los días! Para nosotros era lo mismo que el oro. Un trozo de oro cada día... Era impensable... Tal como estaban los precios en el mercado, el sueldo de mi madre daba para tres hogazas de pan. Y con ese dinero solo se podían comprar unos doscientos gramos de mantequilla.

Todavía nos quedaba el traje de nuestro padre. Un traje de calidad. Mi madre y yo lo llevamos a un mercadillo. Apareció un comprador interesado, no tardó nada en aparecer. Porque el traje era bonito. Mi padre lo había comprado antes de la guerra y no había tenido tiempo de estrenarlo. El traje se quedó en el armario... Por estrenar... El comprador preguntó el precio, regateó un poco y ya le estaba entregando el dinero a mi madre cuando yo de repente empecé a gritar a pleno pulmón: «¡No le des el traje de papá a este desconocido! ¡No se lo des!». Hasta se nos acercó un policía para comprobar si todo iba bien...

¿Quién se atreve a decir después de eso que los niños no estaban en guerra? ¿Quién?

«POR LA NOCHE YO LLORABA: "¿DÓNDE ESTÁ MI MADRE, ELLA, SIEMPRE TAN ALEGRE?"...»
Galia Spannóvskaia, siete años
Actualmente es diseñadora industrial

La memoria tiene colores...

La vida de antes de la guerra se me quedó grabada en la memoria como una secuencia en movimiento; todo se movía y todo cambiaba de color. Eran colores vivos. Los años de la guerra, en cambio, el orfanato..., el tiempo se había parado. Los colores se volvieron grises.

Nos trasladaban a la retaguardia. Solo a los niños. Sin nuestras madres. El viaje era largo, muy largo. Para comer nos daban galletas y crema de mantequilla con chocolate; por lo visto no había habido tiempo de conseguir otros productos. Antes de la guerra me encantaban las galletas y la crema de chocolate, eran deliciosas. Pero un mes después habían dejado de gustarme, para el resto de mi vida.

Durante toda la guerra mi sueño fue que mi madre viniese cuanto antes y que volviésemos a Minsk. Soñaba con las calles de mi ciudad, con el cine que teníamos cerca de casa, con el tintineo de los tranvías. Mi madre era muy buena, muy alegre, éramos casi como dos amigas. A mi padre no lo recuerdo, me quedé sin padre muy pequeñita.

Mi madre me encontró y vino al orfanato. Fue del todo inesperado. ¡Increíble! Fui corriendo a verla... Abrí la puerta... Y vi a un militar al que no conocía de nada: con botas, pantalón, gorro, guerrera... «Pero ¿quién es este?» ¡Y era mi madre, imagina! «¡Es mi madre, y encima es soldado!»

No recuerdo cómo fue, pero se volvió a marchar. Lloré mucho, por eso supongo que no recuerdo los detalles.

Otra vez me tocó esperar. La esperé durante tres largos años. Aquella vez mi madre apareció con un vestido. Y llevaba zapatos. Sentí tanta alegría, tanta alegría de que mi madre me llevara con ella, que yo estaba como ciega, no me fijaba en nada: ¡mamá estaba allí y eso era la alegría! Miraba a mi madre y no me daba cuenta de que le faltaba un ojo. Mi madre era un milagro... Nada podía pasarle... ¡Mamá! Pero había vuelto del frente muy enferma. Era una madre distinta. Rara vez sonreía, ya no cantaba, no bromeaba como antes, lloraba mucho.

La vida tras nuestro regreso a Minsk fue difícil. Ya no encontramos nuestra casa, la casa que yo tanto amaba. Ya no estaba nuestro cine... ni nuestras calles... En lugar de todo aquello solo quedaban piedras, ruinas...

Mi madre siempre estaba triste. No bromeaba, hablaba poco. Casi siempre estaba callada.

Por la noche yo lloraba: «¿Dónde está mi madre, ella, siempre tan alegre?...». Pero al amanecer volvía a sonreír, para que mi madre no se diera cuenta de mis lágrimas...

«INTENTABA IRME VOLANDO Y ÉL ME LO IMPEDÍA...»
Vasia Saúlchenko, ocho años
Actualmente es sociólogo

Después de la guerra, durante bastante tiempo me atormentó el mismo sueño...

Soñaba con mi primer alemán muerto. El primer alemán al que maté yo mismo, no el primero que había visto muerto. A veces intentaba irme volando y él me lo impedía. Me levantaba en el aire... Volaba..., volaba... Pero él me alcanzaba y los dos caíamos. Nos hundíamos en un foso. Otras veces yo quería levantarme, ponerme de pie... Y él no me dejaba... Por su culpa no podía irme volando...

El mismo sueño... Me persiguió durante décadas...

En el momento en que maté a aquel alemán ya había visto mucho... Había visto como mataron de un balazo a mi abuelo en plena calle, como dispararon a mi abuela junto a nuestro pozo... Delante de mí le golpeaban la cabeza a mi madre con la culata del fusil... Se le puso el pelo rojo... Pero cuando disparé a ese alemán no tuve tiempo de pensar en todo aquello. Él estaba herido... Yo quería coger su fusil de asalto, me habían enviado a quitarle el arma. Yo ya había cumplido diez años; los guerrilleros me llevaban con ellos en las misiones de combate. Me acerqué a él corriendo y vi su pistola bailando delante de mis ojos; el alemán la cogía con las dos manos y la movía delante de mi cara. No le dio tiempo a ser el primero en disparar, fui yo...

Matar no me dio miedo... Nunca en toda la guerra había sentido ese tipo de miedo. A nuestro alrededor siempre había muertos, vivíamos entre muertos. Incluso nos habíamos acostumbrado. Solo una vez sentí miedo. Entramos en una aldea que habían incendiado hacía poco. Había ardido por la mañana, y por la noche fuimos nosotros. Vi a una mujer carbonizada... Su cuerpo estaba completamente negro, pero sus manos estaban blancas: eran las manos blancas y vivas de una mujer. Entonces experimenté por primera vez el miedo. Tuve ganas de gritar, me costó mucho dominarme.

No, yo no fui un niño. No me recuerdo como un niño. Aunque... Es cierto que los muertos no me asustaban, pero atravesar un cementerio solo y de noche sí que me daba cosa. Los muertos que yacían fuera, en el suelo, no me espantaban, pero los que habían sido sepultados, sí. Un temor infantil... Era persistente. Aunque... En realidad, pienso que los niños no tienen miedo de nada...

Liberaron Bielorrusia... Por todas partes había cadáveres de alemanes; a los nuestros los recogíamos, los enterraban en fosas comunes; en cambio, los otros quedaron sin sepultura durante mucho tiempo, sobre todo en invierno. Los niños escapaban a los campos para ver a los muertos... Y allí mismo, a dos pasos de ellos, continuaban jugando a «la guerra» o a «policías y ladrones».

Me sorprendí cuando, después de muchos años, me vino ese sueño sobre mi primer alemán muerto... No me lo esperaba...

Y el sueño me persiguió durante décadas...

Soy padre; mi hijo ya es un hombre adulto. Cuando él era pequeño, me torturaba un pensamiento: ¿qué pasaría si intentaba contárselo?... Hablarle de la guerra... Él me hacía preguntas, pero yo evitaba el tema. Me gustaba leerle cuentos, quería que tuviera infancia. Ya se ha hecho mayor, pero sigue sin apetecerme hablar de la guerra con él. Tal vez algún día le cuente mi sueño. Tal vez... No estoy seguro...

Con eso destruiría su mundo. Un mundo sin guerra... La gente que no ha visto a una persona matando a otra es otro tipo de gente...

«Todos queríamos besar la palabra "Victoria"...»
Ania Korzun, dos años
Actualmente es zootécnico

Recuerdo el día que acabó la guerra... El 9 de mayo de 1945...

Las mujeres entraron corriendo en la guardería.

—¡Niños, la Victoria! ¡¡¡La Victoria!!!

Todas lloraban y reían. Reían y lloraban.

Todas nos besaban. No las conocíamos de nada... Nos besaban y lloraban... Nos besaban... Conectaron el altavoz. Todas escuchaban la radio. Nosotros, los pequeños, no entendíamos las palabras, pero comprendíamos que la alegría venía desde arriba, desde el pequeño disco negro del altavoz. Los mayores nos subían a algunos en brazos... Otros trepaban sin ayuda... Hacíamos una escalera, unos se ponían encima de otros; entonces el tercero o el cuarto llegaba hasta el disco negro y lo besaba. Luego cambiábamos... Todos queríamos besar la palabra «Victoria»...

Por la noche hubo fuegos artificiales. El cielo se iluminó. Mi madre abrió la ventana y rompió a llorar.

—Hijita, recuerda este día el resto de tu vida...

Cuando mi padre volvió del frente, yo lo temía. Me ofrecía un caramelo y me pedía:

—Di papá...

Yo cogía el caramelo y me escondía debajo de la mesa.

—Señor...

Había pasado toda la guerra sin padre. Crecí con mi madre y mi abuela. Con mi tía. No lograba imaginar qué iba a hacer mi padre en nuestra casa.

Porque seguro que volvería con un fusil...

«VESTIDO CON UNA CAMISA HECHA CON LA CAMISA
MILITAR DE MI PADRE...»
Nikolái Beriozka, nacido en 1945
Actualmente es taxista

Nací en 1945, pero recuerdo la guerra. Yo conocí la guerra.

Mi madre me encerraba en otra habitación... O me enviaba a la calle, a jugar con los demás niños... Pero igualmente podía oír los gritos de mi padre. Gritaba mucho rato. Yo me quedaba pegado al quicio de la puerta: mi padre se sujetaba la pierna lisiada con las dos manos, la mecía. O se contorsionaba en el suelo y se la golpeaba con los puños: «¡La guerra! ¡Maldita guerra!».

Cuando el dolor mitigaba, mi padre me abrazaba, y yo le tocaba la pierna:

—¿Te duele la guerra?

—¡La guerra! Es ella, la maldita guerra —me contestaba.

Y también... Los vecinos tenían dos hijos pequeños... Éramos amigos... A los pobres les estalló una mina en las afueras de la aldea. Supongo que ya debía de ser por el año 1949...

Su madre, la tía Ania, se tiraba a su tumba. La sacaban... Ella gritaba... Los humanos no gritan así...

Fui a la escuela vestido con una camisa hecha con la camisa militar de mi padre. ¡Qué feliz era! Todos los niños cuyos padres habían vuelto de la guerra iban con las mismas camisas, confeccionadas con su uniforme.

La guerra ya había acabado, pero mi padre murió por culpa de la guerra. Murió por las heridas.

No tengo que inventarme nada. Yo he visto la guerra. La veo en sueños. En mis sueños lloro porque presiento que me arrebatarán a mi padre. La casa huele a tela militar...

¡La guerra! Maldita guerra...

«LO ADORNÉ CON CLAVELITOS ROJOS...»
Máriam Iuzefóvskaia, nacida en 1941
Actualmente es ingeniera

Nací durante la guerra. Y crecí durante la guerra.

Pues bien... Esperábamos a que nuestro padre volviera de la guerra...

Mi madre había intentado de todo: me rapaba la cabeza, me untaba con queroseno, me ponía cremas. Yo me odiaba desesperadamente. Me daba vergüenza. Ni siquiera bajaba a jugar al patio. Los piojos y los forúnculos del primer año de posguerra... No había forma de librarse de ellos...

Y de pronto recibimos ese telegrama: mi padre se licenciaba. Fuimos a recibirlo a la estación de tren. Mi madre me puso un vestido muy bonito. Me puso un lazo rojo en la coronilla. A saber cómo logró que se me quedara ahí sujeto. No paraba de sermonearme: «Deja de rascarte. Deja de rascarte». ¡El picor era insoportable! Y el maldito lazo amenazaba con caerse. Y, para colmo, dentro de la cabeza tenía un solo pensamiento: «¿Y si no le caigo bien a mi padre? No me ha visto nunca».

Lo que pasó resultó ser todavía peor. Mi padre me vio y

se tiró encima de mí. Pero enseguida... Solo fue un instante... Pero yo lo sentí... Con mi piel, con todo mi cuerpo... Por un momento se apartó... No fue más que un instante de nada... Pero me sentí tan ofendida. Era un sentimiento tan amargo... que cuando él me cogió en brazos, yo le empujé con todas mis fuerzas. Y de repente sentí el olor a queroseno. Me había acompañado a todas partes desde hacía un año, pero había dejado de sentirlo. Me había acostumbrado. Pero de pronto volví a percibirlo. Tal vez fue porque mi padre olía a algo maravilloso y desconocido. Era tan guapo en comparación conmigo y con mi extenuada madre... Eso me hirió el alma. Me arranqué el lazo. Y lo tiré al suelo. Y lo pisé.

—Pero ¿qué haces? —dijo asombrado mi padre.

—De tal palo tal astilla —dijo mi madre riendo. Ella comprendía perfectamente lo que había pasado.

Se aferró a él con las dos manos y así fueron hasta casa.

Aquella noche estuve llamando a mi madre, le pedía que me llevara a su cama. Yo siempre había dormido con ella... Durante toda la guerra... Mi madre no respondía, fingía que dormía. Yo no tenía a quien contarle mi pena.

Cuando ya estaba a punto de quedarme dormida, decidí firmemente que me escaparía al orfanato...

Al día siguiente por la mañana, mi padre me regaló dos muñecas. Hasta los cinco años no tuve una muñeca de verdad. Solo había tenido las que me hacían en casa. Mi abuela me las hacía. Pero las muñecas que trajo mi padre abrían y cerraban los ojos, tenían brazos y piernas que se movían, y una de ellas decía algo parecido a la palabra «mamá». Aquello me parecía mágico. Eran mi tesoro; las cuidaba y no me atrevía a salir a la calle con ellas. Pero las enseñaba por la ventana. Vivíamos en la primera planta; los niños de todo nuestro bloque de viviendas se reunían para admirarlas.

Yo era una niña débil, enfermiza. Y encima, bastante patosa. Un día me hacía daño en la frente y al siguiente pisaba un clavo. O simplemente me desmayaba. Por eso los otros niños tampoco buscaban mucho mi compañía. Yo les hacía la pelota de mil maneras, me inventaba mil planes para caerles bien. Llegué a tal extremo que empecé a darle coba a Ducia, la hija de nuestra portera. Ducia era robusta, alegre; todos se morían por jugar con ella.

Ella me pidió que sacara la muñeca a la calle; no me pude negar. Aunque tardé un poco. Aguanté un tiempo.

—Si no, no jugaré contigo —me amenazó Ducia.

Fue la gota que colmó el vaso.

Saqué la muñeca que hablaba. Sin embargo, el juego duró poco. Nos peleamos por alguna cosa y acabamos riñendo. Ducia agarró mi muñeca por las piernas y la golpeó contra la pared. La cabeza de la muñeca salió volando y de su barriga cayó una cajita.

—Ducia, estás loca. —Todos los niños lloraban.

—¿Y esa por qué manda aquí? —sollozaba Ducia—. Se cree que porque tiene a su papá le está permitido todo. Muñecas y papá, lo tiene todo solo para ella.

Ducia no tenía ni padre ni muñecas...

Nuestro primer abeto lo colocamos debajo de la mesa. En aquella época vivíamos en casa de mi abuelo, vivíamos muy apretados. Tan apretados que el único espacio libre de toda la casa era debajo de la gran mesa del comedor. Allí es donde pusimos un abeto pequeño. Lo adorné con clavelitos rojos. Recuerdo bien el olor fresco y limpio del abeto.

Nada pudo con ese olor. Ni la polenta que preparaba la abuela. Ni el cerote del abuelo.

Yo tenía una joyita de baratija, un abalorio. Era mi otro tesoro. Estuve mucho rato buscando un sitio en el árbol donde ponerlo. Quería que su resplandor se viera desde cualquier ángulo. Finalmente lo puse arriba del todo. Cuando me iba a la cama, lo quitaba y lo escondía. Temía que desapareciera...

Yo dormía en una pila de lavar la ropa. Era de zinc y tenía reflejos tornasolados. Por mucho que la limpiaran después de hacer la colada, el dejo a la ceniza con la que lavaban desde que no había jabón nunca se iba del todo. A mí me gustaba. También me gustaba apretar la frente contra los bordes fríos de la pila, sobre todo cuando tenía fiebre. Me encantaba menearla como si fuera una cuna. La pila, la muy traidora, hacía un gran estruendo y yo me ganaba un buen rapapolvo. La pila era un objeto muy preciado en la familia. Era lo último que nos quedaba de la vida de antes de la guerra.

Y de pronto me compraron una cama... Con unas bolas relucientes en el cabecero... ¡Estaba entusiasmada! Me subí a la cama y al instante me caí al suelo... «¿Será posible? ¿En serio?» No me podía creer que una cama tan bonita sirviera para dormir.

Mi padre me vio en el suelo, me cogió en brazos y me dio un abrazo muy, muy fuerte. Me apreté contra él. Le abracé del cuello como hacía mi madre.

Recuerdo lo feliz que era su risa...

Arseni Gutin, nacido en 1941
Actualmente es electricista

El día de la Victoria cumplí cuatro años…

Empecé el día diciendo que ya tenía cinco años. No que iba para cinco, sino que ya los había cumplido. Quería ser grande. Mi padre volvería de la guerra y yo ya sería grande.

Aquel día el presidente del *koljós* reunió a todas las mujeres: «¡La Victoria!». Besó y abrazó a cada una de ellas. A todas. Yo estaba con mi madre… Estaba muy contento. Pero mamá lloraba.

Vinieron todos los niños… En las afueras de la aldea incendiamos las ruedas de los vehículos alemanes. Gritábamos: «¡Hurra! ¡Hurra! ¡Victoria!». Aporreábamos los cascos alemanes que habíamos recogido en el bosque. Los usábamos como tambores.

Nosotros vivíamos en una covacha… Fui corriendo a nuestra covacha… Mi madre estaba llorando. Yo no comprendía por qué lloraba en vez de alegrarse.

Empezó a llover, cogí una vara y fui midiendo con ella la profundidad de los charcos que se formaban cerca de nuestra covacha.

—¿Qué haces? —me preguntaban.

—Miro si el charco es muy profundo. Mi padre volverá y no quiero que de camino a casa se caiga en un charco.

Los vecinos lloraban, mi madre lloraba. Yo no comprendía lo que significaba eso de «desaparecido sin dejar rastro».

Estuve esperando a mi padre mucho tiempo. Toda la vida...

«EN ESA LÍNEA... EN ESA FRONTERA...»
Valia Brínskaia, doce años
Actualmente es ingeniera

Las muñecas... Las más bonitas... Ellas siempre me hacen recordar la guerra...

Mientras mi padre estuvo vivo, mientras mi madre estuvo viva, jamás hablábamos de la guerra. Ahora que ya se han ido a menudo reflexiono sobre lo bueno que es vivir con ancianos. Mientras ellos están vivos nosotros siempre seguimos siendo los niños. Incluso después de la guerra continuamos siendo sus hijos...

Nuestro padre era militar. Vivíamos en las afueras de Bialystok. Para nosotros la guerra empezó en el primer momento, en el primer minuto. Entre sueños oí un gran estruendo, parecido a los estallidos de los truenos, pero descomunal y continuo. Me desperté y corrí a la ventana: el cielo ardía encima de los cuarteles de Gráevo; ese pueblo era donde mi hermana y yo íbamos a la escuela.

—Papá, ¿es una tormenta?

Mi padre dijo:

—Apártate de la ventana, es la guerra.

Mi madre le preparaba la maleta. Los simulacros de alertas eran frecuentes, a mi padre a menudo le tocaba alguno. Así que a primera vista no ocurría nada extraño... Yo tenía ganas de dormir un poco más... Volví a la cama, no entendía nada. El día anterior mi hermana y yo nos habíamos acostado tarde, habíamos ido al cine. En aquella época, antes de la guerra, «ir al cine» era algo muy diferente de lo que es ahora. Solo traían películas cuando era la víspera de un día festivo, y eran siempre las mismas: *Somos de Kronstadt, Chapáiev, Si la guerra estalla mañana, Muchachos alegres*. El pase se organizaba en el comedor del cuartel. Nosotros, los niños, no nos perdíamos ni una sola proyección, así que nos sabíamos de memoria todas las películas. Hasta les chivábamos las réplicas a los actores de la pantalla o incluso nos adelantábamos a ellos. Ni el pueblo ni el cuartel estaban electrificados, pasaban las películas con un motor portátil. Nada más oír el traqueteo del motor, lo dejábamos todo y corríamos a ocupar un buen asiento justo delante de la pantalla; a veces incluso nos llevábamos los taburetes de casa.

Las sesiones eran largas: se acababa una parte y los espectadores esperaban pacientemente mientras el proyeccionista rebobinaba el filme. Si la cinta era nueva, todo iba bien; pero si era vieja, se rompía cada dos por tres: había que aguantar hasta que la pegasen y luego tenía que secarse. En ocasiones la cinta ardía. Pero lo peor era cuando el motor se ahogaba. A menudo ocurría que no se podía llegar al final de la película. En esos casos oíamos:

—¡Compañía primera: a salir! ¡Compañía segunda: a salir!

Y si tocaba un simulacro, hasta el proyeccionista se iba corriendo. Cuando las pausas entre las partes se prolongaban demasiado, la paciencia de los espectadores se acababa y empezaban los abucheos y silbidos... Mi hermana se subía a una mesa y anunciaba: «Empieza el espectáculo...». A ella le encantaba, como se decía entonces, declamar. No siempre se sabía bien el texto, pero se subía a la mesa sin pizca de miedo.

Era así desde nuestra época de guardería, cuando vivíamos en un cuartel cerca de Gómel. Después de que ella recitara los versos, las dos cantábamos. A petición del público repetíamos la canción «Nuestro blindaje es fuerte; nuestros tanques, rápidos». Los cristales del comedor vibraban cuando los soldados nos acompañaban a coro: «Lanzando el fuego y reluciendo el acero. / Las máquinas comienzan su campaña feroz...».

Así que el 21 de junio de 1941..., una noche antes de la guerra..., fuimos a ver *Si la guerra estalla mañana* por décima vez o más. Cuando acabó la proyección, todo el mundo se quedó un buen rato en la sala; a nuestro padre le costó enviarnos a casa: «¿Vais a dormir hoy o no? Mañana es festivo».

... Me desperté del todo cuando hubo una explosión cerca de casa y el cristal de la ventana de la cocina se rompió. Mi madre envolvía en una manta a mi hermanito Tólik, que estaba medio dormido. Mi hermana ya se había vestido, mi padre no estaba.

—Niñas —insistía mi madre—, daos prisa. Parece que en la frontera hay una pequeña escaramuza con los alemanes.

Corrimos hacia el bosque. Mi madre jadeaba, llevaba a mi hermano pequeño en brazos y no dejaba de repetir:

—Niñas, deprisa... Niñas, agachaos...

Por alguna razón, se me quedó grabado que el sol relucía con fuerza, nos cegaba. El día estaba sereno. Los pájaros cantaban. Y ese penetrante zumbido de los aviones...

Yo me estremecía y luego sentía vergüenza por estar asustada. Siempre había querido actuar como los valientes personajes de libro de Arkadi Gaidar, *Timur y ego komanda* («Timur y su equipo»), y de pronto estaba ahí, temblando. Cogí en brazos a mi hermanito, lo acuné y hasta le canté «Y la muchachita joven»... Era una canción lírica de la película *El portero*. Mi madre solía cantarla, pegaba mucho con mi estado de ánimo de aquella época. Porque es que yo... ¡estaba completamente enamorada! No sé lo que dice la ciencia o los libros de psicología sobre adolescentes, pero yo estaba constantemente enamorada. Había habido momentos en que me gustaban varios chicos a la vez. Aun así, en aquellos días me atraía solo uno: Vitia, del cuartel de Gráevo. Iba a sexto curso. No me imagino cómo los profesores se las arreglaban para enseñarnos. Yo, desde luego, no estaba nada por la labor. ¡A saber cómo no me rompí el cuello mientras taladraba a Vitia con la mirada!

Me gustaba todo de él: que fuera bajito (igual que yo), que tuviera los ojos azules (como mi padre), que fuera un gran lector (a diferencia de Alka Poddubniak; ese me iba detrás y a veces me daba unos capirotazos que dolían mucho). Y, sobre todo, ¡que a Vitia le encantara Jules Verne! A mí también. En la biblioteca estaba su obra completa, yo la había leído toda...

No recuerdo cuánto tiempo pasamos en el bosque... Los estallidos dejaron de oírse. Se hizo el silencio. Las mujeres respiraron aliviadas: «Los nuestros los han hecho retroceder». Pero en ese momento..., en medio de ese silen-

cio... De repente se volvió a oír el zumbido de los aviones...
Salimos deprisa a la carretera. Los aviones volaban en dirección a la frontera: «¡Hurra! ¡Hurra!». Sin embargo, había algo extraño en esos aviones: las alas no eran iguales a las de nuestros aviones y su zumbido era diferente. Eran los bombarderos alemanes; volaban ala con ala, lenta y pesadamente. Parecía que tapaban todo el cielo. Intentamos contarlos, pero pronto perdimos la cuenta. Más tarde, en las crónicas documentales de la guerra salían esos aviones, pero la impresión que daban era distinta. Los habían filmado a altura de vuelo. Sin embargo, cuando los ves desde abajo, a través de los árboles frondosos, y encima tu mirada es la de una adolescente, conforman un espectáculo terrorífico. Después de aquello soñé a menudo con ellos. Pero el sueño iba más allá: ese cielo de hierro caía lentamente sobre mí y me aplastaba, me aplastaba, me aplastaba. Me despertaba bañada en sudor frío, temblando de pies a cabeza. ¡Era terrible!

Alguien dijo que las bombas habían destruido el puente. Nos asustamos: «¿Qué pasará con papá?». Nuestro padre no podría cruzar el río, y no sabía nadar.

Ahora no podría decirle con exactitud... Creo recordar que mi padre vino corriendo: «Os evacuarán en coche». Le entregó a mi madre un álbum grueso con todas nuestras fotografías y una manta: «Arropa a los niños, que si no se resfrían». Era lo único que teníamos. Con tantas prisas... No teníamos ni documentos, ni pasaportes, ni nada de dinero. Llevábamos una cazuela de albóndigas que mi madre había preparado para la comida del día festivo y las botas de mi hermanito. Mi hermana, ¡de puro milagro!, en el último momento había agarrado un paquete, y resultó que dentro había un vestido de mamá y sus zapatos. ¿A lo mejor nuestros padres tenían planes para salir ese día? Nadie era capaz de recordarlo. La vida en tiempos de paz se esfumó en un instante, retrocedió hasta un plano muy lejano.

Así fue como salimos de allí...

No tardamos en llegar a la estación de tren, pero luego nos quedamos allí muchísimo rato. Todo a nuestro alrededor vibraba y ardía. Se apagó la luz. Quemamos papeles, periódicos. Alguien encontró una linterna. Su luz creó unas sombras enormes en las paredes y en el techo: era la gente sentada. Las sombras a veces estaban como petrificadas y de repente empezaban a moverse. Mi imaginación campaba a sus anchas: «Los alemanes ya deben de estar en la fortaleza, los nuestros han caído prisioneros». Decidí comprobar si sería capaz de aguantar las torturas o no. Metí los dedos entre dos baúles y apreté. Chillé de dolor. Mi madre se asustó.

—Hija, ¿qué te pasa?

—Tengo miedo de no resistir las torturas en el interrogatorio.

—Pero ¡qué tonterías dices! ¿Qué interrogatorio? Nuestros soldados detendrán a los alemanes.

Me acariciaba la cabeza, me besaba.

El tren avanzaba bajo bombardeos constantes. En cuanto empezaban a caer las bombas, mamá nos cubría con su cuerpo: «Si nos matan, moriremos juntos. O moriré yo sola...». El primer muerto que vi fue un niño pequeño. Estaba tumbado y miraba hacia arriba; yo intentaba despertarlo. Lo zarandeaba... No entendía que no estaba vivo. Me quedaba un terrón de azúcar; se lo di para ver si así se reanimaba. Pero él, nada...

Bombardeaban; mi hermana me susurraba: «Cuando acaben los bombardeos, seré buena, siempre le haré caso a mamá. Siempre». Y así fue: después de la guerra mi hermana Toma se portó siempre muy bien. A mi madre le gustaba recordar que antes de la guerra solía llamarla «calavera». Y nuestro hermanito Tólik... Antes de la guerra ya andaba y hablaba muy bien. Pero con lo que nos tocó vivir dejó de hablar; todo el rato se tapaba la cabeza con las manos.

Vi como mi hermana se puso toda cana. Tenía el pelo muy, muy largo y negro; pues se volvió blanco. De la noche a la mañana...

El tren se puso en marcha. «¿Dónde está Toma?» No estaba en el vagón. Miramos fuera y vimos a Toma corriendo detrás del tren con un ramillete de acianos. El tren se había parado cerca de un gran campo de trigo; el trigo era más alto que nosotras, y entre las espigas crecían los acianos. Su cara... Recuerdo su cara como si fuera ayer. Los ojos negros muy abiertos, corría sin abrir la boca. Ni siquiera gritaba «mamá». Corría en silencio.

Mamá perdió la cabeza... Intentaba saltar del tren en plena marcha... Yo sujetaba a Tólik y todos gritábamos. En ese momento apareció un soldado... Apartó a mamá de la puerta de un empujón, saltó afuera, cogió a Toma y la lanzó al interior del vagón. A la mañana siguiente vimos que todo el pelo se le había quedado blanco. Estuvimos unos días sin decirle nada, escondimos nuestro espejo, hasta que Toma por casualidad se miró en el espejo de alguien. Lloró.

—Mamá, ¿ya soy abuela?

Mi madre la tranquilizaba:

—Te cortaremos el pelo, el nuevo crecerá negro.

Después de aquello, mi madre dijo:

—Se acabó. Ya no volveremos a salir del vagón. Si nos matan, nos matan. ¡Si salimos con vida, es que ese era nuestro destino!

Cuando oíamos el grito de «¡Aviones! ¡Abandonen los vagones!», ella nos metía debajo de unos cochones, y a los que intentaban obligarla a salir les decía:

—Mis niños ya han salido y yo no puedo andar.

He de decir que mi madre a menudo usaba esa enigmática palabra: «destino». Yo la interrogaba:

—¿Qué es el destino? ¿Es Dios?

—No, no es Dios. Yo no creo en Dios. El destino es la línea de la vida —me respondía ella—. Yo, niños, siempre he creído en vuestro destino.

Bajo el fuego yo estaba muerta de miedo... Sentía un miedo atroz. Más tarde, ya en Siberia, me odiaba por mi cobardía. Por casualidad, con el rabillo del ojo, leí una carta de mi madre... Le escribía a mi padre. Nosotras también redactábamos nuestras cartas. Por primera vez decidí echar una miradita a lo que escribía mamá. Mi madre escribía que, cuando nos bombardeaban, Toma se quedaba callada y Valia, es decir, yo, lloraba y se asustaba. Para mí aquello fue suficiente. Cuando nuestro padre vino a vernos en primavera de 1944, no pude mirarlo a los ojos, me sentía muy avergonzada. ¡Qué horror! Pero sobre el encuentro con mi padre hablaré luego. Aún faltaba mucho tiempo...

Recuerdo los ataques aéreos nocturnos... Normalmente de noche no nos bombardeaban y el tren podía avanzar con rapidez. Pero de pronto sufrimos un ataque nocturno. Un ataque intenso... Las balas se incrustaban en el techo del vagón. Los aviones mugían. Las balas dejaban huellas de luz en el aire... Y los fragmentos de bombas... A mi lado murió una mujer. Tardé en comprender que estaba muerta... Ni siquiera cayó al suelo porque el vagón estaba abarrotado. La mujer estaba de pie entre nosotras, hacía como ronquidos, y su sangre se derramaba sobre mi cara; era cálida, pegajosa. En un momento mi camiseta y mis braguitas se empaparon de sangre. Cuando mi madre me tocó, pegó un grito: «¡Valia, ¿te han matado?!». Yo no entendía nada.

Para mí, ese momento fue crucial. Sé que lo fue... Sí... Ahí cambió todo. Dejé de temblar. Ya me daba igual... Ya no sentía miedo, dolor ni pena. Sentía como una especie de aletargamiento, todo me era indiferente.

Recuerdo que no fuimos directos a los Urales. Nos detuvimos una temporada en un pueblo llamado Balanda, en la región de Sarátov. Nos llevaron allí de noche, estábamos dormidos. De madrugada, hacia las seis, un pastor dio un golpe de látigo y las mujeres, todas, al oír el chasquido, se levantaron de un salto, agarraron a sus hijos y salieron corriendo y vociferando: «¡Nos bombardean!». Continuaron gritando hasta que vino el presidente del *koljós* y les dijo que había sido el pastor, que llevaba las vacas a pastar. Entonces todas volvieron en sí...

El silo se ponía en marcha con un zumbido y el pequeño Tólik empezaba a temblar espantado. No aceptaba quedarse solo ni un segundo; únicamente cuando se dormía podíamos salir sin él. Una vez mi madre se fue con él a la comisaría militar; intentaba averiguar alguna cosa sobre nuestro padre. El comisario le pidió:

—Enséñeme los papeles que demuestran que su marido es oficial del Ejército Rojo.

No teníamos documentos, solo una fotografía de papá en la que salía vestido con el uniforme militar. El comisario la miró, dudó.

—¿Y si no es su marido? ¿Qué pruebas tiene?

Tólik vio que el hombre sujetaba la fotografía sin devolvérsela a mi madre.

—Dame a mi papá...

El comisario se rió.

—No puedo desconfiar de un «documento» como este.

Mi hermana seguía con el pelo raro. Mi madre se lo rapó. Todas las mañanas nos poníamos a comprobar: «¿Cómo ha salido el pelo, es blanco o negro?». Nuestro hermano le decía: «No llores, Toma... No llores, Toma...». El cabello nuevo también era cano. Los niños se burlaban de ella. No la dejaban en paz. Nunca se quitaba el pañuelo, ni en la escuela.

Un día volvimos de la escuela. Tólik no estaba en casa.

—¿Dónde está Tólik? —Fuimos corriendo a ver a mamá a su trabajo.

—Tólik está en el hospital.

Mi hermana y yo vamos caminando por la calle con una corona de flores azules... Eran campanillas de invierno... Y el traje de marinero de nuestro hermano. Nuestra madre iba con nosotras, nos había dicho que Tólik había muerto. Mamá se quedó parada a la entrada de la morgue, no era capaz de entrar. No se atrevía. Entré yo sola y enseguida reconocí a Tólik. Estaba tumbado desnudo. No derramé ni una sola lágrima, no sentía nada.

La carta de nuestro padre nos alcanzó ya en Siberia. Mamá lloró toda la noche, ¿cómo iba escribirle a nuestro padre y decirle que su hijo había muerto? Por la mañana fuimos las tres a enviar un telegrama desde Correos: «Las niñas están vivas. Toma ha encanecido». Mi padre intuyó que Tólik ya no estaba vivo. Yo tenía una amiga, su padre había perdido la vida; en mis cartas a papá yo siempre escribía, tal como ella me pedía: «Papá, mi amiga Lera te manda recuerdos». Todos deseaban tener padre.

Al poco tiempo recibimos otra carta de nuestro padre. Escribía que había pasado mucho tiempo en una misión especial en la retaguardia y que había caído enfermo. En el hospital le habían dicho que lo único que le podría curar era su familia: cuando viera a sus familiares, se sentiría mejor.

Estuvimos esperando a nuestro padre varias semanas. Mamá sacó de la maleta su tesoro secreto: ¡el vestido y los zapatos! Habíamos pactado entre nosotras que no venderíamos ese vestido y esos zapatos por nada del mundo. Era superstición. Nos daba miedo que, si los vendíamos, nuestro padre ya no volviera.

Al otro lado de la ventana oí la voz de mi padre y no me lo creía: ¿de verdad era papá? No podía creer que fuera posible ver a mi padre: estábamos tan acostumbradas a esperarlo... Para nosotras nuestro padre era alguien a quien había que esperar, solo esperar. Aquel día hubo que suspender las clases: toda la escuela se reunió alrededor de nuestra casa. Esperaban a que mi padre saliera. Era el primer padre que volvía del frente. Casi perdimos clases dos días más; los niños no paraban de acercarse a nosotras, de preguntar, de escribir notas: «¿Cómo es tu padre?». Nuestro padre era especial, un Héroe de la Unión Soviética, Antón Petróvich Brinski...

Nuestro padre, igual que le pasaba a Tólik, no quería estar solo. No podía. A solas se sentía mal. Me llevaba a todas partes. Una vez oí... como le contaba a alguien que los guerrilleros, al pasar cerca de una aldea, vieron una gran extensión de tierra recién cavada. Se detuvieron. En ese mismo lugar, con esa tierra debajo de sus pies... Vieron a un niño que pasaba corriendo por el campo mientras les decía a gritos que allí habían fusilado y enterrado a toda su aldea. A toda la gente.

Mi padre me miró y vio como caía desmayada. Nunca más volvió a hablar de la guerra en nuestra presencia...

Hablábamos muy poco de la guerra. Nuestros padres estaban convencidos de que nunca habría otra guerra tan terrible como esa. Durante mucho tiempo lo creyeron. Lo único que mi hermana y yo conservamos hasta después de la guerra fue nuestra pasión por las muñecas. No sé decirle por qué. Tal vez porque nos faltaba la infancia. La alegría infantil. Yo ya iba a la universidad, pero mi hermana sabía que el mejor regalo para mí era una muñeca. Cuando mi hermana tuvo a su hija, fui a verla.

—¿Qué quieres que te regale?

—Una muñeca...

—Te he preguntado qué puedo regalarte a ti, no a tu niña.

—Ya te lo he dicho: regálame una muñeca.

Nuestros hijos crecían y les regalábamos muñecas. Regalábamos muñecas a todo el mundo, a nuestros amigos y conocidos también.

La primera en irse fue nuestra maravillosa madre, después murió nuestro padre. Percibimos, sentimos al instante que a partir de entonces éramos las últimas. Estamos en esa línea... En esa frontera... Somos los últimos testigos. Nuestro tiempo se acaba. Tenemos que hablar...

Nuestras palabras serán las últimas...

1978-2004